全国教育科学"十三五"规划2018年度课题"西部农村小学全科教师校地合作培养模式研究"
（BHA180135）成果
重庆市人文社科重点研究基地"重庆市统筹城乡教师教育研究中心"资助

小学全科教师人才培养研究

江净帆　田振华　等著

科学出版社

北　京

内 容 简 介

小学全科教师培养是我国教师教育发展的新兴趋势。近年来,《教育部关于实施卓越教师培养的意见》《教师教育振兴行动计划（2018—2022年）》等文件多次强调未来卓越小学教师的发展是重点探索小学全科教师培养模式，要以多种形式为小学培养和补充全科教师。我国小学全科教师培养实践在近年有了快速发展。

因为小学全科教师培养在我国尚属新兴领域，诸多理论与实践问题亟待澄清。本研究团队继 2015 年出版《走向综合：小学全科教师的现状与未来》一书之后，基于培养实践中收集反馈的问题，将理论研究和实证研究相结合，聚焦小学全科教师的理论内涵、能力结构、实践路径、角色期望以及职后适应现状等五个领域，对相关问题进行进一步的探讨。

本书可供师范院校、小学用人单位及相关领域的教育管理人员、研究人员参阅。

图书在版编目（CIP）数据

小学全科教师人才培养研究/江净帆等著. —北京：科学出版社，2019.11
ISBN 978-7-03-063088-9

Ⅰ. ①小… Ⅱ. ①江… Ⅲ. ①小学教师–师资培养–研究 Ⅳ. ①G625.1

中国版本图书馆 CIP 数据核字（2019）第 247713 号

责任编辑：朱丽娜　高丽丽／责任校对：王晓茜
责任印制：李　彤／封面设计：润一文化

编辑部电话：010-64033934
E-mail: fuyan@mail.sciencep.com

科 学 出 版 社 出版
北京东黄城根北街 16 号
邮政编码：100717
http://www.sciencep.com

涿州市京南印刷厂 印刷
科学出版社发行　各地新华书店经销

*

2019 年 11 月第 一 版　　开本：720×1000　1/16
2019 年 11 月第一次印刷　印张：14
字数：242 000
定价：88.00 元
（如有印装质量问题，我社负责调换）

前　言

　　近年来，在借鉴国际先发经验并对小学教育特征、小学教师角色进行重新审视与反思的基础上，我国逐渐兴起了对小学全科教学及其人才培养的研究，小学全科教师成为当前我国基础教育及教师教育改革的新兴领域。

　　基于"小学教师是一种综合性职业"的理念，西方发达国家一般都要求小学教师具有多学科的知识结构，并能进行跨学科的教学，但并没有正式提出和使用"小学全科教师"这一概念。"小学全科教师"这一本土概念的提出，是因为我国存在着小学师资分科培养以及小学学科教师相对泾渭分明这一传统，其概念本身就体现了甄别性与改革性。自20世纪末改革初见端倪，经21世纪前10年的孕育与探索，小学全科教师培养自2012年以后进入到一个发展较快的时期。2012年，《教育部　中央编办　国家发展改革委　财政部　人力资源社会保障部关于大力推进农村义务教育教师队伍建设的意见》提出，"采取定向委托培养等特殊招生方式，扩大双语教师、音体美等紧缺薄弱学科和小学全科教师培养规模"；同年，《教育部　国家发展改革委　财政部关于深化教师教育改革的意见》提出，"创新教师教育模式……完善小学和幼儿园全科教师培养模式"；2014年，《教育部关于实施卓越教师培养计划的意见》提出卓越小学教师的培养目标是："针对小学教育的实际需求，重点探索小学全科教师培养模式"；2017年，《教育部教师工作司关于中小学教师资格考试增加"心理健康教育"等学科的通知》再次明确："小学类别面试增设'心理健康教育''信息技术''小学全科'学科。"2018年，教育部等五部委联合印发的《教师教育振兴行动计划（2018—2022年）》提出，"为乡村小学培养补充全科教师"。我国基础教育师资力量的现状需求及国家政策层面的支持推动了小学全科教师的快速发展，有关小学全科教师的研究与培养实践也同步兴起。

总体而言，小学全科师资培养在我国仍属新兴领域，诸多理论与实践问题尚待进一步厘清，如什么是小学全科教师？人们对小学全科教师的角色期望是什么？小学全科教师应具有什么样的能力结构？小学全科教师的岗位适应力如何？我们又应如何改革小学全科教师的培养模式？为了更好地推动小学全科教师对时代语境与现实需求做出回应，本书希望结合理论思辨与实证研究，对以上问题进行有益的探讨。本书在撰写过程中，由江净帆教授提出书稿主要学术观点、研究框架并做最后审定，由田振华进行文稿的统整与校对。在充分尊重参与人员研究旨趣的基础上，书稿经过多次讨论和修改，在主要研究内容上达成一致。各章执笔人如下：第一章，田振华；第二章，程翠萍；第三章，李录琴；第四章，毋靖雨；第五章，魏婷。

在本书之前，本研究团队曾于2015年出版《走向综合：小学全科教师的现状与未来》一书，对小学全科教师兴起的时代背景与价值意义进行了初步讨论。作为姊妹篇，本书聚焦于小学全科教师人才培养这一问题，希望能够呈现更多实践层面的现实思考。因成果较多采用了实证研究，研究获益于来自一线小学校长及小学全科教师的积极参与，在此对他们致以诚挚的谢意；同时研究得到了重庆市人文社会科学重点研究基地"重庆市统筹城乡教师教育研究中心"及重庆第二师范学院"6—12岁儿童发展协同创新中心"的资助，在此一并致谢。

在小学全科教师这样一个富有时代变革意义的领域里，我们既是研究者，也是学习者。由于研究方向的初探性以及研究内涵的丰富性、复杂性，且研究者的研究思路、研究模式、研究视角等都略有差异，再加之研究时间紧张、研究者水平有限，不足之处在所难免，敬请读者予以批评指正！

作　者
2018年5月

目 录

前言

第一章 小学全科教师培养的理论与实践研究 / 1

    第一节 旨趣·价值·理路：小学全科教师培养的理论思辨 / 1

    第二节 诠释·困境·出路：小学全科教师培养的实践变革 / 6

    第三节 内涵·误区·归处：小学全科教师培养的模式演进 / 16

    第四节 成效·限度·张力：小学全科教师培养的三维向度 / 22

第二章 小学全科教师能力的结构研究 / 31

    第一节 小学全科教师能力的理论脉络 / 31

    第二节 小学全科教师能力结构的开放式调查 / 42

    第三节 关于小学全科教师能力结构的深度访谈 / 54

第三章 小学全科教师培养的实践教学研究 / 65

    第一节 小学全科教师培养的实践教学困境 / 66

    第二节 小学全科教师实践培养的改革基础 / 70

    第三节 小学全科教师培养的实践模式改革 / 73

第四章　小学全科教师的角色期望研究
——小学校长眼中的小学全科教师 / 81

第一节　研究思路与设计 / 81

第二节　研究过程与讨论 / 84

第三节　研究结论与思考 / 120

第五章　小学全科教师的职业适应现状研究 / 124

第一节　研究思路与设计 / 124

第二节　研究过程与讨论 / 127

第三节　研究结论与思考 / 204

参考文献 / 210

第一章　小学全科教师培养的理论与实践研究

第一节　旨趣·价值·理路：小学全科教师培养的理论思辨

《教育部关于实施卓越教师培养计划的意见》明确提出：针对小学教育的实际需求，重点探索小学全科教师培养模式，培养一批热爱小学教育事业、知识广博、能力全面，能够胜任小学多学科教育教学需要的卓越小学教师。这从政策层面确定了我国小学教师的培养方向，即培养全科型小学教师。

一、小学全科教师培养的时代背景与内涵旨趣

（一）小学全科教师培养的时代背景

小学全科教师的产生和发展有其内在的机理和存在的合理性。从国际上看，小学全科教师最早发端于英国等西方发达资本主义国家。英国基于人才培养的全面性、整体性策略提出：在小学教育发展过程中实施全科教育，培养教师跨学科教学的能力（李其龙，陈永明，2006）。这种由政策主导教师培养的模式被确立并逐步推进，德国、美国、瑞典等国家纷纷效仿这一培养模式。西方小学全科教师的培养是自上而下的，是国家根据经济发展、学生身心发展规律提出的。

我国小学全科教师的产生背景与西方国家恰恰相反。由于地区差异显著，农村人口基数大，我国农村地区小学教师数量严重不足，一名教师被迫兼任多

门学科的教学工作。在这种现实状况下，我国小学全科教师应运而生，因此具有被动性、被迫性等典型特征，是一种自下而上的小学全科教师的成长形态。值得注意的是，在小学全科教师的发展过程中，西方国家的全科教师发端最早，基础最牢固。

（二）小学全科教师培养的内涵旨趣

从词源上看，"全科"不是指对所有学科知识都能够系统地掌握，而是指知识面相对较广、知识体系相对完整。小学全科教师是相对于小学分科教师而言的，是指掌握教育教学基本知识和技能，学科知识和能力结构合理，能独立承担国家规定的小学阶段各门课程的教学工作，从事小学教育教学研究与管理的教师。

从小学全科教师的发生及发展过程来看，我国从提倡小学全科教师培养开始，就对它产生了一系列的误解。因此，我们有必要澄清对小学全科教师认识的几个误区，对小学全科教师进行理性的辨识。其一，"全科型"教师并非"通才"教师。通才即"通用之才"，其特点是融会贯通各学科的知识体系（何宗焕，2007），与全科教师有一定的区别；其二，小学全科教师应该具有知识博、基础实、素质高、能力强、适应广（周德义等，2007）等特征；其三，小学全科教师并非我们通常所说的什么都懂、什么都会的教师，也不是所有学科都要均衡发展的教师，而是在专业发展过程中，能够掌握好精通与广博二者之间张力的教师。

周思勇（2014）认为，教师专业发展应具有整全性。整全性不仅指知识、技能层面，更指教师作为人的精神、人格层面以及整个生命存在的深层意蕴。要素主义认为，教学应该打破学科之间的界限，同时也应该打破每门学科自身的逻辑组织，各门学科的讲授要有一定的次序，要组织成一个体系，此外，还要求有一定的难度，对学生的智力发展要起到挑战的作用（金传宝，2005）。小学全科教师的立论依据与要素主义有一定的相关性和契合性，其发展的基本理念包括教师对小学教育教学的理论认知，以及其对个人修养和个人发展的理性诉求。小学教育是基础教育的根基，是学生成长发展的根本。因此，小学全科教师必须了解并完整回答以下问题：基于小学生成长发展的基本知识是什么？自己的学科专业知识是否齐全？自己的教育教学技巧是否到位？简而言之，小学全科教师要掌握通识性知识，以保证学生的全面发展。

二、小学全科教师培养的价值

小学全科教师的培养源于现实需求，是促进学生全面发展的必由之路。西方国家在过去几十年里一直倡导小学教师的全科化、跨学科化，有效促进了学生的全面发展和整体进步。实践证明，小学教师教育也应该全科化。李其龙等在充分研究西方一些国家小学教师教育发展的基础上，提出当今科学发展和现实生活要求中小学进行综合教学，即教师要实现跨学科教学（李其龙，陈永明，2006），避免窄化学生发展的视野和成长思维。目前，我国教师教育发展较快，教师队伍不断壮大，但是在许多偏远地区教师数量仍然严重不足。此外，我国小学教师队伍的现状，特别是农村小学教师队伍的现状堪忧。农村小学编制少、工作量大，人口成分多元化的历史遗留问题突出，导致小学教育困难重重。培养小学全科教师在一定程度上能缓解这一局面，能够解决教师教育存在的一些问题，具有一定的实用性。

小学全科教师的培养是与时俱进的必然要求。不分科培养是美国、英国、瑞士等西方国家培养小学教师的共同模式。美国要求准备从事初等教育者要学习涵盖初等教育学科的所有科目。英国特别规定：做小学教师，应全面理解小学国家课程的整体目标、范围和结构。对小学教师实行全科培养，不仅有利于小学教师队伍结构的整体优化，而且是紧跟时代步伐、放眼国际教师教育培养的需要。我国新课程改革对教师的专业知识、专业技能、情意发展等素质提出了更高的要求，强调小学教育要以综合课程为主，学科知识体系由分科走向综合，这就必然要求小学教师的培养和成长走向综合化、全面化，以适应时代的发展和新课程改革的趋势。此外，从小学生的身心发展特点来看，小学需要全科教师。学生面对的生活世界是一个完整的、统一的、不可分割的整体，因此不宜在小学阶段将教学分科化，将评价割裂化。为了适应时代的发展，促进学生的全面、整体进步，进行小学全科教师培养势在必行。

三、小学全科教师培养的理路

（一）明确小学全科教师培养的定位

小学全科教师是在借鉴西方发达国家教师教育的发展经验，充分结合我国教育文化的基础上，针对我国小学教育存在的诸多问题提出的培养理念，具有实践性、可操作性、实用性等特征。因此，培养小学全科教师，一定要根据我国小学教师教育发展的基本现状进行明确定位，主要包括以下几个方面。

一是要体现全科的理念和思维。在培养小学全科教师的过程中，无论是课程设置还是理论建构，不仅要体现理论的基础性，而且要体现学科的全面性和发展的延续性。全科之"全"，不仅要体现在知识面的广博上，而且要充分认识到小学教育的直观性、实施过程及方式的可操作性，为未来培养、评价学生打好基础。

二是要凸显小学基础课程，回应小学教育的期待。由于薪酬待遇、硬件设施等因素的影响，小学教师教育在整个教师教育发展体系和建构模式中处于相对弱势的地位。培养小学全科教师，要直面小学教育的现实，应针对小学教育教学和课程建设及发展的种种弊病，重构课程设置和评价体系，不断拔高思想基点，强化应对问题、解决困难的创新性思维，回应小学教育对全科教师培养的召唤。

小学全科教师教育发展尚处于起步阶段，无论是在理论内涵的把握上，还是在实践形式的延续上，都处于探究阶段。当前的首要任务是明确小学全科教师的培养定位，定位不清则认识不明，认识不明则发展不整。因此，必须以全科教师的理论发展为契机，以其培养定位为基本程式，为小学全科教师队伍的建设奠定理论基础。

（二）建立人才培养方案的论证程序

目前，我国教师教育的发展正处于"爬坡上坎"的艰难阶段，应试教育与素质教育也处于博弈时期。面对这一教育现状，要培养小学全科教师，就必须有培养的合理方法和正确阐释。

一是小学全科教师的需求、市场潜力及培养准备问题。对于某地区的小学来说，它们对全科教师的需求如何？是否准备好应对小学全科教师带来的小学教师队伍的整体变革？对于这些问题，都需要深入实地进行调查研究，用事实说话。

二是培养小学全科教师的人力、财力、设备等条件是否充足的问题。小学全科教师的培养一旦启动，就需要师资、经费、课程教材开发等各方面的支持。

小学全科教师作为一个新生事物，其发生、发展需要一整套完整的论证程序。从基本的理论阐释到完整的实践统整，都需要经过成熟的论证。最基本的论证手段包括理论论证、实践调查、田野研究等一系列论证方法。论证小学全科教师的完整性和成熟性，需要建立一种稳定而有序的论证程式。学科建设和队伍建设需要顶层设计，教育理论的发展需要实践的支撑。因此，要大力倡导"学者"与"教者"的结合，建立"三位一体"的人才培养机制，促进全科教师队伍的全面建设和发展。

（三）建立与基地校①的联合培养机制

小学全科教师的培养应建立在实践的基础之上。马克斯·范梅南（2001）说过，在教育的实际中，事实和价值都无法告诉我们怎样去做……方法和哲学对了解如何进行教育行动很重要……但是教育的方法和哲学思考都不能告诉我们应该怎样去做。因此，小学全科教师的培养要真正地落到实处，必须以小学基地校的实践为基本起点，以高校习得的基本理念为指引。一般来讲，小学教师的培养途径不外乎以下三种方式：其一，由师范院校或高等学校全面承担；其二，由优质中等师范学校整合升格为高等师范学校进行培养；其三，通过教师资格认定来确定教师准入。根据小学全科教师的培养理念，小学全科教师应由高等师范学校联合地方基地校，彼此帮扶，相互指导，伙伴合作，校校联合，共同培养。其培养模式是"理论学习兼实践跟进"。理论学习与实践相互包含，彼此融入其中，以理论指导实践，以实践提升理论水平。

小学全科教师的理论学习与课程体系建构，应以全科为聚焦点，注重理论知识的系统性和全面性，培养学生的通识能力、学科能力和专业能力。同时，高校在与基地校合作的过程中，尤其要注重实践环节，通过见习、助教、试做、顶岗实习四个阶段，实现全科教师的实践性培养，这一过程可称为"递进式校外实践教学"。第一阶段为见习阶段，见习即"观察"，观察一线教师如何上课、如何管理学生、如何统整课堂，观察学生的课堂反应，适应教学的基本"场域"——学校；第二阶段为助教阶段，在经过第一阶段的"场域"适应之后，学生应尝试帮助基地校教师做一些日常教学工作，这种"做"比较边缘化，是介于"观察"和"融入其中"之间的一种实践方式；第三阶段为试做阶段，顾名思义，"试做"就是尝试着去做，比助教阶段具有更大的自主性；第四阶段为顶岗实习阶段，这个阶段完全脱离了其他教师的帮助和监控，由学生独自建构个人的管理模式和思维框架。这四个阶段紧密相连，保证了全科教师培养的连续性、全面性，促进了全科教师实践性知识的生成和对全课教师实践智慧的培养。这种理论与实践相结合

---

① 即基地学校。

的培养模式，有助于建立一支优秀的、结构优化的小学全科教师队伍。

（四）建立由第三方参与的评价机制

国外小学全科教师的培养之所以能够成功，除了理论与实践的紧密结合，对教师资格以及获得教师资格的程序进行严格把控，也是保证小学全科教师队伍质量的根本措施。其引入第三方测评机构，长期观察、研究、考量小学教师的发展以及教师专业化水平。例如，美国的国家教育协会、国家学院教师教育协会，以及法国的师资培训大学级学院等，都是作为第三方测评监督机构而存在。这些机构的存在，在一定程度上起到了监管的作用，保障了教师教育发展的公平性和合理性，从而不断促进教师教育的进步和教师的专业发展。

目前，我国教师专业发展与教师专业建设正处于发展期，专业建设的主要轴心在于评价机制的建立。因此，建立公平、公正的评价审核机制，是教师队伍建设以及全科教师培养的重中之重。第三方评价机构的立场是以旁观者的眼光，观察、审核、考察教师队伍建设及其发展，具有公平性、发展性与具体性。第三方监察机构的参与，能有效增强教师队伍建设的完整性与全面性。

总之，我国的小学全科教师培养才刚刚起步，许多理论和实践知识还停留在初步的厘清和建构阶段。教育理论研究者要不断借鉴西方成熟的全科理念，结合本土的知识和教师教育发展的实际状况，在理论层次上增强全科教师培养的科学性。一线教师要正确认识全科教师的发展和培养目标，做好实践指导和帮扶工作，使准全科教师能尽快适应教学、进入"场域"、融入教学、实践教学。同时，小学全科教师在职前学习过程中，要具有积极的心态，在努力学习基础课程和基本理论知识的同时，积极地走向一线，在实践中发展自我，促进理论与实践的紧密结合，进而提升我国教师队伍的整体素质，优化我国小学教师队伍的整体结构。

第二节 诠释·困境·出路：小学全科教师培养的实践变革

教师教育担负着促进中国教育进步的伟大使命，师范生的培养是教师教育发展的重要阶段和必要措施。近年来，随着世界经济、文化、教育的持续发展，我国的教师教育也取得了令人瞩目的成就，其具体表现是：教师数量明显增多、教育质量逐步攀升、教育研究成果日益凸显。与此同时，由于理性主义的强势，主观-客观思维方式的盛行，教师在教育改革和教育研究中面临着丧失其实践主体地位的危机，说到底是教师主体性的匮乏（李本东，2012）。师范生的实践能力在现实教学面前显得苍白无力，失去了作为师范生在实践教学过程中应有的优势和话语权。这种局面，无论对教育者抑或是受教育者而言，都是一种难以言说的痛苦，由此导致整个师范教育陷入了诸多难以言明的困境。面对这种困境，在"互联网+"飞速发展的今天，教育学人究竟应该如何重新考量小学全科教师实践教学的本质意蕴，如何直面小学全科教师实践教学的困窘局面，如何面对时代进步所带来的发展的巨大差距，又该采取何种举措来应对这些问题，是当前教师教育变革过程中面临的重点问题。

一、再出发：小学全科教师实践教学的意蕴考量

（一）小学全科教师实践教学的传统旨趣

梳理近百年来世界教育史的发展历程可以看出，传统意义上，实践教学指的是通过一定的途径巩固基本的教育理论知识，并加深对理论知识的重新认识、再次考量。世界范围内教师教育发展对小学全科教师实践教学的解读是：实践教学是培养具有教育创新、教育发展意识的高素质师范生的重要环节，是师范生学习教育理论并联系教育实际的有效途径，是培养师范生掌握科学的教学方法、提高基本动手能力的重要平台。这样的平台有利于学生核心素养的养成和正确价值观的形塑。但是，经过百余年的发展，时代的进步早已超越了当初教育研究者对小学全科教师实践教学的认识，"互联网+"时代的到来，更加旗帜鲜明地宣布，小学全科教师实践教学的意蕴将在信息化时代发生根本性的转变。

（二）"互联网+"背景下的实践教学新诠释

1. "互联网+"的内涵及其主要影响

"互联网+"中的"互联网"是指一种以云计算、大数据和人工智能为代表的

新一代信息技术，而"+"是代表互联网对其他各行各业的催化作用，通过新形态的互联网来引爆传统行业的改革和发展（刘芳等，2015）。在这种全球化发展不断被推动的基础上，"互联网+"几乎涉及了各行各业，促进了各类系统的整体发展，这为我国信息化建设和资源的优化配置提供了全面而高端的技术支撑，促进了整个社会发展模式的创新，推动了社会发展理念的彻底变革。这种变革波及了教育领域，最主要的体现是：促进了我国教育发展模式的创新，推动了我国教育教学的革新，为教育发展提供了内在动力，加快了"互联网+教育"的发展，这种发展在教师教育领域体现得尤为明显。

2. "互联网+"背景下实践教学的新意蕴

"互联网+""互联网+教育"时代的到来，使整个教育行业无论在理念上还是在实践上都面临着重新整合，教师教育的发展发生了颠覆性变化，其主要表现之一是对小学全科教师实践教学基本意蕴的深刻影响。"互联网+教育"时代的小学全科教师实践教学，由于知识内容体系庞杂、途径多样，我们不能用一个概念简单地概括其基本意蕴，但我们可以通过梳理其存在的内在特征，明晰其基本意蕴和内涵特征。

从时代发展的影响和生成机制来讲，现代小学全科教师实践教学主要包含以下三层基本内涵：一是传统意义上的小学全科教师实践教学，上文已经做了界定和阐释。二是现代意义上的实践教学，指的是在"互联网+"的影响下，小学全科教师实践教学在时间和空间上所发生的位移性变化。在时间上，大数据、云平台使得师范生在任何时候都能搜集并整理实践教学的整体态势和全部走向；在空间上，由于"互联网+"的影响，小学全科教师实践教学在"互联网+"、大数据等信息化的影响下，走向智能化、虚拟化发展，这种实践教学将不再局限于"具身"样态，即使师范生与课堂处于"离身"状态，也同样能在虚拟空间中以真实的感受体会实践教学所带给自身的益处。三是小学全科教师实践教学不再是一个独立的个体，经过长期的历史积淀和发展，已经形成了一个整体，即小学全科教师实践教学体系已经基本形成。那么，面对新旧交替、错综复杂的时代环境和信息的无极限膨胀，追溯实践教学的发生及发展，探究目前实践教学所面临的困境，是当前研究实践教学的必要举措。

二、再回溯：小学全科教师实践教学的困境澄明

面对当前纷繁复杂的时代环境以及信息化背景，我国教师教育面临着有史以来最严峻的挑战，担负着极其艰巨的任务。当前，许多高校为了整合资源，建设综合性院校，全力推进优势学科、一流学科的建设，开始尝试取消教育学院的设置，教师教育的发展逐渐走向综合。面对这种状况，师范教育要想持续不断地"走下去"，就要反思自身人才培养的基本模式，厘清当前师范生培养过程中存在的一系列问题，才能摆脱师范生培养的困境，实现师范教育的平稳过渡，实现培养优质师范生的基本目标。

师范生的培养包括多个方面的内容，点多面广，存在性较强。其中，为师范生所开设的课程是其中的一个主要方面，课程体系建设中又包含了理论课程和实践课程两部分。理论课程主要包括教育学、心理学、课程与教学论等主体课程，实践课程主要包括师范生基本技能训练、师范生的教育见习、教育实习等能够提升师范生自身技能的课程。对所有师范生而言，理论课程开设的形式基本大同小异，因此，师范生培养出现困境，主要表现在实践教学上。那么，小学全科教师实践教学究竟出现了哪些困境？具体表现是什么呢？

（一）实践教学准备缺乏基础性

近几十年来，我国教师教育一直颇受诟病，其主要表现是：师范生"站不稳、站不好"讲台，在教学过程中语言逻辑无序，讲课层次不清楚，难以担当教书育人的责任。出现这种状况的原因之一，就是教师在实践教学前期准备不充分，缺乏相应的基础。实践教学是教学的一种组织形式，有其内在的机理，在前期的准备过程中，要充分分析师范生自身的基本情况，着手梳理小学全科教师实践教学对象的基本情况，规整实践教学的对象和相关事宜，做好相关的调研工作。只有如此，才能在后期的实践教学过程中做到身体力行，逐步缩小理论与实践之间的差距，弥合理论与实践的张力，促进实践教学的规范、有序推进。事实上，小学全科教师实践教学往往处于"草草上场，匆匆收场"的无序状态，由于实践教学要花费大量的人力、物力、财力，同时涉及师范生人身安全保障等一系列问题，在关涉实践教学的时候，师范生培养单位往往秉承"简单、简洁、安全"的原则，从小学全科教师实践教学前期的准备、中期的检查到后期的评定，都以应付的心

态来对待，这就导致小学全科教师实践教学在长期的发展中形成并积累了诸多的弊病，缺乏相应的基础，难以满足当前学校教育的需要，也难以满足基础教育教学实践的需要。

（二）实践教学时间缺乏连续性

小学全科教师实践教学是师范生学习生涯中的一个重要阶段，是师范生课程体系中的重要环节，是师范生走上工作岗位的必经之路，是衡量未来师范生能否站稳讲台的重要标尺，是教师教学活动最主要的实现路径，是保证教师教育有效的核心要点。因此，师范生培养单位本应以审慎的态度和严格的要求来处理实践教学，但在现实的师范教育中，事实却恰好相反。经调研，在全国有师范生培养单位的本科院校中，仅有35%的学校或师范院校充分认定了实践教学的时间，而其他院校基于经费、物质保障、人身安全等多种因素和理由，不仅没有增加小学全科教师实践教学的时间，反而无故缩短甚至直接取消实践教学，致使实践教学在表征上处于弱势地位。还有的培养单位用理论学识和理论课程填补了实践教学的时间，这就使得实践教学时间短缺，难以承继，缺乏连续性，难以保证师范生有充足而持续的实践时间，从而导致师范生在未来的职业生涯中缺乏相应的实践能力和实践经验。

（三）实践教学形式缺乏合理性

教学过程本身具有理论性和时间性。教学理论是一种体系化的关于教学研究的理性表达，旨在通过对教学现象和问题的探讨与分析，形成关于实践中各种教学关系和矛盾的理性认识。但教学理论绝非对教学实践的简单摹写和描述，而是必须对这些事实和问题进行更为深刻的理论探索，带有价值引导的成分，规范并指引着教学实践的进行（路书红，徐继存，2008）。因此，相对于理论教学而言，实践教学只有具有多样性，才能使学生的差异性发展有质的变化。小学全科教师实践教学是一种充满人文气息的活动，表面看似以活动的形式处理教学的活动，但事实上它是包含知识、信仰、艺术、道德、法律、习俗以及作为社会成员的个人而获得的任何能力、习惯在内的一种综合体，是对这种关系的正确处理。这种处理本应该是通过多种形式来实现的，但在现实意义上的实践教学过程中，往往出于种种缘由，其形式比较单一、内容简单、枯燥、重复，这种实践教学形式无论是对师范生的现在还是未来，抑或是对小学全科教师实践教学对象的现在和未来，都是有其弊病和不合理之处的。

（四）实践教学基地缺乏共生性

人对事物在一定阶段的认知具有一定的稳定性，人的内心活动、精神世界以及作为人的精神世界的客观表达的文化传统及其辩证关系为人的实践活动奠定了一定的基础（吴鹏森，房列曙，2008），因此，在一定意义上，人对事物的认知过程具有一定的单一性和稳定性。在实践教学过程中，由于师范生培养院校和实践教学单位对彼此的关系处理不充分，长期以来二者相互之间的联系不紧密，即高校的研究者认为他们的任务是理论研究，具有天然的自我优越性，长期和小学全科教师实践教学单位（主要是中小学及一线学校）保持"离线状态"；而中小学一线教师认为高校教师研究的所谓"理论"，具有理想性和应然性，不能应用于实践，也由此长期和高等师范院校的研究者保持"离线状态"，这就导致二者之间的关系不稳定，缺乏共生性，难以建立长期的信任关系，进而导致小学全科教师实践教学基地五花八门，师范生不能在同一个地方展开长期的实践教学和理论研究。

三、再转向：小学全科教师实践教学的世纪变革

小学全科教师实践教学面临着诸多的问题，导致师范生的就业陷入了空前的困境，加之长期以来对小学全科教师实践教学缺乏足够的关注和系统的研究，变革小学全科教师实践教学成为当前教师教育研究的热点问题之一。2016年，《教育部关于加强师范生教育实践的意见》明确指出，师范生教育实践是教师教育课程的重要组成部分，是教师培养的必要环节……构建全方位的教育实践内容体系……丰富创新教育实践的形式……组织开展规范化的教育实习……完善多方参与的教育实践考核评价体系……协同建设长期稳定的教育实践基地（教育部，2016），这些举措都将促进我国小学全科教师实践教学走向规范化。同时，基于该文件我们可以探知，师范教育实践教学在未来教师教育体系中必将成为重中之重，因此，变革小学全科教师实践教学，促进实践教学的规范、合理、稳定发展，是教育学人应该担负起的神圣使命，而民族志则是小学全科教师实践教学变革、发展相对比较成熟的路径。那么，什么是民族志？其又该如何转换并变革，以实现

小学全科教师实践教学的进步和发展呢？

（一）民族志的内涵解读与意义建构

当前的研究一般认为，民族志的研究范式是由马林诺夫斯基所提出的，奠基于 1922 年出版的《西太平洋的航海者》。这本著作中提出了功能主义人类学、科学人类学的概念，并概括了其对田野作业、理论或主题、民族志三要素的重要引领作用。格尔茨曾经这样描述民族志的重要意义：如果你想理解一门科学是什么，你首先应该观察的，不是这门学科的理论和发现，当然更不是它的辩护士说了些什么，你应该观察这门学科的实践者在做些什么。在人类学或至少社会人类学领域内，实践者所做的，就是利用民族志的方法去实践（克利福德·格尔茨，1999）。基于格尔茨的表述，我们可以认识到民族志不仅是一种行而有效的研究方法，同时也是一种基于事物本身的理论载体。

基于民族志体系的庞杂性，以及在进行社会学研究过程中所涉及事物的复杂性，我们无法用一个概念性的符号去终结它，也无法用一种整合性的概括去描述它。但我们不能由此而停止对民族志内涵的研究和意义构建，为了能清晰地梳理民族志的内涵，通过理论分层的方式对其基本特点进行转换式陈述，是比较成熟的方式。有研究者认为，科学的民族志是一种体现功能主义人类学或科学人类学把田野作业、理论或主题、民族志等三要素相结合的范式，包含这样一些基本规则：其一，选择特定的社区；其二，进行至少一年的现场调查；其三，能够使用当地语言；其四，先从本土的观点参与体验，但是最终要达成对对象的客观认识（高丙中，2005）。伟大的人类学家对民族志的伟大贡献，被后人完美地总结并应用到了教育学学科上，称为教育民族志。教育民族志是以教育学为载体，以民族志为研究方法的方法论体系。教育民族志进行教育研究的一般步骤是：确定教育民族志的研究对象—进入现场参与观察—撰写研究报告。以上对民族志以及教育民族志的基本描述，对小学全科教师实践教学的发展有重要实践意义和理论启示。

（二）民族志旨趣对实践教学的启示

小学全科教师实践教学是师范教育进程中的重要环节，是师范教育课程的基本骨骼和重要脉络，有稳定的理论视野、实践场域和评价机制。因此，借鉴民族志的相关原则，小学全科教师实践教学则是一种科学的体现教育研究规律的，把在实践场域进行实践，选定稳定的实践理论体系或者实践主题，采用正确的实践方法和实践思路结合起来的综合体，已经逐渐走向体系化，即符合师范教育实践教学的实践教学体系正在形成，并逐步走向成熟。

基于教育民族志的研究过程，小学全科教师实践教学的研究过程可以概括性地总结为以下阶段：第一阶段是确定小学全科教师实践教学的对象（基本稳定的实践基地）；第二阶段是进入实践场域进行前期观察（便于后期学习）；第三阶段是进入实践场域帮助实践教学指导者进行实践（初次帮扶、体验实践教学）；第四阶段是进入实践场域尝试进行较长时间的实践教学（亲身进行实践教学）。

在这个实践教学的过程中，从第二个阶段开始，小学全科教师每个阶段都会有一定的时间在实践基地，之后返回培养单位，进行总结和反思，完成理论与实践的相互契合。从民族志到教育民族志，其发展过程启示师范生培养单位，实践教学的民族志谱系应该建立起来，多管齐下，促进小学全科教师实践教学的进步。那么，小学全科教师实践教学体系——民族志谱系究竟应该如何运行？其发展过程如何呢？

（三）小学全科教师实践教学的民族志之路

从民族志到教育民族志，都是对实践教学方法论的重新诠释。当前背景下，师范生的实践教学前期准备不充分，缺乏系统的时间管理，延续性不够，实践基地数量少，稳定性难以保证等问题，困惑着每一位师范教育的教育者和受教育者，民族志-教育民族志为实践教学体系的形成提供了变革的空间，拓展了其发展思路，具有很强的理论实践性和实践理论性。

1. 保证实践教学的稳定性

实践是关于理论的实践，理论是基于实践相关性的理论。实践基地是小学全科教师实践教学的主要场域，是小学全科教师实践教学主要的活动场所。回顾近几十年来的小学全科教师实践教学的发展历程，我们会发现，由于经费、安全等因素的影响，我国小学全科教师实践教学基地大部分处于不稳定状态，许多实践基地都是师范生培养单位临时找过来，将所有学生全部集中到一个地方。在这种实践状态下，人数过多，指导教师缺乏，实践教学机会少，难以真正达到教学实践的目的。

布迪厄认为，"整个社会就是一个'大场域'，而高度分化的社会世界里具有相对自主性的'社会小世界'就是'子场域'，如经济场、政治场、科学场等，社会'大场域'就是由'子场域'构成的"（转引自周冬霞，2010）。对于实践教学来说，师范教育实践教学的场域尤其重要。因此，教育民族志的原则要求师范生培养单位要不断强化场域思想，建立并建设确定的实践场域，保证实践教学的稳定性。只有在稳定的实践场域中，师范生才能有一个安全的实践环境，才能静下心来去实践教学，最终才能促进师范生实践技能的全面提升。

2. 保证实践教学的持续性

过去的几十年，一般学校的实践教学都是集中在师范生将要毕业的最后一学期。对师范生的培养单位而言，这种做法缩减了培养成本，一定程度上保障了学生的安全，有利于培养单位和实践单位集中管理。但同时其也存在诸多的弊端，例如，师范生在前几年的时间里根本没有接触过实践教学，仅仅靠最后一学期的临时突击，难以达到实践的目的，难以保证实践的质量。

民族志在一定程度上解决了这一问题。民族志的方法要求小学全科教师实践教学分为几个阶段，第一阶段初次进入实践场域，进行实践观察，观察其他实践者（有实践经验的教师）以及实践者所针对的对象（学生），观察他们的日常行为、活动等，时间大概为两个星期左右，之后带着所观察、记录的相关资料、数据和困惑返回培养单位，在理论学习中解答自己在观察中所遇到的问题。第二阶段，再次走进实践场域，在上次观察的基础上，帮助现在的实践者（有实践经验的教师）做相关工作，时间大约为两个星期。在做辅助工作的过程中，其要积累经验，梳理问题，之后带着经验和问题返回培养单位，进行理论与实践的对接，完成自己实践教学的二次反思。第三阶段，即过了大概一个学期之后，再次进入实践场域，尝试着自己全部接手之前实践者所做的工作，体验大约两个星期，之后返回培养单位，总结并反思相关内容，促进自身实践教学知识的积累。第四阶段即一般意义上的顶岗实习阶段，在完成了前三个阶段的观察、扶教、试做的基础上，不断总结，不断反思，不断积累，促进自身的专业发展。因此，在第四阶段，其全面介入实践场域长达一整个学期的时间，全面投入实践教学，完成对小学全科教师实践教学的"大满贯"。只有这种民族志-实践教学体系，才能保证实践教学的连续性、稳定性、发展性。

3. 保持实践教学的反思性

反思是为了建设，反思是建设的前提。基于小学全科教师实践教学当前存在的种种危机，面临的种种困境，只有通过各种途径不断地建设小学全科教师实践教学体系，丰富和完善实践教学的类型，反思实践教学过程中的优势和弊端，勤于总结，乐于反思，才能保证小学全科教师实践教学的发展性和进步性。

上述民族志-实践教学体系的构建与实践，是一个不断建设、不断完善、不断思考的发展过程。在这四个阶段中，每个阶段都设置了实践反思环节，在实践场域中反思，回到培养单位结合理论重新反思，将理论与实践结合起来，同时进行反思。只有不断地反思，才能持续地建设，才能使小学全科教师实践教学体系不断完善，保证实践教学的先进性。

4. 保持实践教学的共生性

师范生培养基地与实践场域之间的互动，其实更多的是人与人之间的互动和交往。赵汀阳（2011）认为，当与某种人物打交道时，实际上只不过是与某种职能打交道，在这里，人与人之间是一种事际关系；而当人与人平等交往的时候，这种交往就不是人物之间的职能性关系，而是人心之间的关系，即人际关系。当前，师范生培养单位和实践基地更多的是以一种事际关系的状态来呈现，而缺少人与人之间的平等对话。因此，师范生培养单位要注重密切与实践基地的人际关系，注重平等对话、共生对话，注重构建长期对话的生态，不断淡化高校与实践基地之间的职能性关系。只有这样，才能形成良性的、互动的实践场域，保持师范生培养单位和实习基地的共生关系，促进小学全科教师实践教学体系的快速进步和稳定发展。

1999年6月，在德国科隆举行的八国首脑高峰会议上，会议发起者一致提出并强调教师在推进现代化和提高现代化水准方面，是最重要的资源。对教师的采用、训练、配置及其素质能力的实质性提升，是所有教育制度取得成功的极其重要的因素（李其龙，陈永明，2006）。教师的重要性由此可见一斑。与此同时，师范教育的发展是我国教育事业发展的核心，师范教育要发展，就必须要培养优秀的教师，要培养优秀的教师，就必须有一流的课程设置。当前师范教育的课程设置体系比较庞杂，诸多学科知识渗透其中，但从横向来看，无非理论课程和实践课程两个类别。实践课程是师范教育整体课程的一部分，关乎师范生能否站好讲台、站稳讲台，因此，必须重视实践教学的建设，重视实践教学体系的完善，重视实践教学体系的变革与发展。民族志为师范教育实践教学开拓了新的领域，提供了新的视角，是小学全科教师实践教学变革比较成熟的路径之一。在实然和应然的层面，研究者关注了应然层面的应有之意，但实然层面的实际发展却并不尽如人意。因此，教育研究者与实践者要不断改变视角、创新方法、提供思路，以民族志为切入点和起点，不断变革小学全科教师实践教学体系，促进我国师范教育向良性方向持续不断地发展。

第三节　内涵·误区·归处：小学全科教师培养的模式演进

近几年来，我国基础教育改革趋于白热化的状态，特别是国家对基础教育的持续关注，引发了小学教育改革的新潮流，其表现之一是对小学全科教师培养的重视和支持。小学全科教师是相对于小学分科教师而言的，是指掌握教育教学基本知识和技能，学科知识和能力结构合理，能独立承担国家规定的小学阶段各门课程的教学工作，从事小学教育教学研究与管理的教师。当前，我国对小学全科教师的认识还处于基本的起步阶段，对一些基本概念及其内涵还处在探究之中，尤其是对小学全科教师培养模式的方法论解读，出现了诸多观点。因此，追溯、思考、澄清小学全科教师培养模式的内涵，检视小学全科教师培养的合理路径与方法，就显得尤为重要。

一、小学全科教师的培养模式概略

人才培养模式是教育观念、培养目标、培养规格和培养方式多层面有机结合的产物，其基本问题就是"培养什么样的人"和"怎样培养人"。它是社会政治、经济、文化的综合反映，必须以社会需要为依据，并与社会需要相吻合（李波，2011）。小学全科教师的培养，正是基于社会政治、经济、文化的发展和教育教学的不断变革，从而引起教育领域的系列改革。谈到培养模式，首先要就研究者长期以来对"培养模式"这一概念理解的误区进行学理性澄清。

（一）培养模式的学理性内涵简析

长期以来，对于"模式"的理解存在两个误区：一是认为模式是固定不变的公式，为了取得最佳的效果，必须死板地去套用它们；二是认为就模式而言，无论对学习者还是对教学者，这种方式都是一成不变的，这两种看法都会使得我们陷入尴尬的境地。基于此，如果主观地认为培养模式是固定不变的公式，就从根本上否认了事物是发展变化着的这一唯物主义哲学观，陷入了机械主义的怪圈。

教育教学所面对的是一个有生命的、有活力的群体，教学参与者是有血有肉、有七情六欲的活生生的现实人……教学是质朴的、守成的、思辨的、分析的、批判的、创新的，是情不自禁从灵魂深处流露出不断滋润精神之园的丝丝甘泉的发源地。小学全科教师的培养模式也并非固定不变，它除了具有稳定性，更具有时代性、发展性和灵活性等多种特征。

（二）小学全科教师培养模式的历史反观

小学全科教师在我国可以说是一种新生事物，但也可以说是古而有之。说其是一种新生事物，是因为它从说法、思路以及理念方面都发生了深刻的变化，并且吸纳了国外一些国家的先进做法；说其是古而有之，是因为之前我国中等师范学校对教师的培养采用的是这种模式，现在的小学全科教师培养在一定程度上可以说是对中等师范学校培养模式的传承。它是教师教育发展的过程性产物，具有时代性、变革性和不可逆转性。但是，在国外的诸多教育论著的表述和阐释中，所谓全科培养已经变成教师教育的一种常态化培养方式。美国基于"博雅教育"的历史传统，教师教育课程注重对普通文理学科的学习……目的是提高学生分析、假设和评价的技能，培养其掌握书面和口头表达的技巧，理解并有能力应用基础数学的程序和符号，并应用探究的模式，以及掌握艺术、人类学、自然科学、社会科学特征。英国的中小学国家课程及教学大纲中也谈到，针对小学教师不分科，特别规定欲当小学教师的师范生，应全面理解小学国家课程作为一个整体的目标（李其龙，陈永明，2006）。据此可以看出，小学全科教师在国外已经趋于稳定化、成熟。

从荷兰、英国、美国等发达国家的教师教育发展过程中，我们能清晰地洞察到小学全科教师培养模式的多样化。有的以课程能力为核心构建小学教师全科型的培养模式，有的以教学技能为核心构建小学教师的培养模式，并在模式发展上已经初步涵盖了小学教师培养的部分特征，构建了全科型小学教师理论培养与实践练就的多样化教学体系，促进了发达国家教师教育的常态化成长，同时也推动了国际教师教育（特别是小学教师教育）的整体进展，激活了教师教育变革的创新点。这种潮流带给我国教师教育的启发是什么？又导致了我国小学教师教育在培养模式及路径的解读上出现了什么样的变化？下文将一一厘清。

二、小学全科教师培养模式的路径解读

小学全科教师作为一种新的提法、一种新的思路，既有传承，也有创新。目前，人们对基础教育师资培养有颇多诟病，小学全科教师培养理念的提出，为解决中西部农村小学办学规模小、师资缺乏、跨学科教学的问题提供了一种改革思路，有助于推进基础教育的师资培养工作。同时，对小学全科教师的培养模式进行学理性的探讨与思考，以此促进小学教师培养模式的深度变革，是教育学人义不容辞的责任。

（一）对小学全科教师即"全才"教育的合理规避

小学全科教师培养的做法来自西方，而其提法却源自我国教育研究者。西方国家没有明确提出"小学全科教师"这一学理化概念，大多采用"跨学科""全面发展""全科"等比较零碎的逻辑概念。我国学者经过考察、分析、论证、研究，提出"小学全科教师"这一概念（田振华，2015）。美国教师教育认证委员会（The National Council for Accreditation of Teacher Education，NCATE）要求小学教师要有更强烈的兴趣和需要去理解整个孩子（the whole child），而初中和高中教育则更加专注内容领域（content area）（王凯，2011）。因此，在国外的教育理念中，"整个孩子"的内涵是极其丰富的，其中最主要的便是倡导孩子的全面发展，避免一

种割裂式的评价方式。所谓割裂式的评价方式，是指每位任课教师都有自身的成长经历、知识积累方面的差异，因此他们在各自的教学、教学评价过程中，都不可避免地会带有自我化的因素，即从自身的角度出发去评价学生。如此一来，每位教师都从自身的角度去评价学生，这种评价方式本身就不利于学生的全面成长和发展，为了最小化这种不利因素的影响，西方发达国家倡导教师的跨学科学习和全面学习，并且主要倡导小班化教学，从而有利于进行包班教学。也就是说，每位教师带一个班级，从同一个视角对班级的学生展开教学与评价，进而促进教育的全面发展。

这种教学方式在我国是同样存在的。但是，我国的这种存在方式是呈畸形发展的，是不符合教育教学发展的基本规律的，是一种"被全科"的全科教学方式，它在发展过程中是举步维艰的，缓慢且不合理地存在着。随着教育教学改革的不断推进，西方教育思想在我国的不断发展，全科理念也在教育界勃然兴起。从2014年《教育部关于实施卓越教师培养计划的意见》颁布以来，全科人才的培养在中国基础教育界达到了一种空前的热度。该意见提出："针对小学教育的实际需求，重点探索小学全科教师培养模式，培养一批热爱小学教育事业、知识广博、能力全面，能够胜任小学多学科教育教学需要的卓越小学教师。"

事物的发展都有其规律，教师教育的发展也同样如此。小学全科教师发展速度最快的时期，其实也是问题凸显的时期。作为基础教育的研究者，我们在不断前进、不断发展的同时，也应当关注出现在全科教师培养中的诸多问题。其中之一便是认为小学全科教师既然冠名"全科"，那也就是"全才教师"，是任何知识和技能都精通的教师。基于此，为了使得教师教育的发展更加合理化、科学化，我们有必要对这一培养模式进行学理上的审视和解读。

"小学全科教师"这个概念是从教师所从事的职业角度去认识教师的。首先，对小学全科教师的培养要更注重差异性观点的养成。学生因其成长经历、爱好兴趣不同而有所不同，因此，教师在评价学生的时候，要特别注重差异性思维，不能用"切割式"的方式评价学生。其次，小学全科教师之"全科"，并非在任何知识面前都无可匹敌，这里的全科是有其范围限定的，主要是指除技能性较强的课程之外的其他能力和课程，诸如音乐、美术、体育就是技能性较强的学科。最后，对小学全科教师的培养模式，不能盲目效仿，要因时、因地、因文化差异而采取不同的培养模式，灵活处理并解读"全科"，不能由于学理上的误读而使得全科人才的培养陷入机械主义的泥潭。

(二) 对小学全科教师培养课程体系整而不合的决策应对

小学全科教师是能够根据学生的兴趣和社会需要，通过主题化课程开发和整合化课程实施，对学生进行个性化教育的教师……学生在心理、知识、能力、需要、经验、兴趣等方面不同，全科教师需要更多地利用与学生接触的机会和多学科的"全景视角"，全面观察和了解每一个学生（陶青，卢俊勇，2014）。这是从教师的视角去分析作为小学全科教师应该具备的应有素质。也就是说，在培养小学全科教师的过程中，要注重其培养模式的科学性、逻辑性、发展性。

在基础知识的设置上，要全而不浮，广而不空。作为小学全科教师，其对知识掌握的要求也必然要更为广泛，但仅仅停留在广泛这个层面是不够的。全科教师，重在形成开阔、全面的教学思维，培养整合知识的能力，奠定处理课程与教学相互关系的基础。因此，对小学全科教师的培养，要坚持基础知识的基础性，同时，在课程设置上，又要关照课程之间的整合性与多样化。这是因为学校是缩小的世界，世界是放大的学校。学生的学习生活不应被禁锢在学校中，而是应该扩大到广阔的生活世界中。学科知识和社会生活紧密相连，学生的课内学习和课外活动紧密相连，学校的课程设置要把这些密切相关的内容统整起来，从而培养学生理解和综合运用知识解决实际问题的能力，迸发创造的火花（窦桂梅，2014）。杜威也谈到，只有一致的东西才能保证内聚和和谐……变化和多样性的一切，使人引起反感的性质，都和做事联系起来。因此，在小学全科教师的培养模式上，除了注重知识的多样性和广泛性，更要注重知识的整合性，积极应对学科之间的各种障碍和壁垒，打破学科界限，探索学科与学科之间的联系，保证全科教师培养模式的统整性，增强全科教师人才培养体系的科学性、合理性。

在理论与实践的结合上，要张弛有度，合理把握二者之间的内在张力。理论是实践的理论，实践是理论的实践，二者之间不是对立关系。在对小学全科教师的培养过程中，要避免两种倾向：一是过于关注实践，而轻视理论知识。随着我国高等教育教学改革的稳步推进，暴露出的问题是学生动手能力不足，因此目前高等教育发展的重心不断地向实践教学倾斜，以此来提高学生在走出社会之后的应对能力和实践能力，这有可能会导致对理论知识的忽视甚至无视。二是由于培养的是全科教师，那么在知识量的积累上就必然有其规定性。于是，学生必须要花更多的时间去消化全科所带来的更多知识，从而有可能会影响对教学实践技能的培养。这两种倾向在教育教学的发展中都是难以避免的，因此在培养模式的选择和制定上，要合理、科学地把握二者之间的关系，促进小学全科教师培养工作的科学化。

三、小学全科教师人本交融的培养路径

人本主义心理学认为，要理解人的行为，就必须理解行为者所知觉的世界，即要知道从行为者的角度来看待事物（施良方，2000）。从目前的培养视角来看，小学全科教师的身份是学生，有自身的认知感和归属感；从未来的发展趋势来看，他们的身份是教师，有自身的回归感和应对感。纵观我国目前对小学全科教师的培养工作，要用一种双重视角去看待全科教师这一群体。

从目前小学全科教师的学生身份来看，他们具有发展性和无限的可能性。在对其的培养上，要注重人性的养成。所谓人性的养成，就是要注重对其尊重学生、尊重儿童习惯意识和思维意识的渐进性培养。作为教育者，其应该更加认同的是人与人之间关系的和谐统一，更加关心学生的成长及其发展。学生并不是一个空空的容器……要意识到小学全科教师以知识、情感、兴趣、感情技巧和理解的形式带到工作学校的东西，一定与他们在学校学习的东西有关。因此，在小学全科教师以学生身份出现时，培养单位要从教师的视角出发，去透析学生情况，制定合理的培养模式并加以科学培养。

从小学全科教师未来从事的职业视角来看，作为小学教师，他们面对的群体是一个个鲜活的个人，之前他们所受的教育以及所接受的教育观念、思维会折射到其目前所教授的群体——学生身上。而教育观念、思维的形成，需要知识的积累和经历的丰富，知识积累的最主要阶段是在学校时期。

因此，小学全科教师的现在和未来之间是相互承接、相互延续的，现在全科学生所受的教育是未来学生所受教育的缩影，未来学生受何种教育，取决于今天我们如何培养小学全科教师。因此，在小学全科教师培养模式的选择上，除了注重知识、基本技能的基本规训，更要注重人本化、生本化、主体在场、生命在场的教育思维方式的构建，这是目前小学全科教师培养模式的必然选择和现实路径。

第四节　成效·限度·张力：小学全科教师培养的三维向度

小学全科教师的培养在我国早有实践。近年来，随着基础教育重要性的不断凸显，小学全科教师的培养再次受到教育行政部门、师范院校、一线小学的高度关注。2014 年 8 月，《教育部关于实施卓越教师培养计划的意见》明确提出：针对小学教育的实际需求，重点探索小学全科教师培养模式，培养一批热爱小学教育事业、知识广博、能力全面，能够胜任小学多学科教育教学需要的卓越小学教师（教育部，2014）。这是国家层面十余年来首次正式提出培养小学全科教师，该意见对于基础教育的深层推进具有重要的现实意义。2017 年 7 月，《教育部教师工作司关于中小学教师资格考试增加"心理健康教育"等学科的通知》再次明确：为确保教师资格考试改革试点工作顺利推进，满足师范生对相应学科教师资格认定的需求，自 2017 年下半年开始，各试点省份的中小学教师资格考试初中、高中、中职文化课类别增设"心理健康教育""日语""俄语"学科；小学类别面试增设"心理健康教育""信息技术""小学全科"学科（教育部教师工作司，2017）。这一举措再次表明了小学全科教师培养工作的重要性、基础性，该文件为确保教师资格考试改革、满足师范生对相应学科教师资格的认定奠定了基础。经过多年的研究、试点和推广，小学全科教师的培养工作取得了一定的成效，但同时也存在一些问题，需要在实践中探索和解决。

一、成效：小学全科教师培养的效度考量

在我国，小学全科教师是为了应对西部农村地区学生基数大、小学教师数量严重不足的现实情况，自下而上形成的教师群体，因此，其具有被迫性、被动性。事实上，小学全科教师的形态在西方国家普遍存在，并且是西方小学教师的常态化样式，且国外小学师资全科培养是教师教育发展的一种常识，是教师教育发展

进化过程中所获得的经验组合，也是教师教育改革过程中对一般知识的总结。有资料显示，美国公立小学中，全科教师为 107.8 万人，占所有公立小学教师数的 62.46%，超 6 成的小学教师属于全科教师（孙颖，2017）。面对小学全科教师发展的国际态势，我国近几十年也在积极探索小学全科教师发展的合理样态。

实践是理论的生长点，理论在抽象实践经验的基础上生成。我国近几十年来关于小学全科教师培养的实践，既验证了已有的理论，又为新理论的产生提供了实践素材。在小学全科教师培养过程中，部分教育行政部门、师范院校及一线小学进行了大胆的探索，创新了小学全科教师的内容和形式，建构了保障性的制度体系，为保证基础教育的基础发展提供了有益的实践基础。

（一）小学全科教师基本内涵的合理界定

内涵及概念是学科理论大厦的基石，是学科体系生命的细胞。相关概念的有机建构就成为学科理论，成为知识的价值形态，即定义、法则和原理（徐继存，1998）。换言之，研究主体的内涵与旨趣承载着研究的全部价值，所有研究问题和研究思路都将围绕研究主体的内涵展开，主体的基本内涵是所有研究的凝聚和整合。小学全科教师是什么，为什么要培养小学全科教师，应该如何去培养，最终将走向何处等一系列问题，其核心问题及核心内容在于对基本内涵的合理界定。小学全科教师基本内涵是随着实践探索的不断发展而逐渐完善的，不同的研究者在不同时期基于不同视角、不同理解、不同文化，对小学全科教师的基本内涵给予了独特的界定。有研究者从全科与分科的相对性出发，认为小学全科教师是相对于小学分科教师而言的，是指掌握教育教学基本知识和技能，学科知识和能力结构合理，能独立承担国家规定的小学阶段各门课程的教学工作，从事小学教育教学研究与管理的教师（田振华，2015）。有研究者从"全科医生"的视角出发，认为小学全科教师是能够全面理解小学阶段国家所开设的课程目标、价值和内容，并担任语文、数学、科学等多门学科教学的教师（黄云峰，2017a）。有研究者在整合前期研究的基础上，认为小学全科教师是相对于传统分科教师而言的概念，是指具备相关通识、学科以及专业知识、能力结构，能够胜任小学多学科教学以及综合课程设计，以"全人理念""全景视角"促进儿童知识、人性与兴趣整体启蒙的小学教师（江净帆，2017）。对小学全科教师基本内涵的研究诸多，本书只选取几种典型的、有代表性的观点予以阐述、分析。上述研究者对小学全科教师内涵的界定，都是基于基础教育发展过程中对小学教师的基本情况和实际要求而展开的，有其内在的理论性和外在的实践性。这些关于小学全科教师内涵的合理界定，为基础教育改革的发展及其顺利推进奠定了实质性的理论基础。

（二）小学全科教师培养机制的主体建构

小学全科教师的培养需要通过一定的形式才能实现，即要有相关平台机制来对接、承载小学全科教师的培养。纵观近十年内小学全科教师的培养工作，主要是以高校（师范院校）为主，而在师范院校范围内，重点以新建本科师范院校为主体。新建师范本科院校承接小学全科教师的培养任务，有其内在的优势和条件。从办学理念及办学思维上讲，新建本科师范院校由于重新组建，有其内在的活力，办学理念比较灵活，能基于基础教育的发展现状及教师教育的基本态势，采取更灵活的办学方式，用更积极的理念去培养小学全科教师；从办学积极性及执行性上讲，新建本科师范院校由于新晋成为本科院校，在办学的积极性上，与其他一般的本科院校有所区别，基于发展的需要，新建本科师范院校在承接小学全科教师的培养任务之后，会更加有执行力，以更加积极的姿态去推动这项工作，促进教师教育的深度变革。在此基础上，小学全科教师的培养平台是以新建本科师范院校为培养主体，以区县政府、教师进修校、一线小学等为培养载体的"三位一体"的协同创新机制，即在高校（师范院校）进行基本理论知识（教育学、心理学、学科教学法等）、基本实践知识（三笔一画、教师仪态、教学表达等）的学习，在基地校（教师进修校、一线小学）进行递进式实践教学及日常管理的学习，地方政府提供政策、经费、资源等相关支持。这一培养机制的构建与实践，进一步打破了理论与实践的学科壁垒，拓宽了小学全科教师专业实践平台，为多方位探索校地、校校、校企协同培养人才创新模式打开了新的局面，提供了新的研究和培养思路。

（三）小学全科教师培养方案的顶层设计

要做好小学全科教师的培养工作，必须设计健全、完整、具体、可行的小学全科教师培养方案。任何事情的实施和发起，都是以理念、思路为先导，以执行、推进为策略展开的。小学全科教师培养方案的顶层设计是实施全科教师培养的"先行者"，小学全科教师培养工作又是一项具体的、理论的、实践的、行动的整体设计及其执行工作,因此一定要做好相关的方案设计。从各个培养单位的具体做法和查阅的相关文献资料来看,当前对小学全科教师培养方案的顶层设计主要集中在小学全科教师培养特质与培养模式研究(肖其勇,2014)、小学全科教师知识需求调查研究(朱琳,216)、小学全科教师培养理念和培养目标设计研究(张虹,肖其勇,2015)、小学全科教师培养方案的实证研究(王莉,郑国珍,2016)等方面,培养方案的顶层设计已经有了一定的发展,并在现实推进过程中不断得到修正。上述培养思路设计为小学全科教师培养常态化、长效化奠定了坚实的基础,弥补了过去很长一段时间以来小学全科教师在实践过程中培养思路的整体缺位。

(四)小学全科教师主体地位的日益凸显

随着基础教育改革的深入推进以及教师教育的不断变革,小学教育的发展已经越来越受到人们的关注,教育的发展主要在教师,因此,教师的培养是决定当前基础教育改革能否持续进步的重要"筹码"。小学全科教师作为未来小学教学的主要力量,其主体地位在不断得到凸显,具体表现在以下四个方面。

第一,在国家制度层面,在过去的几十年里,教师教育方面没有任何相关制度、文件是关于小学全科教师培养的,而 2014 年《教育部关于实施卓越教师培养计划的意见》以及 2017 年《教育部教师工作司关于中小学教师资格考试增加"心理健康教育"等学科的通知》的颁布,充分说明了国家已经在顶层设计的战略高度上认识到了小学全科教师培养对基础教育的重要作用。

第二,从文献数量上来看,在 CNKI 中以"小学全科教师"为关键词进行文献检索,共检索到文献 271 条,检索日期截止到 2019 年 7 月 21 日。用计量可视化分析方法进行分析发现,2015—2019 年小学全科教师研究的相关论文呈直线上升趋势。这也从理论研究的角度证明了小学全科教师在学者研究的角度、教师教育领域内得到了广大学者的认可。

第三,从参与培养单位的数量上看,从起初的湖南第一师范学院到 2006 年的重庆、河南、甘肃、江苏、广东等省(自治区、直辖市)的 25 所[①]师范院校都参与了小学全科教师的培养工作,表明全国大部分师范院校已经逐渐达成共识,认

---

① 统计时间截至 2019 年 7 月。

识到了小学全科教师培养的迫切性。

第四，从培养全科教师的层次和数量上看，开始的湖南第一师范学院主要以专科层次的培养为主，人数较少，近几年对小学全科教师的培养重点以本科层次为主，培养数量不断增加，例如，重庆预计 2019 年招收全科教师 2000 人，广西预计 2019 年招收全科教师 3000 人。以上充分说明小学全科教师的培养工作已经逐渐为教师教育领域所接受，其主体地位不断得到凸显。

二、限度：小学全科教师培养的问题追寻

小学全科教师的培养工作在理论和实践上都取得了显著的成效，加快了我国基础教育改革的步伐，推动了城乡教育一体化进程，改善了小学教师队伍的基本现状，但仍然存在不少问题。

（一）对小学全科教师的内涵意蕴尚未达成共识

小学全科教师的内涵意蕴是培养什么样的小学教师、如何培养小学教师等关键问题的显性要素，具有决定性、可塑性、稳定性和发展性。前文提到，小学全科教师的研究者和实践者在不同时期从不同视角、不同理解、不同文化、不同场域对小学全科教师的基本内涵进行了独特的界定，并在后期的研究和实践中逻辑地论证并维护着自己的观点。这些观点有许多共性，但尚未达成共识。所谓共识，对其的基本陈述是：只要达到被大多数赞同即可，即通常所说的"关于××问题，主流的观点是××"（容中逵，2012）。纵观关于小学全科教师内涵意蕴的相关研究，更多的是从自身的利益角度、自己的知识场域、自我的学科立场去界定小学全科教师的，这就导致其概念旨趣五花八门，研究、实践思路不清晰，观点分歧较大，未能形成相关研究共识，从而导致小学全科教师的研究出现了有发展但发展缓慢的现实状况。

（二）小学全科教师培养的机制平台缺少统整

机制平台是培养小学全科教师的重要载体，是培养小学全科教师的重要依托。目前，我国小学全科教师培养的机制平台最为师范教育认可的是"三位一体"协同创新机制，即联合高校（师范院校）、区县政府、基地校（教师进修校、一线小

学）三方共同培养小学全科教师。但从目前实践的具体情况来看，理论研究不断增量，"农村小学全科教师协同培养模式的实践探索""'3+1'模式下小学全科教师培养体系探究"等理论不断丰富，而实践现状却堪忧，具体表现如下：其一，"三位一体"协同创新机制的制度尚未完善，顶层设计有待进一步规整；高校（师范院校）、区县政府、基地校（教师进修校、一线小学）三者分属不同层次、不同领域的主体，相互之间的协同、沟通不流畅，信息难以及时流转，严重滞后于协同进程。其二，"三位一体"协同机制是一个复杂的大系统，统筹、协调需要更多的资金保障，而目前的经费问题严重影响了协同机制的顺利推进。

（三）小学全科教师培养方案尚未形成系统

培养方案是实施人才培养的基本依据，是教学运行的基本标尺。纵观小学全科教师培养的运行方案，总体呈现出"区域化""碎片化""工具化""地缘化"的特征。"区域化"是指对小学全科教师培养方案的顶层设计以地方区域为主，没有从我国教师教育发展的整体局势出发去研判和设计；"碎片化"是指对小学全科教师培养方案的设计不具有整体性，只是就具体问题提出一种设计策略，缺少前瞻性、远景性、发展性；"工具化"是指培养方案的设计以解决当下的农村教师短缺问题为主，其出发点不是促进我国教师教育的变革与发展，而是在于缓解燃眉之急，这就冲淡了小学全科教师培养制度顶层设计的本来之意，强化了教育的工具性，弱化了小学全科教师培养理念的教育性；"地缘化"是指对全科教师培养方案的设计太过于僵化、死板，没有发挥主观能动性，培养方案的设计，除了要关注本土化的基本需求，也要注重借鉴国际教师教育发展趋势及小学教师培养思路，使小学全科教师培养形成良性的生态机制。

（四）小学全科教师培养的基本制度设计缺位

小学全科教师培养的制度设计及建设不仅仅是小学全科教师的培养主体和客体、培养内容和形式、培养责任和义务等制度性要素的建设，更重要的是这些要素应该有机地连接在一起，形成一个有效的小学全科教师培养制度体系。关于小学全科教师的培养，目前虽然有《教育部关于实施卓越教师培养计划的意见》《教育部教师工作司关于中小学教师资格考试增加"心理健康教育"等学科的通知》等相关文件，但还未自上而下地形成基本制度，也没有进行完整的、统一的、协调性的设计，各个地区也是零散、临时性地出台了关于小学全科教师培养的系列制度，相关制度仍不健全，重要制度设计缺位的现象依然存在。按照教师教育良性运行的规律，在小学全科教师制度体系中，主要应该包含三种制度类型：小学全科教师管理运行制度、小学全科教师培养程序性制度、小学全科教师培养监督保障类制度。就上述三类制度而言，都或多或少存在缺位的状况，制度体系设计不完善、不健全，影响了小学全科教师培养的实际成效和发展进程。

三、张力：小学全科教师培养的可能进路

有研究者指出，时代的发展赋予了全科教师新的内涵。20世纪末以来，我国小学教育出现了课程综合化的改革趋向，很多小学积极尝试课程整合改革，并初见成效……全科教师本质上强调的是教师将多种学科知识进行综合，把关于生活与世界的完整知识传授给学生。因此，小学教育改革的重要内容是"课程综合"，对全科教师能力的核心要求是具有"综合能力"（钟秉林，2016）。因此，为高效、平稳地推进小学全科教师培养工作，教育研究者必须着力回应存在的问题，从理念内涵、机制构建、培养方案、制度健全等多方面探求进路。

（一）完善小学全科教师培养的理念内涵

针对小学全科教师培养过程中存在理念不清、内涵混乱的相关问题，我们必须从实效性、全面性、利益相关性三个方面着手完善小学全科教师的理念内涵。首先，从实效性来讲，小学全科教师未来是小学教学的主体力量，是未来小学教学实施的施动者，只有在理性思考、逻辑推理、实证调研的基础上，深层理解并挖掘研究者所提到的"全人理念""全景视角""全科场域"等概念的基本内涵，对其进行澄清、分析和厘清，在学理意义上探究其本质含义和内在理念，才能在具体执行过程中产生实际的效果。其次，从全面性来讲，小学全科教师培养是教师队伍整体发展的核心要素，是我国基础教育改革的有力"杠杆"，是我国整个教育体系的重要组成部分，要从整体上全面考虑小学全科教师的理念内涵。列宁曾经说过，片面性本身就会启发另一面的觉悟。小学全科教师培养作为我国基础教育体系的重要组成部分，其本身理念内涵的发展会促进我国教师队伍发展思路的进一步明晰，同时带动我国基础教育体系理路的全面发展。最后，从

利益相关性来讲，小学全科教师培养未来的受益群体是整体的受教育者，是整个基础教育，是我国的整个教师队伍，因此，现在的受益群体和未来的受益群体之间存在主体关涉关系。综上所述，完善小学全科教师培养的理念内涵，有其必要性、紧迫性。

（二）创新小学全科教师培养的协同机制

良好的协同机制是培养优秀人才的载体。小学全科教师培养历经数十年，理论研究和实践研究成果都在不断丰富，研究队伍在不断壮大，探索出了相关培养单位比较认同的"三位一体"协同创新机制，即高校（师范院校）、区县政府、基地校（教师进修校、一线小学）三者协同，共同培养小学全科教师。但随着这种机制的发展，制度设计、沟通协调、相关保障等方面的问题也越来越突出，因此，各高校要进一步丰富协同的内容，完善协同的相关制度和顶层设计，拓展协同的相关渠道，创新协同的相关机制，从协同内容、协同保障、协同设计、协同渠道等方面多管齐下，共同推动小学全科教师"三位一体"协同创新机制的进一步完善，优化小学全科教师的整体培养机制。

（三）统整小学全科教师培养的整体方案

经走访调研以及笔者亲身经历，我们发现目前小学全科教师人才培养方案五花八门，颇有"我为我舞"的味道。相关培养单位的人才培养方案每年都在变化，每年每届学生的培养方案都各有不同，有的培养单位为了追求特色，甚至出现了人才培养方案违背常识的状况。诚然，小学全科教师作为一个新兴事物和新兴领域在我国教师教育领域出现，有其发展的过程性和成长期，但人才培养方案只有具备稳定性和长期性的基本特征，才能保证对学生的培养稳中有进。因此，在不失特色性的前提下，教育管理部门、教育研究院、师范院校等相关培养单位要统筹协调，通过一系列研讨会、沙龙等形式，分析、厘清相关观点，并统整形成相对稳定的人才培养方案。例如，2016年4月，在重庆召开的"首届全国小学全科教师发展论坛"，经过大会报告、集体研讨、头脑风暴等方式，为破解我国教师教育改革过程中遭遇的瓶颈问题，厘清小学全科教师人才培养的内涵及特征，提供了不可替代的成果和资料。这些成果和资料促进了同行交流，统整了相关理念，有助于人才培养的顺利推进。

（四）健全小学全科教师培养的相关制度

制度是一种保障性的举措，小学全科教师培养工作的顺利推进，依赖于健全的制度安排。制度安排健全、合理，小学全科教师培养工作才能有效推进。在小学全科教师制度体系中，小学全科教师管理运行制度、小学全科教师培养程序性制度、小学全科教师培养监督保障类制度都有待进一步强化。目前，小学全科教师管理运行制度的特点是"有宏观的思路，而无具体的目标"。也就是说，大的方向比较清晰，而在层层管理的体系中，没有一个清晰的脉络，因此，建立清晰、具体的管理运行脉络，是目前小学全科教师管理运行的首要任务。另外，对于小学全科教师培养程序性制度，各培养单位主要是以"意见""通知""方案"等方式在推动这项工作，因此，迫切需要建立小学全科教师培养程序性制度，规范小学全科教师的培养秩序。小学全科教师培养监督保障类制度是推动全科教师培养的"助力器"，因此，要进一步完善、协调相关保障、监督措施，切实保障小学全科教师培养过程中相关人员的切身利益，监督其运行程序，促进小学全科教师培养工作的平稳推进。

第二章 小学全科教师能力的结构研究

第一节 小学全科教师能力的理论脉络

一、小学全科教师能力的内涵

（一）教师能力的界定

能力是一个具有多个维度的概念，在不同的学科中，其内涵和外延也有所不同。心理学将它界定为符合活动要求、影响活动效果的个性心理特征的综合。哲学中将它界定为人的综合素质在现实行动中表现出来的正确驾驭某种活动的实际本领、能量，是实现人的价值的一种有效方式，也是社会发展和人生命中的积极力量（韩庆祥，雷鸣，2005）。管理学中的能力是在特定组织中有效执行一项任务所必须具备的知识、技能或特性（Lucia，Lepsinger，1999）。

教师能力作为当代教师从事教书育人活动所需要的能动力量或实际本领，对学生成长成才具有不可替代的作用。关于教师能力的界定，研究者较多地沿用了心理学中的概念，认为教师能力是指教师在教育教学活动中表现出来的、直接或间接影响教育教学活动的质量和完成情况的个性心理特征（卢正芝，洪松舟，2007）。

（二）小学全科教师能力的内涵

自从《教育部关于实施卓越教师培养计划的意见》提出重点探索小学全科教师培养模式之后，吸引了大量教育研究者的关注。关于小学全科教师能力方面的研究，主要有以下三种观点。

1. 将"全科"界定为"全部学科""全部课程""全面素质"

持这类观点的学者认为，小学全科教师能独立承担国家规定的小学阶段各门课程的教学工作（田振华，2015）。周德义等（2007）较早提出了这种观点，将"全科教师"诠释为"全科型教师"，其胜任力是小学各分学科教师能力的总和，如"语数外通吃、音体美全扛"。后续的研究者如徐雁（2011）也认同这种界定，认为小学全科教师对于国家规定的小学阶段的各门课程的教学工作都能够胜任。王佳艺（2012）认为，"全科型教师"必须是基础知识广博、素质良好、教学技能和综合实践能力较强的教师，即"样样通、科科行"。

2. 将"全科"界定为各学科之间的融合

江净帆（2016a）认为，小学全科教师最核心的能力是"走向综合"，小学教师的重要任务是将分裂的学科知识与儿童丰富的生活世界联系起来，以"导航者"的角色，用"全景视角"引导儿童探究真实存在的生活世界。持类似观点的还有肖其勇（2014），其强调农村小学全科教师能力素质要具有综合性，需要给学生呈现一个生活世界，即一个非课题性的、奠基性的、直观的、人的生命存在的综合世界。

3. 将"全科"界定为"某一类课程"

谢慧盈（2012）认为，小学全科教师能够承担的是同一年级中的某一类全部课程，如文科类、理科类或艺体科类，小学全科教师需要具备教授这些课程的能力，即"一专多长"。这一观点被黄云峰（2017a）所认同，其结合自身多年中小学教学实践经验和"全科医生"的概念，提出要将一门学科教得优秀并非易事，何况全部学科，由此认为小学全科教师最多是通晓和担任语文、数学、科学等主要学科教学的教育工作者。

本书中小学全科教师能力的内涵接近第二种，即小学全科教师的能力是成功地针对小学生进行教育活动所必须具备的个性心理特征的综合，小学全科教师与分科教师的能力之间最大的不同在于融合性和启蒙性，即对小学生进行知识启蒙、人性的启蒙、生活的启蒙、自然的启蒙等。

二、小学全科教师能力的特点

（一）融合性

小学全科教师的能力最显著的表现是融合性，这一鲜明的特点与小学儿童的认知方式密切相关。小学生尤其是低年级儿童的思维具有整体性，他们的思维还没有细致分化，对事物的认知大多是整体的、综合的，世界对他们而言是一个整体（李彬彬，2017）。如果小学全科教师给予孩子支离破碎的分科知识，并不符合其认知经验和习惯，反而会妨碍儿童对真实生活世界的整体认知和形象理解。因此，小学全科教师需要根据儿童"由广到深"的认知规律特征，具备将儿童所处的生活世界和自然世界的知识进行融合展示的能力，使教学设计呈现出主题化、全息化、立体性的特征，让各科知识相互跨越与融合，帮助学生从整体上认识事物、思考问题。

（二）实践性

小学全科教师能力的另一个特征是高度实践性，主要表现为小学全科教师能够采取适合儿童学习的教学方法。合作学习逐渐成为小学课堂中儿童最主要的学习形式之一，实施过程富有创意和实效（王坦，2005）；活动和游戏是最能激发小学儿童学习兴趣的教学方式之一，对其获取知识与技能有重要作用（施茂枝，2006）。由此，小学全科教师的教学重点不再是重复那些陈旧的课本知识，而是运用自身将文本知识转化为实践活动的能力，成立有效的合作学习小组，组织丰富的课内外活动，设计趣味多彩的教学游戏，引导学生在活动、游戏和小组团体中体验和学习知识与技能。此外，小学全科教师能力的实践性也反映了"答疑解惑"的教育观。在小学课堂上，教师不再是纯粹进行各类知识的灌输，取而代之的是以问题为中心，帮助儿童分析和解决现实困惑，为儿童指明通往"生活世界""未来世界""真实世界"的方向。

（三）发展性

小学全科教师能力还表现出发展性的特征，反映出新时代教书育人工作的显著特色。随着以计算机为核心的信息技术的不断发展及其在教育中的应用，教育本身从目的、内容、形式、方法到组织都在发生变革（何克抗，2014）。在这种信息技术应与教育"深度融合"的理念下，小学生的学习行为不只是依托教师教授完整的学科知识体系，而是出现了从课堂学习到虚拟学习、移动学习再到泛在学习的转变（罗洁，2014）。因此，教育是一种培养人的活动，只有教师自身不断发展与完善，才能带动学生的发展。教师不仅要具备传统课堂教学设计和实施的基本能力，而且需要突破传统教育理念的束缚，将智能化、感知化、数字化、网络化的技术设备嵌入课堂，实现高效能的教学实践。

三、小学全科教师能力的结构

教师的能力是教师素质的核心，教师合理、优化的能力结构是教师能力素质的重要标志。良好的能力结构有助于提高小学全科教师知识传承、技能引导的效率，也有助于小学全科教师增强职业适应性，顺利应对千变万化的教育工作和教育环境。1981年，中国教育学会组织全国教育专家对教师能力进行了专题研讨，由此引发了研究者对教师能力问题持续的研究热潮。例如，早期研究者陈安福和何毓智（1988）把教师的教学能力分为一般教学能力和教学管理能力，前者包括搜集教学资料的能力、组织教材的能力和言语表达能力；后者包括组织课堂教学的能力、因材施教的能力、教学反馈的能力以及教学诊断的能力。又如，李孝忠（1993）提出了一个多维度、多层次、开放性的能力结构模型，认为教师的能力由一般能力和教育能力所组成。也有研究者认为，21世纪教师的能力体系包含基本认识能力、系统学习能力、调控与交往能力、教育教学能力、拓展能力5种。然而，上述关于教师能力结构的研究主要是针对分科教师群体而言的，对处于实践和研究起步阶段的小学全科教师的能力结构的研究相对较少，大致可以从国外和国内两个方面加以阐述。

（一）国外关于小学全科教师能力结构的研究

发达国家在培养全科型小学教师方面已有上百年的历史，经历了不断的改革与创新，在培养模式、能力结构、课程设置、教学实施等各方面都比较成熟，尤其是对小学全科教师能力结构的探索各有特色，也吸引了大量教育研究者的关注。通过文献分析，本书梳理了美国、德国、法国、日本、芬兰、澳大利亚、俄罗斯和英国对小学全科教师职业所要求的能力指标。经过对比可知，各国都将胜任小学全科教师职业的能力设置成多元化、多层次的结构。其中，最精练的是美国的三因素能力模型，最细致的是英国的七因素能力模型。接下来，我们将对这 8 个发达国家的小学全科教师的能力结构要素逐一进行论述。

1. 三因素能力模型

美国大学教育普遍强调"博雅教育"这一理念，其小学全科教师的培养最大的优势就在于教师能够从事小学阶段整个班级主要学科的教学。因此，美国要求合格的小学全科教师必须具备 3 项能力：一是全身心致力于学生及其学习的能力；二是熟练地将学科知识传授给学生的能力；三是管理和监测学生学习的能力（宋时春，2017）。为了培养具备这些能力的全科师范生，美国的师范学校开设了普通文理课程、教育专业课程和学科专业课程三大类课程。普通文理课程涵盖人文社会科学和自然科学的各个领域，科目众多、涉及面广，包括语言、哲学、音乐、美术、历史、经济、法律、人类学、数学、物理、化学等；教育专业课程包括教育科学一般理论性的课程、教学方法与技术类的课程，是教学实习与见习课程；学科专业课程主要有语言艺术、阅读、数学、科学、社会科、音乐、美术、体育与健康等。美国小学教师教育课程设置表现出课程体系的综合性强、以通识教育课程为核心和重视教育理论与实践相结合的特点（洪成丹，蔡志凌，2016）。

俄罗斯在师范教育领域实施了一系列提升和保障教师培养质量的措施，通过颁布师范教育政策和标准，规划和引导俄罗斯师范教育的变革和发展，并采取行政指令手段促进教师培养模式转型。彼得罗夫斯基提出教师必须具备 6 种能力：教学能力、创造能力、知学能力、表述能力、交际能力、组织能力（陈寒等，2010）。俄罗斯联邦劳动和社会保障部于 2013 年 10 月颁布了首个针对基础教育教师的职业标准。该标准从教学、德育、发展性职能及实施普通教育方案职能几方面规范了未来教师的职业资格，并对教师的知识、行为和技能做出具体规定，要求所有教师必须具备普通文化能力、普通职业能力和教师职业能力，其中普通文化能力有 16 项子能力，普通职业能力有 6 项子能力，教师职业能力有 11 项子能力（姚漫漫，2016）。

2. 四因素能力模型

在法国，教师是国家公职人员，享受公务员待遇。小学教师是一种综合性的职业，教师应该有能力教授各个学科。法国教育行政部门出台文件要求培养出来的小学教师应具备4个领域的能力：掌握所教的学科知识；能够组织、分析教学情境；能够控制课堂行为以及了解学生差异；具有良好的职业道德等（汪凌，2006）。2007年，法国教育部细化了4个领域的能力要求，出台了新的中小学教师专业能力标准，从知识、技能和态度3个维度界定了教师必备的10项子能力。这10项子能力分别是教师作为国家公务员的道德和职责、教学和沟通的语言能力、学科教学能力和综合文化素质、计划并实施教学活动的能力、组织班级工作的能力、了解学生多样性的能力、评价学生的能力、使用信息与通信技术的能力、与学生家长和学校伙伴协调合作的能力和改革创新能力（胡森，2011）。新能力标准的体系更加清晰、系统，提升了教师的改革创新能力，突出了使用信息和通信技术的能力。

类似地，德国于2004年颁布了首部全联邦性的教师教育标准。新标准从理论教育与实践教育的环节详细描述了小学教师的教学、教育、评价和创新4大领域与11项子能力（吴卫东，2006；顾珏，2007）。这11项子能力分别是：第一，教师专业、正确地制订教学计划，并能客观正确地加以实施；第二，通过创设学习情景支持学生的学习活动；第三，提升学生自主学习与自主作业的能力；第四，了解学生生活的社会与文化背景，并在学校环境的影响下促进学生个体的发展；第五，传授价值观与行为准则，并支持学生自主评价与自主行为；第六，发现在学校与课堂中解决困难与冲突的立足点；第七，诊断学生的学习起点与学习过程，促进学生的目标达成；第八，掌握对学生成绩简明评价标准的基础知识；第九，意识到教师职业的特殊要求；第十，理解自身职业的终身学习任务；第十一，参与学校的项目与计划的制订与实施（覃丽君，2014）。由此可知，德国颁布的标准中对教师职业能力的要求具有可操作性强、目的性与手段性统一、教师专业化等特点，对师范生的任务和能力要求都描述得非常详细。

3. 五因素能力模型

芬兰、澳大利亚和日本都要求小学教师需要具备五个方面的能力。芬兰的基础教育取得了举世瞩目的成就，尤其是小学教育成果全球领先，这与其注重小学师资培养有密切的关联。芬兰小学教师职前教育主要由大学来承担，包括3年的学士课程和2年的硕士课程，核心任务是培养研究型的小学教师（胡旭红，2012）。

严格的准入制度、全面丰富的课程体系和研究型的教学与实习，旨在培养小学教师具备教学能力、公共交往能力、教育科研能力、创新能力、解决问题的能力5种能力（郝妍，孙河川，2008）。其中，"研究"是芬兰教师教育体系的灵魂，研究型小学教师培养是其最主要的特色；而信任文化是芬兰小学教师职业幸福感的来源，因此在芬兰，教师是一个热门、备受尊敬的职业，很多优秀的芬兰青年都有成为专任教师的梦想。

澳大利亚在2010年公布了新的全国教师专业标准，在制度上为澳大利亚中小学教师提供了全国统一的认证标准。该国小学教育专业师资培养的核心课程体系由学科基础、小学教育课程和专业学习模块组成，内容包含了学科课程、小学教育课程、教师教育课程，这体现了课程结构的"全"，其中学科课程包含了科学、数学、人文、文学，涵盖了主要的学科分支，这是学科基础的"全"（李玉峰，2015）。通过这些课程的系统学习，政府和高等院校希望培养出具备使用和发展专业知识与价值能力、与学生和他人沟通互动和共同工作的能力、计划和管理教学过程的能力、监控评估学生的进步和学习成果的能力、对连续性的进步进行反思评估和计划的能力5种能力的小学教师（单志艳，2012）。

日本小学教师也属于公务员系列，并实行定期流动管理。日本全科师范生的培养体系面向小学教育现场，实践性很强，主要培养以本科层次为主的全科教师。各高校针对小学教师的培养课程结构不同，分类名称存在一定差别，但都包含通识课程、教职课程、教科课程和自由选择课程4项，而毕业论文和教育实习一般都纳入教职课程中（刘文，刘红艳，2017）。日本的教师必须具备5种能力，即富有成效的教学和学习指导能力、对学生生活强有力的指导能力、理解和把握学生心理的能力、教育管理的能力、独立的自修能力（汪慧敏，2008；熊淳，2009）。通过日本的小学教师专业标准，我们发现其更注重教师的学科知识以及广博的知识基础上的个人修养，这与东方儒家文化对教师"学高为师"的要求有关。

4. 七因素能力模型

英国教师专业标准要求每位教师都应有持续的专业学习理念、价值取向上融合、促进所有学生的发展、倡导校本实践（章云珠，2012）。英国政府在制定小学教师专业标准时，综合了小学教师素质的相关研究成果，在调查研究和征求意见的基础上，将教师素质概括为专业品质、专业知识与理解、专业能力三个方面。

其中，在专业能力方面，小学教师需要具备 7 种基本能力：计划能力，教学能力，评价、监督、反馈能力，教学反思能力，适应环境能力，团队合作能力，持续的团队合作能力（李俐，2015）。英国关注教师的使命感、价值观、专业信念和奉献精神，强调课堂教学技能之于教师和教师专业化的意义，同时还突出强调了要提升教师的反思意识和学科能力。

（二）国内关于小学全科教师能力结构的研究

国内的小学教育专业教师培养有初中起点的五年制大专制、高中起点的四年制本科制两个层次，在培养模式上主要有大文大理模式、分科模式、综合模式、"综合+方向"模式等，在培养理念上强调综合培养、发展专长、强化技能和重视实践。当前我国对小学全科教师能力素质结构的研究与实践主要分成三大类，分别是三因素模型、五因素模型、七因素模型，具体能力要求见表 2-1。

表 2-1　我国小学全科教师能力结构

类型	因素名称	提出者
三因素模型	①课程能力 ②教学能力 ③管理能力	邱芳婷
	①通识能力 ②专业能力 ③学科能力	江净帆
五因素模型	①教育教学设计能力 ②组织与实施能力 ③激励与评价能力 ④沟通与合作能力 ⑤反思与发展能力	肖其勇
七因素模型	①良好的道德示范能力 ②扎实的运用多学科文化知识的能力 ③深厚的教育理论建构能力 ④较强的教育教学能力和科研能力 ⑤多方面的才艺展示能力 ⑥终身学习能力 ⑦创新精神和实践能力	周德义

1. 三因素模型

江净帆（2016a）提出，小学全科教师应具备通识能力、学科能力和专业能力三种能力，英文简称为 GSP(general ability, subject ability, professional ability)。重庆第二师范学院以此三种能力为培养方案的理论基础，每年培养出 300 多名合格的小学全科教师。通识能力是指培育儿童成为素质全面、人格完善的公民所应具有的能力，学科能力包含以教育学、心理学为基础的教学、研究与管理能力。专业能力即全科教师从事小学教育教学活动所必须具备的学科知识以及相关能力。

邱芳婷（2017）认为，小学全科教师的素质结构应该包括师德结构、知识结构和能力结构，其中能力结构由整合课程的能力、综合的教学能力、科学的管理能力三方面构成。其中，整合课程的能力主要包含课程组织与实施能力、课程的设计与开发能力；综合的教学能力主要包含课程和教学设计能力、课堂教学能力、教学评价能力和教学反思能力；科学的管理能力主要包含教学管理能力、班级管理能力和家校沟通能力。

2. 五因素模型

肖其勇（2015）认为，本科层次的农村小学全科教师的人才培养标准应包括人才素质标准、职业技能标准和专业知识标准，在此基础上形成一个完整的和可观测的培养标准体系。小学全科教师的能力结构具体包括教育教学设计能力、组织与实施能力、激励与评价能力、沟通与合作能力、反思与发展能力等五个方面。其中，教育教学设计能力包含制订教学计划、课程教学方案、班队活动三个观测点；组织与实施能力包含教具制作、"三字一话"等五个观测点；激励与评价能力包含观察、判断两个观测点；沟通与合作能力包含整体提高、沟通等三个观测点；反思与发展能力主要包括科研、改进两个观测点（肖其勇，张虹，2014）。此外，其认为小学全科教师还应具有深厚的农村情感、全面的专业知识。

3. 七因素模型

研究者立足于新课程改革强调小学阶段应以综合课程为主，小学学科知识体系由分科走向综合的现实要求，以及近几年关于小学全科教师的培养实践经验，总结出小学全科教师需要具备七个方面的能力，即良好的道德示范能力、扎实的运用多学科文化知识能力、深厚的教育理论构建能力、较强的教育教学能力和科研能力、多方面的才艺展示能力、终身学习能力、创新精神和实践能力。同时，研究者还对小学全科教师培养的课程设置的基本原则、课程体系的构建以及课程实施的基本途径和方法等方面进行了分析（周德义等，2007）。

四、小结与展望

近年来，研究者在小学全科教师应具备的能力方面取得了不少有益的研究成果，但是由于小学全科教师的培养和实践都是新兴事物，该领域的研究在我国仍处于起步阶段，因此无论是研究的广度还是深度都存在不足。不足之一表现为国内研究成果数量总体较少，且大多停留于感性认识、经验总结和方向性问题的粗略探讨上，缺乏有效的、系统的实证研究，尚未有研究运用实证的研究方法系统考察过小学全科教师的潜能结构。不足之二是对于国外关于小学全科教师的潜能结构的研究成果利用不足，目前仅有少数研究者通过思辨的方式初步勾勒出美国、澳大利亚等少数国家培养模式对国内高校培养小学全科教师素质结构的若干启示。不足之三是有些研究者主张直接照搬国外小学全科教师的能力结构的培养模式，其研究结果未必适合中国的文化、社会和历史背景，导致人才培养目标定位模糊不清，影响了小学全科教师培养方案的整体优化以及最终此类人才培养的质量。因而，未来研究可从以下三个方面加以改进。

（一）尝试对小学全科教师能力结构进行实证探索

在全科型小学教师培养成为小学教师教育的发展趋势下，立足小学教育的特点和小学生身心发展规律，探索小学全科教师的能力结构显得十分必要。这些探索不能只限于思辨式的个人观点思考，更需要具有大量数据支撑的实证范式、量化研究方法的深入研究，大致可遵循以下研究思路。首先，可以开展小学全科教师的能力开放式调查，了解来自学生、教师、家长、学校管理层、教育行政部门、教育研究专家等不同群体的看法，通过统计分析一线的测量数据，萃取小学全科教师能力结构的初步模型；其次，根据所得探索性结果，设计访谈提纲及问题，并对有一定教育教学经验的小学全科教师进行深度访谈，进一步挖掘和修正小学全科教师的能力结构模型；最后，按照修订后的小学全科教师能力结构模型，进行人才培养实践，运用教育实验法验证新设计的教师能力结构模型的有效性和适切性。如此，我们相信可以为培养小学全科教师提供更有力的科学依据。

（二）借鉴国外关于小学全科教师能力特征的研究成果

基于"小学教师是一种综合性职业"的理念，欧美发达国家的小学大多采用小班制、包班教学的教学组织形式，因此对本科小学师资普遍采取全科培养方式，呈现出课程体系的综合性强、以通识教育课程为核心、重视教育理论与实践相结合等主要特点。这些特点对我国尚处于形成阶段的全科型小学教师教育有很大的借鉴与参考意义，尤其是有助于厘清培养方案中学科课程和教育课程的相对地位。例如，前文论述的日本小学全科教师能力的特征，启示我国在培养小学全科教师的过程中，可以聚焦小学教育实践，整合学科课程和教育课程。又如，英国小学全科教师的能力标准，以及多元培养模式即五类九种课程计划，这些具有实操性的做法值得我国小学全科教师的培养单位借鉴和推广（赵惠君，2007）。此外，基础教育非常发达的芬兰要求小学全科教师必须具备高水平的科研能力，认为教师应用科学研究促进教学实践（曹雪，2017），这种研究型的培养取向也可以被适当借鉴，作为我国小学全科教师的重要能力诉求之一。

（三）立足中国历史、文化、社会实际，建构小学全科教师能力模型

虽然发达国家的小学全科教师能力结构有一定优势，但教育研究者需要谨慎思考的是，在中国历史、文化、社会意义体系中，这些能力要求是否适用、可行？因此，在借鉴国外研究成果与实践策略的同时，必须要考虑到中国社会教育背景的特殊性。例如，国外可以大范围实行小班制的客观因素是小学生数量和教师数量之比允许实行，而中国现有城市的小学课堂教学班额基本在50人左右，几乎是国外小学班额的 2 倍以上，而教师数量并没有同比增长配备（江净帆，2017）。又如，小学教师职业地位差异导致人才吸引力的不同，发达国家小学教师是令人羡慕、尊敬的职业，社会地位很高，能吸引比较优秀的人才加入教师行业；而我国由于地域辽阔，小学教师社会覆盖面较大，部分地区教师的社会地位不高，这种现状难以吸引到高素质的人才助力小学教育事业。再者，人才培养理念上的差异导致能力诉求也可能不同，目前中国小学全科教师的培

养旨在解决贫困地区的教师匮乏难题，希望全科师范生成为全能型教师；而发达国家的培养目标是使教师成为有教育情怀的小学教育家。基于上述特殊性，我们必须要充分考虑中国教育的大背景，立足中国历史、文化、社会实际，建构小学全科教师能力模型。

第二节 小学全科教师能力结构的开放式调查

一、研究目的

前文分析了中外研究者关于小学全科教师能力的有益见解，启示中国研究者在充分借鉴西方研究成果的基础上，需要考虑到不同文化导致现实教育场域的差异，立足中国历史、文化、社会实际建构小学全科教师能力模型。那么，中国文化背景下小学全科教师应具备怎样的能力结构呢？为弄清楚这一点，本节内容立足于现代社会教育实际，开展开放式的小学全科教师能力观实证调查，初步探讨小学全科教师能力的构成要素。

二、研究方法

（一）研究对象

本次开放式调查对象共 454 人，均为小学全科教师。其中，本科层次的有 305 人，专科层次的有 149 人；男性 71 人，女性 383 人；年龄为 20—24 周岁。我们采用团体施测和个别施测相结合的手段，所有问卷全部回收，剔除论述偏离主题、字数不足的问卷，最终保留有效问卷共 437 份。

（二）研究工具

自主设计一道开放式论述题，即"你认为小学全科教师应具备哪些能力、品质？"每名被试根据该主题进行自由论述，要求总字数不少于 500 字，尽可能举例说明。被试的性别和年龄信息在问卷填答完毕后登记。每名被试在 30 分钟内填答完毕，可获得一本笔记本作为参与调查的礼品。

（三）研究程序

我们参照胡金生和黄希庭（2009）、尹华站等（2012）提出的研究程序，对语料逐条进行内容分析，具体如下：首先，建立类目，在充分考虑相关文献、专家意见的基础上，通过集体讨论的形式确定分类框架，由 2 名教育学专业的硕士研究生进行初步分类；其次，将分析单元归类，归类时以关于小学全科教师的能力描述的完整句子或词语为分析单元，关于难以确定含义和确定归属类别的个别描述，由小学教师能力研究方面的几位专家共同商定进行归类；最后，进行归类信度计算，统计时以归类次数为基本单位，先求出两位归类者之间的相互同意度，然后根据杨国枢等（2006）提出的信度公式，依次求出归类者信度。计算结果如下：小学全科教师的内在品质中负责、仁爱、乐观、自律、共情 5 个维度的归类信度依次为 0.91、0.92、0.93、0.93、0.94；小学全科教师的能力结构中教育教学、协调管理、科研创新、学习应变 4 个维度的归类信度依次为 0.91、0.92、0.90、0.92。

三、研究结果

（一）小学全科教师的内在品质

两位归类者从中抽取关于小学全科教师的描述语句的平均数量为 1007 条，所有条目均被归类，归类结果详见表 2-2。结果显示，小学全科教师主要具备负责、仁爱、乐观、自律、共情 5 种内在品质。其中，仁爱这一品质是被提及最多的，百分比为 30.9%；排在第二位的是自律品质，百分比为 21.4%；乐观、共情、负责三种品质紧随其后，所占比例分别是 18.7%、16.9%、12.1%。

表 2-2　小学全科教师的内在品质

测查范围	类目	子类目	平均频数	百分比/%	信度
小学全科教师的内在品质	负责	直面问题	58	12.1	0.91
		使命担当	64		

续表

测查范围	类目	子类目	平均频数	百分比/%	信度
小学全科教师的内在品质	仁爱	热爱教育	129	30.9	0.92
		爱护学生	89		
		善良奉献	49		
		温和宽容	44		
	乐观	积极进取	103	18.7	0.93
		阳光心态	52		
		幽默耐心	33		
	自律	细心谨慎	36	21.4	0.93
		公正守信	83		
		言行一致	40		
		注重形象	57		
	共情	理解学生	57	16.9	0.94
		尊重差异	92		
		换位思考	21		

注：平均频数为两位归类者归类平均数的四舍五入后的结果；信度=n×平均相互同意度/[1+(n−1)×平均相互同意度]，n 为归类者人数，相互同意度=$2M/(N_1+N_2)$，M 为完全相同的数量，N 为归类者归类总数，下同；因四舍五入，个别数据之和不等于100，下同

仁爱品质是指教师对学生的身心教育过程中抱有爱护之心、仁慈之义，包含热爱教育、爱护学生、善良奉献、温和宽容4个子类。在这些子类中，涉及最多的就是热爱教育，129位小学全科教师直接谈到了自己对教育事业的真切热爱。比如，李老师写道："要当好小学全科教师，必须热爱教育事业，愿意把自己的一生都投入教育中。"黄老师提到："能够支撑我留在乡村小学的最主要动力就是自己对教育的狂热和情怀，在自己遇到困难的时候，都会提醒自己不忘初心，即不忘自己最初对教育事业的热情。"其次，有89位教师提出爱护学生也是小学全科教师应具备的品质，他们认为教师始终要对学生有爱心，给予学生无微不至的呵护和关爱。正如张老师写的，"从入职起，我就对学生抱以爱护之心，尤其是我教的学生中很多都是留守儿童，他们平时得不到父母的关爱和陪伴，教师有时候还需要扮演父母的角色，工作之余陪伴他们庆祝生日、节日"。此外，善良奉献、温和宽容也被不少教师认为是小学全科教师的内在品质。有49位被调查的教师提到

教师需要有一颗善良的本心，善待每一位学生，像蜡烛般无私地奉献自己的知识与技能；另有44位教师强调温和宽容也是小学全科教师的必要品质，如"春风拂面"般和蔼温柔地教导学生，宽恕学生所犯的错误。参与调查的罗老师写到自己的经历："有一次有个学生没有完成家庭作业，我大发雷霆，严厉斥责了这个学生，结果，他以后每次看到我，眼神都是怯怯的，更是对我教的数学学科毫无兴趣。我一直反思是不是自己太过严厉，没有控制好自己的情绪，对学生不够宽容和温和才导致像这样学生的学业失败。"

自律是排在第二位的小学全科教师内在品质，是指教师对自己的行为能够自我控制、自我约束，分为细心谨慎、公正守信、言行一致、注重形象4个子类。自律反映了广大教师"学高为师、身正为范"的基本诉求。首先，公正守信被83位被调查的小学教师提到，他们指出公正公平地对待每一位学生，信守自己与学生之间的承诺，是小学全课教师必须具备的品格。骆老师论及："我在管理班级时坚持公平公正，不过分偏爱成绩优异的好学生，也不能戴有色眼镜看待后进生，尤其是对待学生看中的学业评分和干部选任事宜，更是如此，这样才能赢得学生的基本信任。"其次，有57位教师提到教师需要注重自己的仪态和形象，教师不能在学生面前太随意，得体的仪态有助于小学生良好行为举止的形成。其中，赵老师分享："我有一次喝完酒忘记了换鞋子，就直接红着脸、穿了拖鞋和短裤进教室，结果学生纷纷用惊讶的眼光注视我，心思全然不在听课上，这次不拘小节着实让我汗颜。"此外，细心谨慎和言行一致共被76位小学教师谈到，做事严于律己、为人谨言慎行是小学全科教师的优秀品质的表现。陈老师描述了自己关于严谨教学的经验："数学课上，有些老师会为了节约时间而忽略了给学生示范写应用题的答语，给学生留下不够严谨的印象。我从来都是板书教学，每次应用题讲解完毕后，都会带领学生一起写答语，长年累月下来，我的学生都不会因为忘记应用题的作答而被扣分。"

调查结果表明，乐观也是小学全科教师应具备的重要的内在品质，是指教师在教与学的全程中保持积极、正面的思考视角。乐观品质在本次调查中被描述为积极进取、阳光心态、幽默耐心3个子类，这些子类分别有103条、52条、33条论述。其中，积极进取被提及的次数最多，即小学全科教师需具备积极正向的世界观、价值观和人生观，面对提升知识和能力的机会要主动争取。调查中，高老师写道："小学教师应有一种积极乐观的性格，在知识学习和教育手段的领域要不断地进取、追求。"另外，阳光心态和幽默耐心两个子类紧随其后。此处的阳光心态是指小学教师要始终用阳光的态度面对困难和挫折，而且"要把这种积极的态度传递给学生，如此学生也会充满活力、乐观向上"；幽默耐心多指小学教师在教授学困生时，需展示出更多的耐心，不宜急躁，处理学生问题行为时，方式幽默，不能简单粗暴。

在此次调查中，共有16.9%的教师认为共情是小学全科教师的一种重要品格。它是指教师能够站在学生的立场上理解其观点和行为，包含理解学生、尊重差异、换位思考3个子类。共情品质着眼于教师理解学生的情感与意愿，能够站在学生的立场无条件地给予其积极关注。其中，尊重差异是被提及最多的子类，共有92位小学全科教师提出身为人师，必须承认并尊重学生之间的认知、情感和意志等方面的差异，做到因材施教。例如，邹老师描述："每个学生都有自己的个性，我们要学会欣赏这些不同个性的学生，基于差异来开展教育教学工作，充分发挥学生的特长。"除了尊重差异，共有78位被调查的教师认为还要理解学生和换位思考，即小学全科教师要具备理解学生的想法，能从学生的视角出发思考问题的品质。正像王老师所说："小学生虽然年纪小，但他们对老师的期望并不少，他们大多希望老师能够理解自己的内心世界，具有孩子般的童心。"

负责可以说是从事任何职业都需要的品质，是指教师承担教育教学工作的职责，教育行业的小学教师尤其如此。具有高度的责任感被分为了直面问题和使命担当2个子类。直面问题主要指小学全科教师在教育教学工作中遇到各类问题、挑战、困难，应主动应对，不能回避；使命担当描述的是教师将教育工作视为自己的终身使命，肩负为国家、民族培育下一代的伟大担当。有位姓冉的教师慷慨激昂地写道："虽然作为小学全科教师从教的时间并不长，但是我的内心是忐忑的、敬畏的，因为我所从事的教育事业的使命感和责任感不同于普通职业，我时时刻刻都必须牢牢地树立起教育责任意识，一切为了学生，为了一切学生，为了学生的一切。"

（二）小学全科教师的能力结构

两位归类者共抽取的平均频数为1065条，所有条目均被归类，详细结果参见表2-3。结果显示，小学全科教师主要具备教育教学、协调管理、科研创新、学习应变4个维度的能力，共计13种具体的能力。其中，教育教学能力包含实践能力、融合能力、测评能力、引导能力 4 个子类目，协调管理能力包含管理能力、交际能力、表达能力 3 个子类目，科研创新能力包括创新能力、研究能力和观察能力 3 个子类目，学习应变能力包括学习能力、反思能力、应变能力 3 个子类目。

表 2-3　小学全科教师的能力结构

测查范围	类目	子类目	平均频数	百分比/%	信度
小学全科教师的能力结构	教育教学能力	实践能力	185	36.8	0.91
		融合能力	141		
		测评能力	30		
		引导能力	36		
	协调管理能力	管理能力	96	26.8	0.92
		交际能力	108		
		表达能力	81		
	科研创新能力	创新能力	106	19.0	0.90
		研究能力	43		
		观察能力	53		
	学习应变能力	学习能力	79	17.5	0.92
		反思能力	34		
		应变能力	73		

有 36.8%的被调查者提到了小学全科教师的能力结构中应包含教育教学能力。这类能力是指教师能够顺利开展教学工作，对学生进行教育引导，由实践能力、融合能力、测评能力、引导能力 4 个子类构成。其一，实践能力有 185 位被调查者提到，是指教师合理制订教学计划与开展教学工作的能力。例如，孙老师写道："做老师最重要的能力就是要上好课，设计出精彩的教学方案，并在课堂上实施自己的构想，学生也能有所收获。"其二，融合能力被提到的频数为 141 次，是指教师能够多学科、综合性地进行教学设计，这种能力是小学全科教师区别于分科教师的一个重要特征。其三，测评能力是指科学地测量与评价学生的课业、心理、身体等发展以及教师的教学工作的能力。例如，罗老师提到："教师能否公正、客观地评价学生各方面的发展，将如同高考指挥棒一样影响着整个教育质量，

所以教师必须具备教育测评的能力。"其四，引导能力是指全科教师引导、影响学生的思想和行为的能力。比如，被调查的李老师论述："作为一名教师，就要通过自己的言传身教影响所教学生的日常行为，学生因自己而改变是作为教师最大的成就感。"

调查结果显示，协调管理能力占据了 26.8%。协调管理能力是指教师能够协调管理师生、家校、同事之间的关系，包含管理能力、交际能力和表达能力 3 个子类。其中，交际能力以 108 次的频数排在首位，主要是指人际交往与协调方面的技能，表现为与学生真情对话、与家长有效沟通、与同行顺畅交流等。有 96 位被调查者提到管理能力是小学全科教师应该必备的，大致涉及课堂管理和班级管理两个方面。参与调查的王老师描述了自己的日常工作状态，足以说明教师管理能力的必要性："我一直担任班主任，一天当中除了上两节课花费了 90 分钟，批改作业花费 1—2 小时之外，其他的时间都在处理班级的大小事务，一会儿有班干部汇报个别学生的不良行为，就得去协调学生之间的矛盾纠纷，一会儿要参与班级管理方面的会议……"此外，表达能力也是被广泛提及的一种小学全科教师应必备的能力，包括书面语言表达和口头语言表达，以及眼神、手势等非语言表达。

研究结果还表明，科研创新能力占比为 19.0%，是指教师独立开展教育科学研究、及时革新教育教学的形式和内容的能力，涉及创新能力、研究能力和观察能力 3 个子类。其中，有 106 位被调查者提到了教师必须有一定的创新能力，这种创新主要体现在教师的教学理念、教学手段、教学形式、教学方法的变革等方面。而且，研究能力和观察能力也被认为是小学全科教师应具备的重要能力之一，关于两者的描述共有 96 条。研究能力是指教师能够独立开展教育学科研究，做出相应的教育研究成果；观察能力体现为教师能够洞察学生的身心发展，观察课堂教学各要素的变化。袁老师提到："一名合格的小学教师，一定是能够及时敏锐地观察到学生的情绪变化、学习进步或落后，从而采取某些教育措施适应小学生的某种改变，这些源自教育场域的小问题都可以作为教师进行教育研究的课题。"

内容分析结果提示，学习应变能力是小学全科教师能力结构的第 4 个维度，是指教师不断主动学习和反思，应对教育教学变革的能力。学习能力、反思能力、应变能力构成了学习应变能力，所占比例为 17.5%。子类之一学习能力的出现频数为 79 次，主要是指教师学习先进的教育理念、使用最新的教育技术、借鉴不同管理手段的能力。另一个子类即应变能力的频数是 73 次，指教师不仅可以应对日新月异的教育背景的变革，而且能够处理班级中的各类突发事件。参与调查的叶老师写出了自己的心声："现在的小学生太聪明了，懂得太多啦，我们再也不能用以前对小学生的认知去教育他们，教师也需要不断地充电学习，才能适应未来的教育大背景。"同时，也有不少被调查者提到反思能力，内容集中为教师需要对自己工作中的问题进行反思与改进，并梳理对自己的教学而言比较有成效的若干教育经验。

四、分析讨论

教师的职业品质是教师职业能力形成的内在动力，反过来，教师出色的职业能力会强化教师的职业品质。以此类推，小学全科教师的内在品质可以驱动其各项职业能力的形成，同时其所具备的各项职业能力在教育实践中也会不断得到锤炼，并磨砺相应的内在品质。本书通过实证研究的方式探索了小学全科教师的内在品质与能力结构，尝试分析了小学全科教师内在品质的共通性与独特性，以及能力结构的合理性与有效性。

（一）小学全科教师内在品质的共通性与独特性

小学全科教师在从事教育活动过程中所表现出来的比较稳定的内在品性，对其教育教学效果有着至关重要的影响，因此深入探索这些品质的具体内容，确有必要。小学教师的内在品质具体体现在每一位教师的言行之中，展示在每一个教书育人环节之中，积淀在每一位学生的素质之中，凝练成了一所学校特有的精神文化要素。学界对教师个体品质进行了深入探讨，关注教师的品性、品质和人格，教师的个人品质与他们对教学内容、教学方法、教学组织的选择和传递呈正相关（张磊，2016）。通过对本次调查结果的内容分析，我们发现，在中国历史、文化、社会背景下，小学全科教师主要具备负责、仁爱、乐观、自律、共情 5 种内在品质。这一研究结果与前人的实证和思辨研究结论相比，既有一致之处，也有独具特色的地方。

1. 小学全科教师内在品质的共通性

小学全科教师的仁爱品质在以往关于教师的主要品质、素养、特质的研究中常有出现。仁爱品质出现的频率最高,备受推崇。早期经济合作与发展组织从事的一项调查研究发现,教师所具备的关键特征就包括对学生的爱、职业承诺等内容(Hopkins, Stern, 1996)。正如严玉萍(2008)所倡导的那样,善良仁爱是教师有效教学的个性品质之一,这一品质折射出教师的人性光辉。教育关怀是教师的核心品质,这种关怀在教育活动中首先表现为最朴素的"善良之心",它是指基于人性的"善良"而生长的基本状态,是人的内心"真善美"的自然流露(彭兴蓬,雷江华,2015)。更有甚者,如周林等(2010)认为,教师需要无私奉献,没有奉献精神的教师,永远不会成长为一名名师,甚至永远不会成为一名合格的教师。尤其是直接参与儿童教育的教师,"关心儿童"作为教师职业的核心品质,对教师的职业具有特定的诉求和规定(高红梅,胡福贞,2015)。不仅是中国学者赞同仁爱是教师应具备的内在品质,国外的教育研究者也持类似观点。在日本学者看来,卓越教师应在专业品质上持有对幼儿、儿童、学生的爱(石连海,2011)。苏联的教育家苏霍姆林斯基认为,教师的工作就其本身的性质和逻辑来说,就是不断地关心儿童,一名好教师就意味着"热爱孩子,感到跟孩子交往是一种乐趣,相信每个孩子都能成为一个好人"(苏霍姆林斯基,1984)。美国学者Sockett(1993)在《教师职业的道德基础》一书中指出了教师的核心专业品质应包括关怀,这种关怀要求教师要像母亲爱自己的孩子一样关爱学生。

除了仁爱品质,小学全科教师的负责品质、共情品质也与前人的某些研究有相通之处。在负责品质方面,如刘初生等(2004)开展的一项小学生对教师品质要求的调查发现,学生选择的排在前三位的内在品质依次是"对工作认真负责,一丝不苟""有耐心,不易发脾气""幽默,性格开朗",这3项品质的得票率在60%以上。同时,也有学者认为尽责、尊重、坦诚是教师最重要的品质(Hansen,2001)。这些研究都反映了负责品质对小学全科教师的必要性。诚然,在这些研究中,责任被提及的比例不是最高的,可能的原因是责任感已被教师内化,因而没有太多研究专门提及。在共情品质方面,比如,张昕(2006)直言小学教师应富于同情心,能够理解学生的内心世界,这样的教师能帮助学生解决问题,师生感情融洽,教师对工作认真负责的态度也会对学生的学习产生影响。还有学者认为小学教师的同情心、热心、判断力和想象力是完成教育教学工作不可或缺的因素(Begley,2006)。

此外,小学全科教师的自律性与以往的研究有一致之处。例如,黎琼锋(2007)

认为，专业自律是教师内在的道德规约，自律在教育工作中多表现为教师的自我约束、自我提高行为，例如，教师的反思习惯是教师专业道德在教学生活中的具体化，也是专业自律的表现。在现代社会背景下，教师的自律品质还表现为能抵御各种利益诱惑，避免学术不端等失范行为。陈何芳（2012）的研究表明，教师的不自律会影响学术工作的有效开展，并提出通过激发教师的自律潜能、减少评价制度的负面刺激，以促进教师个体自律。由于教育资源分布不均，家长出现集体焦虑，都希望自己的孩子获得优质教育资源或教师额外的关注，导致家长给教师送礼的现象层出不穷、屡禁不止。针对这一现象，有研究者认为问题不在送礼，而在教师自律，作为教书育人的从业者，以及肩负引领正面社会风气的责任，自律必然成为一项核心要求，且教师自律是有效实施教育教学的前提条件（杨泉良，2016）。教师的自律品质也是促进教师专业发展的内在动力之一，正如顾思羽（2016）所言，教师之所以能表现出持续的成长性，还源于他们高度的职业自律，能在教学生涯中时时处处关注自己的形象、素养和发展，展现出身正为范的操守。

2. 小学全科教师内在品质的独特性

据文献分析可知，小学全科教师的乐观品质是本次开放式调查比较独特的研究发现。本次调查中，近1/5的被调查者认为乐观品质是小学全科教师应具备的。这一发现可能与现代教育背景下教师面临的工作压力较大有关。彭小虎（2012）关于小学教师工作压力的调查分析发现，小学教师普遍报告有较大的工作压力，这些压力主要来自教育政策、社会评价和家长的要求。正是多方面压力的存在，直接对职业幸福感水平产生了显著的消极影响（杨玲，2014），这似乎能解释为什么之前有调查显示仅有18%的教师感觉非常幸福或比较幸福，有多达27%的教师感觉自己比较不幸福或非常不幸福。在教师工资待遇方面，由于部分地区中小学教师工资存在严重的不合理性，小学教师年均工资增长水平跟不上当地人均GDP、城镇居民可支配收入等经济社会指标的增速（杜晓利，2015），导致这些教师群体面临着较大的生存压力。相比分科教师，小学全科教师需要承担跨学科的课程教学工作，以及包班制的教育管理工作，可能面临的工作压力相对更大。小学全科教师多分布在中国经济欠发达的农村地区，工作条件比较艰苦，工资待遇更是难以与城市小学教师相比，生存压力较大。

（二）小学全科教师能力结构的合理性与有效性

除了上述小学全科教师的 5 种内在品质，本次调查的重要发现是提出了这一群体的能力结构要素。小学全科教师能力及其构成会直接决定其能否胜任此项工作，因此基于实证调查的结果显得颇有实践指导意义。内容分析结果显示，中国文化、历史背景下的小学全科教师能力包含 4 个一级指标和 13 个二级指标。这些结果与上一节综述国内外研究者基于思辨所得小学全科教师的能力要素有不少相似之处，也有一些值得关注的亮点。

1. 小学全科教师能力结构一级指标的合理性

内容分析萃取的小学全科教师能力结构为教育教学能力、协调管理能力、科研创新能力和学习应变能力 4 个一级能力指标，以及实践能力、管理能力、创新能力、学习能力等 13 个二级能力指标。这一能力结构能够在当前小学全科教师所从事的具体工作中找到支撑证据。在广大小学，小学全科教师主要承担四个板块的具体工作职责：一是课堂教学工作；二是学生管理工作；三是教研和教学改革工作；四是培训学习工作。这四个部分的教师工作与本次研究所萃取的 4 个一级指标中描述的能力基本对应。基于每项具体工作内容以及工作承担者需要具备的能力，表明此次所发现的小学全科教师能力结构中的 4 个一级指标具有一定的合理性和现实意义。其除了与教育实际工作相符，还与研究者关于卓越教师的能力要求有共同成分。研究者发现卓越教师需要具备教育能力、教学能力、教学管理能力和教研能力（李贵安等，2016）。

2. 小学全科教师能力结构二级指标的有效性

二级指标共有 13 个，其所描述的子类能力多数得到了以往研究和教育政策文件的支持。例如，宁虹（2009）认为教育在本质上是实践的，实践是教师专业认同实现的基础，是教师专业发展得以实现的途径。宁虹主张教师应重视实践能力，这一观点与本书能力结构的二级指标实践能力比较一致。又如，二级指标反思能力也被其他研究者认为是各级教师的必备能力，教师既需要对教学手段、教学工具、教学方式和教学途径等进行反思（李莉春，2008），也需要对教学情境和教师经验等提出批判，而且这种能力是由技术性反思向实践性反思和批判性反思的过渡和转换（崔友兴，2017）。再如，二级指标交际能力，与魏泽（2014）提到的小学教师必须意识到与学生沟通及合作的必要性，同时注重与外界的沟通和合作，有异曲同工之处。另外，二级指标测评能力也被小学教师教育实践与研究广泛认可，如英国、美国、澳大利亚、德国以及新西兰等国家都在教师专业标准中对教师评价能力提出了明确要求，并在教师教育的课程设计中予以体现。张磊和姜孟瑞（2018）也倡导"互联网+"背景下，为契合学生发展核心素养要求，小学教师应具备更强的评价能力。上述4个二级指标也是《小学教师专业标准（试行）》对小学教师能力的主要要求。

除了上述小学教师标准中提到的能力指标，其他二级指标也可以在之前的研究和实践中找到证据。其一，创新能力。随着科学的发展、社会对人才知识和能力需求的变化，小学教师需要更新教学内容、创新教学方法与手段，因此，小学教师的创新能力是必不可少的。同属于科研创新能力的二级指标观察能力也被以往研究教师能力的学者重视，教师尤其是小学教师只有具备相应的观察力，才能把握小学生的个性特点，掌握自身教育教学工作的主动权（吴亚英，2014）。其二，学习能力。那些新的知识、理念、方法的创新，很多时候都源自教师的继续教育。小学教师自入职之后，都需要经历大大小小的教师培训。教师培训是教师继续教育的主要手段，在教师成长的过程中起着重要的作用（裴淼，刘姵希，2018）。各级教育行政部门、学校组织这些教师参加培训的逻辑起点就是教师具备良好的学习能力，他们的期望是通过各式各样的培训项目，使得教师在思维、认知、行为方式上有所改善（李森，崔友兴，2016）。因此，小学教师需树立终身学习的理念，并拥有持续的主动学习的能力，不断就个人在理念、知识、能力、成就上的不足进行学习深造，不断丰满自己的羽翼，进而追求卓越。不仅如此，二级指标管理能力也被多数研究者确定为小学教师的看家本领之一（徐瑾劼，2017），这种管理能力在学校教师班级管理、家校沟通等教育实践中不断得到强化与发展。最值得注意的是二级指标融合能力，这似乎是小学全科教师区别于分科教师需具备的特殊能力。小学全科教师可以进行包班制教学，从事小学多个学科的课程教学，这种教学不是简单地将不同学科的分裂知识组合，而是能够把知识与技能以目标任务化、任务问题化的形式有机融合。汪斯斯和邓猛（2015）认为，在教师教育中，贯穿融合教育的价值观是当今国际教师教育发展的新趋势。其引进了印度教师融合教育能力的培养模式和课程设计，为我国小学全科教师的培养提供了借鉴。因而，融合能力是中国历史、文化脉络中小学全科教师的优势所在和应有之义。

五、研究结论

通过对中国小学全科教师进行开放式调查，我们依据内容分析的具体程序得出以下两个结论：①小学全科教师的 5 种内在品质为负责、仁爱、乐观、自律、共情；②小学全科教师主要具备教育教学、协调管理、科研创新、学习应变 4 个维度的能力，包括实践能力、融合能力、测评能力、引导能力、管理能力、交际能力、表达能力、创新能力、研究能力、观察能力、学习能力、反思能力、应变能力共 13 种具体的能力。

第三节 关于小学全科教师能力结构的深度访谈

一、研究目的

前面的开放式调查关注的是在中国文化历史背景下小学全科教师的内在品质和能力结构，初步探究了小学全科教师需表现出负责、仁爱、乐观、自律、共情的品质，小学全科教师的能力结构包含教育教学能力、协调管理能力、科研创新能力、学习应变能力，这 4 类能力又可细分为实践能力、管理能力、创新能力、学习能力等 13 个子类。这些结论是基于对被调查者所写文字的内容进行的分析，不可避免地会有因文字理解上的偏差、简化导致的信息遗漏。那么，小学全科教师能力的深层次结构究竟如何？是否确有这些要素？为弄清楚这一问题，本节立足于扎根理论（grounded theory）的诠释视角，采用深度访谈法（in-depth interview），将被访谈者置于自己生活经历以及与他人互动的背景中，获取访谈对象表达出的最真切、更容易理解的观点（孙晓娥，2011），挖掘小学全科教师能力的具体成分等信息，旨在再次验证小学全科教师能力内在结构的有效性。

二、研究方法

（一）研究对象

笔者采用目的性抽样中的强度抽样策略（陈向明，2000），选取了 15 名小学全科教师参与本次深度访谈。这 15 名小学全科教师均是初入职的新手教师，年龄为 22—25 岁（M=23.07，SD=0.93），均是本科学历。其中，男性 7 人，女性 8 人；汉族 9 人，少数民族 6 人（分别是苗族和土家族）。

（二）研究工具

工具一是访谈提纲。根据预访谈结果、专家意见、团队讨论确定访谈提纲，其包含的主要问题有：①您认为小学全科教师应该具备哪些能力？②您认为小学全科教师应具备哪些心理品质？③请您用形容词描述一下优秀的小学全科教师常有怎样的表现（不少于 10 个）。④您认为小学全科教师与分科教师的能力或品质或行为有哪些区别？⑤请描述小学全科教师在工作中经历过或者了解到的一件成功和一件失败的关键事件，包括事件的起因、情境、人物、思考、言语和行为、处理方式、结果及影响等，尽可能确切地回忆当时的对话、行动和感受。工具二是录音笔，用于访谈全程同步录音。

（三）研究程序

1. 数据收集

步骤一：对访谈者进行系统培训，讲解访谈程序和注意事项。步骤二：访谈者向受访者简要说明研究的目的和方式，之后请受访者签署《深度访谈知情同意书》。步骤三：征得受访者的同意后，实施访谈并进行同步录音，每个访谈对象的访谈时间在 30 分钟左右。访谈结束之后，让受访者进行基本信息登记，并领取小礼品作为报酬。

2. 数据编码

笔者采用基于扎根理论的内容分析（content analysis）法，将访谈录音转成文字稿，共计 15 个文本，约 10.1 万字。采用 Nvivo8.0 软件进行数据分析，包括编码、搜索、建立关系、绘制模型、信度检核等步骤（郭玉霞，2009）。在开放式编码阶段，在建立小学全科教师编码词典的基础上，以一种完全开放式的态度对原始资料逐步进行开放式编码，获得60个自有节点。在关联式编码阶段，划分出适当的范畴并建立范畴间的联结，共析出9个表达数据之间关系的树状节点。在核心式编码阶段，建立一个能够代表研究主题、统领节点的核心类别1个，即小学全科教师的能力结构。

3. 信效度检验

检验本次访谈研究的信度和效度。利用Nvivo8.0软件中的质询功能比较不同编码者之间的编码信度（徐建平，张厚粲，2005），数据显示，Kappa值多数为1，编码一致性百分比均高于90%。然后，按埃文·塞德曼（2009）对质性研究效度审定的建议，使用原始资料检验法和同行反馈法进行效度的检验。采用原始资料检验法验证主要概念是否来源于原始资料以及深深扎根于原始资料之中，运用Nvivo8.0软件分析"乐观""耐心""善良""实践能力""沟通能力""创新能力"等词意是否都源自受访者的原始表达，是否符合扎根理论的检核标准。同行反馈法则是指邀请对研究主题熟悉的同行发表关于研究结果的看法。笔者依据多位同行的反馈意见，反复回到原始资料检验、修改最初的编码结果，以增强研究结论的有效性。譬如，初始编码中"研究能力"节点单独列出，经同行讨论并检视原始资料，再编码为"科研创新能力"这一树节点。

三、研究结果

（一）小学全科教师能力结构的关联式编码

采用Nvivo8.0软件对本次访谈中关于小学全科教师能力结构的文字稿进行数据分析的结果见表2-4。其由教育教学能力、协调管理能力、科研创新能力和学习应变能力4个因素构成。因素一教育教学能力包含了感染能力、设计能力、教育能力等7个方面。下面选取其中的几个方面进行分析。其一，融合能力，是指小学全科教师能够将多学科的知识有机地融进入课程中，在访谈中出现的频率非常高，共12位受访者提及。例如，受访的陈老师说道："全科教师与分科教师最大的区别就是知识的整合能力，全科教师上课时能够下意识地以实际问题为导向，运用语文、数学、音乐等学科知识共同解决问题。"其二，设计能力涉及小学全科教师能够有效地进行课堂教学设计，这一能力被认为是教师最基本的能力，共被12位教师提及。其三，实践能力，出现的频率也较高，主要是指全科教师能够将教育理念和主张付诸教学行动的能力，即独立开展、实施课堂教学的能力。就像田老师认为的，"培养教师不能仅仅纸上谈兵，必须要到现实教育情境中实践才可能知道教师的真实教学水平"。其四，测评能力被5位教师提及，主要指小学全科教师能够对小学生的智能、心理、体育等多方面的发展做出客观、公正、科学的评价。此外，感染能力、引导能力、教育能力也有一定的出现频率，三者都是关于小学全科教师的教育对小学生的思想、品德、态度、价值观等方面的影响。李老师说道："教师优良品质就是他的一种人格力量，可以更好地去感染学生，就是通过自身的人格魅力影响学生的价值观。"

表 2-4　小学全科教师能力结构的关联式编码

能力结构		名称		材料来源/个	参考点/个
关联式编码 1	教育教学能力	关联式编码 1.1	感染能力	3	6
		关联式编码 1.2	设计能力	12	18
		关联式编码 1.3	教育能力	4	7
		关联式编码 1.4	测评能力	5	6
		关联式编码 1.5	实践能力	9	16
		关联式编码 1.6	引导能力	5	6
		关联式编码 1.7	融合能力	12	21
关联式编码 2	协调管理能力	关联式编码 2.1	表达能力	8	15
		关联式编码 2.2	沟通能力	5	8
		关联式编码 2.3	管理能力	3	5
		关联式编码 2.4	控制能力	6	7
		关联式编码 2.5	组织能力	5	10
关联式编码 3	科研创新能力	关联式编码 3.1	创新能力	9	21
		关联式编码 3.2	观察能力	4	5
		关联式编码 3.3	研究能力	2	3
关联式编码 4	学习应变能力	关联式编码 4.1	学习能力	12	21
		关联式编码 4.2	抗压能力	3	6
		关联式编码 4.3	反思能力	3	5
		关联式编码 4.4	应变能力	11	17

注：材料来源指某关联编码来源于受访者文本的总数，参考点是指某关联编码下开放式编码的参考点数之和，下同

访谈结果显示，因素二协调管理能力包含了表达能力、沟通能力、管理能力、控制能力、组织能力五个方面。其中，表达能力出现次数最多，主要是指教师的书面语言表达能力。例如，参与访谈的邓老师认为，"小学教师要给小学生批阅作业，文字书写与语言表达方面都要好于普通人"。另外，沟通能力则要求小学全科教师具备良好的口头语言表达能力，尤其是在处理师生关系、家校沟通方面的事宜，更应该具备一定的口头语言表达能力。其次，组织能力被提到了 5 次，多指全科教师能够在班级中组织各类文娱活动，协调小学生及其家长之间的关系。管理能力也有被提到，涉及小学全科教师日常管理、协调班级各类大小事情的技能，尤其是担任班主任教师所必备的能力。最后，6 位教师均提到了控制能力，这种控制能力既表现为全科教师对自身情绪的控制能力，也表现为能够控制哄闹的课堂、胜任繁杂的工作。

结果表明，创新能力、观察能力、研究能力共同构成了因素三科研创新能力。9 位受访者认为小学全科教师在教书育人过程中需要有一定的创新和创意，即创新能力。例如，陈老师说："不能一直因循守旧，墨守成规，照搬书本，教学理念、教学方法、管理策略等都可以不断创造。"要实现持续高效的创新，全科教师需要有敏锐的观察能力，即通过细致地观察课堂和学生，发现教育教学中存在的具体问题，这种观察能力也被提及了 5 次，而小学教师独立开展教育研究的能力仅被提到 3 次。

因素四学习应变能力分为学习能力、抗压能力、反思能力、应变能力 4 个子项。结果显示，因素四中的学习能力出现的频数最高，指小学全科教师需要具备终身学习新知识和技能的能力。应变能力在访谈中被提及了 17 次，主要是关于全科教师能够在教育教学工作中应对突如其来的事件或变故。访谈中，田老师说："教育环境随着时代在不断发生改变，尤其是人工智能的快速发展，学生的学习也在悄悄变化，教师就必须合理应对这些改变。"另两个子能力抗压能力、反思能力各被 3 位全科教师谈到，主要是指全科教师有能力应对繁重的工作压力，会自觉对教育过程中的失败与教训进行反思。

（二）小学全科教师心理品质的关联式编码

访谈中，每位受访者都谈到了优秀的小学全科教师需要具备的心理品质，结果见表 2-5。关联式编码结果显示，这些品质分别是仁爱、自律、乐观、负责和共情。其中，总频数最多的是仁爱品质（70个参考点），包含无私奉献、关心入微、宽容豁达、亲和温柔、慈爱善良5个子类。慈爱善良反映了小学全科教师需要对小学生保持一颗善良的心，教育过程中充满了亲人般的慈爱，其占了此类总参考点数的42.9%。例如，受访的王老师认为，"全科教师首先是为人善良的，对待年幼的学生需要像对自己的孩子一样充满爱"。

表2-5 小学全科教师心理品质的关联式编码

心理品质		名称	材料来源/个	参考点/个
关联式编码1	仁爱品质	关联式编码1.1 无私奉献	5	7
		关联式编码1.2 关心入微	9	11
		关联式编码1.3 宽容豁达	7	11
		关联式编码1.4 亲和温柔	6	11
		关联式编码1.5 慈爱善良	12	30
关联式编码2	自律品质	关联式编码2.1 德行示范	8	15
		关联式编码2.2 公正客观	11	20
		关联式编码2.3 良好仪态	6	8
		关联式编码2.4 细心周密	4	7
		关联式编码2.5 严肃谨慎	6	8
关联式编码3	乐观品质	关联式编码3.1 积极开朗	11	23
		关联式编码3.2 耐心阳光	14	30
		关联式编码3.3 自信魅力	4	8
		关联式编码3.4 幽默风趣	5	7
关联式编码4	负责品质	关联式编码4.1 责任担当	8	16
		关联式编码4.2 真诚正直	5	9
		关联式编码4.3 竭力坚持	3	5
		关联式编码4.4 教育使命	5	9
关联式编码5	共情品质	关联式编码5.1 尊重差异	4	8
		关联式编码5.2 理解学生	11	13
		关联式编码5.3 换位思考	2	4

研究结果表明，自律品质包括德行示范、公正客观、良好仪态、细心周密、严肃谨慎5个子类。其中，公正客观描述的是小学全科教师对待每一位学生要秉持公正的原则，不能依据自己的情感有所偏见，其占了此类总参考点数的34.5%。就像受访的何老师描述的，"全科教师必须公正客观，不能因为学生的成绩好坏就表现出偏爱和嫌弃"。自律的另一个表现"德行示范"被提到了15次，指的是全科教师必须品德优良，为人处世能够自我约束，树立典范。

积极开朗、耐心阳光、自信魅力、幽默风趣构成了乐观品质，其共被15位受访者描述了68次。其中，耐心阳光共被提及了30次，占了此类总参考点数的44.1%，描述了全科教师要具有阳光的心态，面对学生的发展差异要有足够的耐心。另一个子类积极开朗要求全科教师在面对教育教学过程中的困境和难题时，态度要积极乐观，共有23个参考点，占了此类参考点总数的33.8%。例如，访谈中，李老师说道："教师应该就是充满一种正能量的感觉，他应该传递给学生的就是一种积极向上的心态，还有就是对于遇到的一些困难非常乐观。"

此外，负责品质集中表现为责任担当、真诚正直、竭力坚持、教育使命4个子类，总的频次是39次。负责品质中出现最频繁的子类是责任担当，意在说明小学全科教师从事教育教学工作必须充满责任心，认真对待每一堂课，不放弃教育每一个学生的责任。结果还显示，另一个内在品质共情可细分为尊重差异、理解学生、换位思考3个维度，共出现了25次。其中，被提及次数最多的是理解学生，是指全科教师能够站在学生的立场思考、理解学生的想法。

（三）小学全科教师能力结构的核心式编码

我们采用选择型分析法进一步探寻核心类别以及各关联式编码之间的关系，核心式编码结果见表2-6。核心式编码结果显示，小学全科教师能力结构是核心类别，统领四因素间的关联性、能力结构与心理品质的交互性两个关联式编码。关联式编码1说明小学全科教师四种能力之间的关系是：教育教学能力是教师工作的关键和核心，协调管理能力是教师工作的条件保障，科研创新能力是教师工作的改进动力，学习应变能力是教师工作的发展趋势。表2-6中的关联式编码2反映了四种能力与五种心理品质之间的关系：良好的心理品质能促进教师能力的形成，反过来，教师能力的发展会强化心理品质。

表 2-6　小学全科教师能力结构的核心式编码

能力结构	名称		材料来源/个	参考点/个
关联式编码 1	四因素间的关联性	关联式编码 1.1　教育教学能力是关键	11	13
		关联式编码 1.2　协调管理能力是保障	5	9
		关联式编码 1.3　科研创新能力是动力	8	8
		关联式编码 1.4　学习应变能力是趋势	6	6
关联式编码 2	能力结构与心理品质的交互性	关联式编码 2.1　仁爱负责与教育教学能力	7	8
		关联式编码 2.2　共情与协调管理能力	5	7
		关联式编码 2.3　自律与科研创新能力	3	5
		关联式编码 2.4　乐观与学习应变能力	4	7

（四）小学全科教师能力结构的模型建构

根据三级编码的结果生成理论模型，如图 2-1 所示。结果表明，小学全科教师能力由四个要素构成，分别是教育教学能力、协调管理能力、科研创新能力和学习应变能力。这些能力与小学全科教师不同的内在品质之间存在相互作用，即乐观对应学习应变能力、自律对应科研创新能力、仁爱负责对应教育教学能力、共情对应协调管理能力。

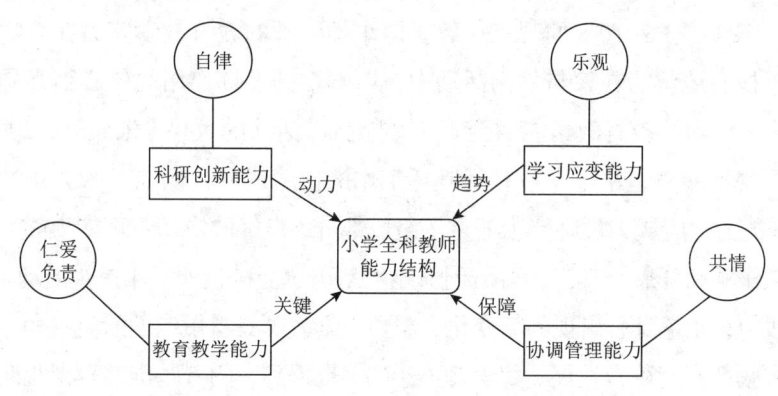

图 2-1　小学全科教师能力结构的理论模型

四、分析讨论

小学全科教师的能力结构是一个多因素共同发挥作用的系统。本节以质性研究的范式，运用扎根理论的一般流程对小学全科教师应具备的能力结构、心理品质两个方面做了深入阐释，得出了很多有价值的研究结果，这为更全面地理解胜任小学全科教师工作的能力需求和人才培养实践提供了建设性的思路。

（一）小学全科教师的能力结构与心理品质

本次访谈结果中，最令人瞩目的是小学全科教师能力的四因素模型，即小学全科教师的能力主要由教育教学能力、协调管理能力、科研创新能力和学习应变能力组成。这里所发现的 4 个维度的能力因素与前文关于小学全科教师的开放式调查结果高度一致，也进一步验证了四因素能力结构的合理性。但不同的是，本次访谈中发现了 19 项子能力，而开放式调查结果中能力的二级指标仅 13 个。对比两个研究的二级指标，结果发现，二级指标中相同的有实践能力、融合能力、测评能力、引导能力、管理能力、表达能力、创新能力、观察能力、研究能力、学习能力、反思能力、应变能力 12 种。而抗压能力、控制能力、设计能力、感染能力、组织能力则是本次深度访谈中的新发现，也是对小学全科教师能力的有益细化与补充。

另一个值得探讨的结果是，访谈中还提及了小学全科教师的 4 种能力因素扮演着不同的角色。其一，教育教学能力是小学全科教师胜任工作的关键成分。这一结果与王沛等（2010）的观点一致，即小学教师的教育教学能力在教师资格认定中处于核心地位。在教与学的活动中，影响教师发挥作用的核心因素是其教育教学能力，教师的教育教学能力会直接影响教学活动的效果（朱欣欣，2004）。其二，协调管理能力是小学全科教师胜任工作的保障成分。例如，张波（2007）认为，管理能力理应成为教师能力的重要组成部分，良好的协调管理能力能够保障教育教学工作顺利开展。其三，科研创新能力是小学全科教师工作进步的动力成分。教育实践中，儿童身心出现的新变化，需要小学教师具备敏锐的研究视角，其成果可以促进教育的变革与发展。魏素卿（2010）也提到，随着基础教育课程改革的不断发展和深入，小学教师的科研创新素养是推动教育改革的重要动力。其四，学习应变能力是小学全科教师专业成长的趋势。这一能力要求既是教师职业适应时代发展和科技进步的必然结果，也得到了早期研究成果的支持。徐建平和张厚粲（2005）采用行为事件访谈法研究了中小学教师的胜任力，结果发现，应变能力是中小学教师的重要胜任特征之一，这一能力是教师专业发展的大势所趋。

与前期开放式调查结果一致，本次访谈也发现了小学全科教师需具备的主要心理品质是仁爱、负责、乐观、自律、共情。而且，更有意义的是，访谈所得的模型图中展示了小学全科教师的能力结构与心理品质的交互性。具体而言，仁爱和负责两种心理品质有利于小学全科教师的教育教学能力的形成，共情品质能够促进小学全科教师协调管理能力的形成，自律品质有助于小学全科教师形成科研创新能力，乐观品质支持小学全科教师学习应变能力的发展。四种能力与五种心理品质之间的交互性，与吴秋芬（2008）论述的专业性向的内涵中适合教育工作的人格特征和成功从事教育工作的基本能力之间相互影响、相互作用，在某种意义上是相通的。而且，这一新发现也为小学全科教师的职前培养提供了可靠的建设性思路。

（二）培养小学全科师范生的启示

近年来，很多师范院校将卓越小学全科教师的培养列为教育改革的核心目标，初步探索了小学全科教师的培养模式。此次所得四维能力结构为培养能够胜任小学全科教师职业的复合型人才提供了实证依据。职业的胜任力模型是相应领域人才培养的指挥棒和试金石，作为小学全科教师的培养单位，各类师范院校应聚焦全科师范生的教育教学能力、协调管理能力、科研创新能力和学习应变能力，设计相应的四维课程体系，并通过具体的理论和实践课程实现全科师范生 19 项子能力的养成教育。

此外，本次访谈发现，小学全科教师具备仁爱、负责、乐观、自律、共情 5 项心理品质，而且小学全科教师的心理品质会在很大程度上影响胜任能力的形成，这些结果对全科师范生的品质培养也具有一定的借鉴意义。因此，各类师范院校在设置课程培养全科师范生四维能力的同时，需兼顾其仁爱、负责、乐观、自律和共情等积极心理品质的塑造，如此由内而外地实施教育，将能够促进其胜任力的顺利养成。

五、研究结论

本节以深度访谈为研究资料的收集方法，运用 Nvivo8.0 软件对 15 名研究对象的访谈录音进行文本转录和三级编码，初步产生 60 个开放式编码和 9 个关联式编码，归纳出 2 个核心式编码，最终构建了小学全科教师的能力结构模型，即胜任小学全科教师工作，需要具备教育教学能力、协调管理能力、科研创新能力和学习应变能力，其细分为感染能力、表达能力、创新能力、学习能力等 19 项子能力，4 类能力之间存在关联性，并在整体中发挥不同的功能；促进这些能力形成的心理品质主要是仁爱、自律、乐观、负责和共情，共有慈爱善良、公正客观、耐心阳光、责任担当、理解学生等 21 种具体表现。另外，小学全科教师的 4 类能力与 5 种内在品质之间存在相互作用。

第三章　小学全科教师培养的实践教学研究

高素质的教师队伍是保障高质量教育教学的基本条件，是提高国民素质、促进社会发展的重要保障。鉴于此，世界各国都把教师教育放在优先发展的关键位置，把提高教师专业水平作为共同奋斗目标。我国政府历来高度重视小学教师的培养，先后颁布了《三年制小学教育专业课程方案（试行）》《小学教师专业标准（试行）》等政策文件，并将小学全科教师培养纳入现代师范大学人才培养序列，逐步实现了小学教师教育的大学化、开放化、综合化与多元化。

近年来，针对教师培养的薄弱环节和深层次问题，教育部颁布了《关于实施卓越教师培养计划的意见》，提出要将培养"一批热爱小学教育事业、知识广博、能力全面，能够胜任小学多学科教育教学需要的卓越小学教师"，作为当前和今后一个时期小学教师教育工作的纲领和指南。各校在实践教学探索的基础上，先后呈现出"综合培养，学有专长""综合培养，有所侧重""综合培养，分向选修"等多种模式。但是从各校实践来看，重理论轻实践的教育观在小学全科教师培养中并没有得到有效改进。四年制本科小学全科教师教育课程体系在很大程度上依然是《三年制小学教育专业课程方案（试行）》的延续，没有摆脱对教育学、心理学和学科教学法"老三门"课程的高度依赖，教师教育课程中出现的"空、繁、旧"等问题尚未得到有效解决。以小学教师的专业实践知识为基础，实现从学术理性到反思性实践的转型发展，有助于打破长期以来制约小学教师教育发展的瓶颈问题，培养和塑造一大批有理想信念、有道德情操、有扎实学识、有仁爱之心的好教师。

第一节　小学全科教师培养的实践教学困境

一、小学全科教师培养的课程困境

教师教育的本质属性是实践性，这种实践性必然要通过教师教育课程的设置来体现，并在教师教育课程的实施中落实。然而，在教育实践中，不论是教师教育课程的设置，还是教师教育课程的实施，都未能很好地解决实践性缺失的难题。

（一）实践性课程在教师教育课程体系中不健全

教师教育课程体系是教师教育各类课程的排列组合，反映了各类课程在总课程中的地位、作用和价值，是教师教育课程观在教师教育课程中的直接体现。有什么样的课程观，就会有什么样的课程体系。传统上，由于受"学术理性"思维价值观念的影响，奉承高等院校是传递真理和探究真理神圣殿堂的基本逻辑，我国的教师教育课程往往过于强调从学科的逻辑出发，以抽象的理论和概念为中心来构建，而且认为理论的抽象化水平越高，对实践的指导作用就越大。在这种价值取向的主导下，教师教育课程重点关注的是学科知识点的罗列，是作为一种教育知识的集纳，类似于小型教育辞书、教育词典的集萃（陈桂生，2009），忽视了对活生生的、多样化的和不确定性的教育实践的探究。其结果是，学生走上工作岗位后，往往知道"教什么"，却不知道"怎么教"。即便是一些仅有的技能课程，如三笔字、普通话，甚至教育实习等，也往往只注重单纯技能的训练，不能有效引导学生进行探究性实践与创新性思考，从而不利于学生实践知识的生成和实践智慧的培养。

（二）实践性属性在教师教育课程实施中不完善

课程实施是将课程计划付诸实践的过程。教师教育的本质属性就决定了教师教育是一种类似于医学的"临床性"实践科学。然而，受传统思维方式的影响和教师教育课程自身的局限，教师往往通过"理论灌输"的方式将教育中那些抽象的、空洞的教育教学概念和"普遍法则"传授给学生。由于"普遍法则"的传授脱离了其赖以生存的场域，也没有建立在学生自身经验的基础之上，从而不能转化为学生个体的实践知识，不能培养学生的实践能力。杜威将这种不能应用于新的事实或观念的原则，看作是"僵死无用的东西"，但是这种"僵死无用的东西"依然在教师教育课程中占有很高的比重，甚至依然主导着教师教育课程。

二、小学全科教师培养的实习实践困境

实践教学是培养职前教师的实践性知识，增加职前教师的实践智慧，提高教师教育质量的有效举措。为了提高农村教师队伍的素质，发挥高校的资源优势，促进农村教育的发展，我国自21世纪初期就实施了顶岗实习支教计划。但顶岗实习支教是在特定的时空背景下产生的，是教师教育专业高年级学生以全职教师的身份到农村学校教学。该模式在有效缓解农村中小学教师数量不足的同时，能将先进的教育理念引入农村学校，并通过置换，使本地教师有机会外出培训，提升农村教师的教学水平，促进农村教育的发展。另外，让师范生以全职教师的身份置身于真实的教育情境中，参与教育教学活动，能够帮助师范生积累教育教学经验。然而，这一模式在培养师范生的实践知识、增强他们的实践智慧等方面存在着先天的不足，已经很难适应现代社会和现代教育对未来教师的新要求，很难培养和造就出卓越的中小学教师。

（一）教育实习实践的目标错位

教育实习实践作为中小学教师培养不可或缺的重要环节，主要围绕教育实习应该提供什么内容供师范生学习，教育实习应该运用哪些核心目标来帮助学生学习，教育实习培养学生的学习能力达到什么程度（陈嘉弥，2003）三个基本问题来展开，归纳起来，这三个问题从本质上反映了教育实习实践的目标追寻。

教育实习本质上是师范生在专家和教师的指导下，深入体验教育教学工作，不断丰富自己的"经验库"，并逐步形成作为专业人员所具有的独特的思维品质和思维能力，以帮助师范生消除在未来工作中的焦虑感、孤寂感和无力感，培养师范生具备很好地胜任未来工作的能力，争做"四有"好教师。在教育实习中，师范生虽然以教师的身份参与了教育教学工作，但并没有从本质上改变其学习的属性，尤其是要学习"如何教"，以帮助其实现从"知道什么"到"知道怎样"

的经验积累，并在此过程中形成良好的职业认同感，更好地理解教育理论知识和学科专业知识，为在未来的工作中实现从新手教师到专家教师的转变奠定坚实的基础。然而，在顶岗实习支教中，一个潜在的假设是把实习看作理论的实践化，过多地强调了支教职能，而弱化了学习的目的，错过了教师专业发展的黄金期，导致师范生培养中本末倒置，既不符合教育实习的目标要求，也不符合教师发展的基本规律，更不利于高素质教师培养目标的实现。正如达林-哈蒙所言，现有的师范教育所提供的对明日教师的培养，在一定程度上不能为他们日后进入教师队伍后更快、更好地履行教师职责做好准备（Darling-Hammond，2006）。

（二）教育实习基地的支撑不足

古德莱德（Goodlad）认为，大学若要培养出更好的教师，就必须将优秀中小学作为实践的场所（Stallings，Kowalski，1900）。霍姆斯小组（Holems Group）在《明日之学校：专业发展学校设计之原则》中重点论述了建立专业发展学校（professional development school，PDS）的六条原则，进一步规范了PDS的发展。在PDS理念中，有一种系统的教育观：如果没有优秀的中小学安排师范生进行见习与实习，教师教育就不可能是优秀的，如果教师没有接受过优秀的师范教育，中小学就不可能成为优秀学校（丁邦平，2001）。可见，选择优质的中小学作为师范生教育实习的基地学校，是培养卓越教师的重要环节。基于此，欧美发达国家在教师教育项目中都对教师专业发展学校进行了严格的筛选，并明确了教师专业发展学校在教师教育中的职责，以确保师范生能够在最优秀的学校、在最富有教育经验的优秀中小学教师与大学教师的共同指导下获得发展。

事实上，早在20世纪80年代，教育部在《关于大力办好高等师范专科学校的意见》中就明确提出，有条件的师专应建立附中，并把它办成教育实验和实习的场所。时至今日，尽管大部分师范院校都建立了附属中小学，但是由于规模的限制，再加上实习学校担心学生实习对教育教学质量的提升造成影响，师范院校附属学校在教育实习中的作用甚微。顶岗实习支教虽然在很大程度上解决了师范生实习场所难、实习时间短等问题，但是大部分支教学校是薄弱地区的农村学校，在指导师范生教育教学能力提升、引领师范生专业发展等方面效果不明显，因而不利于卓越教师的培养。

（三）大学教授与实习教师指导乏力

早在 20 世纪 60 年代，美国学者科南特（Conant）就指出，教学实习是训练任课教师的第一步骤，应由一位具有大学教授高级职称的、富有经验的中小学教师来指导（科南特，1988）。霍姆斯小组也强调了通过加强大学与优质中小学的伙伴关系，促进教学从一种单纯的传递活动向专业活动转变。因此，建立由大学教授与优秀中小学教师协同指导的师范生教育实习制度，无疑是发展学生实践经验、丰富其实践知识、增长其实践智慧的最有效的举措。

顶岗实习支教的学校大多是农村薄弱学校，一方面，由于地理位置的限制，大学教授不可能经常深入学校进行指导；另一方面，由于学校师资水平的限制，其对师范生的指导往往缺乏针对性和实效性。教师期望通过简单延长实习时间来提高师范生教学能力的做法是无效的，因为实习时间只是让师范生或者教师较有可能参与教育经验对话的一个必要条件（王秋绒，1991），而非充分条件，只有能够引发深思熟虑的经验才具有教育价值。因此，教育实习能否发挥教育功效，并不在于其经验时间的长短，而是要问是什么样的经验，要用什么样的方式运用这些经验，才可能使经验产生拓展教育智慧与引导合理的实施方法的价值（王秋绒，1991）。塔马拉·卢卡斯认为，只有当未来教师得到具有文化敏感性和有资格的成人的监督和指导时，他们的经验才可以作为反思及批判检验的沃土。这个过程能明显地促使他们发展成为具有社会意识和文化敏感性的教师（转引自尼古拉斯·M.自米凯利，戴维·李·凯泽，2009）。师范生的教育实习也只有在高水平大学教授和优秀中小学教师的协同指导下，才能更加有效。

（四）实习管理的校内外共振合力不强

教育实习管理是一个复杂的系统，涉及地方政府、高等院校、一线中小学等多个不同利益主体，是一个典型的利益相关者组织。在这个庞大的组织体系中，不同利益主体都会基于现实需要追求自身利益的最大化。

在顶岗实习支教中，教育实习管理的主体主要由地方政府、高等院校和一线中小学组成。一般来说，地方政府的职责是为师范生提供最有利于其成长与发展的优质示范学校，并通过制度建设，保障师范生在教育实习中的经费投入、实习实践时间，监测师范生教育实习质量。但是，在实践中，地方政府往往不愿意发挥自身在师范生教育实习中的主导作用，也就是没有相应的政策和制度用于保障和指导师范生顶岗实习支教活动，制度的缺失制约了师范生顶岗实习支教活动的有效开展（吕京，2010）。高等院校过于关注实习生的专业成长，期望通过延长实习时间、加强优秀教师对师范生的实践指导，从而提升师范生的培养质量。在很大程度上，高等院校的这种想法在实践中得不到有效落实。因为师范生的教育实习在某种程度上会影响基础教育学校的教学进程与教育质量，因此，大多数优质示范学校对师范生的教育实习都比较抵触，即便由于各种原因接受教育实习的师范学生，能真正进入课堂、得到名师指导的时间和次数也非常有限。由此可见，师范生的培养涉及多个主体，各主体利益冲突与多元需求的不一致，往往会导致各利益主体为寻求自身利益的最大化而出现"搭便车"和"相互推诿责任"的现象，从而不利于教师教育质量的全面提升。

第二节 小学全科教师实践培养的改革基础

一、实践性知识：小学全科教师培养的重要基石

按照美国学者里奇（Rich）的观点，专业性主要表现为从业者具有高度概括的系统化知识，并经过长期的专门化的智力训练，为社会提供某种独特的服务。一言以蔽之，专业人员与其他人员的本质区别在于是否具有可替代性，这种替代性主要是通过从业者的专业信念、专业知识和专业能力表现出来，其中专业知识在整个体系中又发挥着主导性作用。

（一）实践性知识：小学全科教师培养的专业属性

教师的专业化首先表现为教学的专业化，而教学的专业化不是教育经验的不断积累，而是必然有其存在和发展的知识基础。然而，长期以来，由于对教学专业知识基础研究的滞后，小学教师培养中面临着知识结构不健全、能力不完善等问题，严重影响和制约了小学教师的发展。

20世纪80年代以来，舒尔曼（Shulman）虽然较早地划分了教师的专业知识

基础，并将教师的知识概念化，但并没有就教师的实践知识要素进行深入探究。艾尔贝兹（Elbaz）率先对教师的实践性知识进行了研究。他认为实践性知识是一种以实际情境为导向的高度经验化和个性化的知识（Elbaz，1981），这种知识主要包括自我的知识、环境的知识、学科内容的知识、课程的知识和教学的知识五个方面。与艾尔贝兹相比，康奈利（Connelly）更加强调教师知识的个体性，亦即"个人实践知识"，认为这种知识是出自个人经验的，也就是说，它（那种知识）不是某种客观的和独立于教师之外而被习得或传递的东西，而是教师经验的全部（迈克尔·康内利等，1996），贯穿于教师实践的全过程。贝加德（Beijaard）和威鲁普（Verloop）等在具体的学科教学中探讨了教师的实践知识，认为实践知识构成了教师实践行为的所有知识和洞察力，是隐含在其行为背后的知识和信念（陈向明，2009）。

我们从相关的研究可以看出，实践知识是一种以教师的实际经验为基础的情境化的、个性化的知识，它体现和反映了教师的教学信念，决定和指导着教师的教学行为，是教师专业发展的知识基础，也是教学成为一种专业活动的知识基础。

（二）实践性知识的生成：教师教育课程改革的关键环节

实践性知识是教师真正信奉的，并在其教育教学实践中实际使用和（或）表现出来的对教育教学的认识（陈向明，2003），是决定教学成功与否的关键。因此，教师教育课程改革必须反映和体现教师实践知识的生成，并以教师实践知识的生成作为核心要素和关键指标。

按照波兰尼对知识类型的划分标准，教师的实践知识可以通过显性与缄默两种形态同时表示出来，对于显性知识而言，可以通过讲授与自学等方式来习得。缄默知识在很多情况下不能通过语言、文字等符号进行大规模的传播，但是积极的反思、体悟和叙事可以使教师解决实践问题中所运用的实践性知识显性化和结构化，促进教师根据实践效果进行加工和改进，最后以一种行之有效的惯常性倾向反映在动态实践中（李丹，2011）。另外，康内利和柯兰蒂宁也强调要通过叙事的方式来理解和培养教师的实践知识。因此，为了促进教师实践知识的生成，教师教育课程在帮助未来教师掌握关键性的理念和技能的同时，也要引导学生通过叙事研究、案例分析等方式，使抽象的教育理论贴近学生的生活，并从学生的生活出发，引导学生积极思考，主动构建。同时，随着现代信息媒介的发展，教师通过远程观摩、微格教学、现场学习等方式，帮助学生积累教育教学经验，并使其具备从经验中反思、评估和学习的能力，从而促进学生实践性知识的生成（图3-1）。

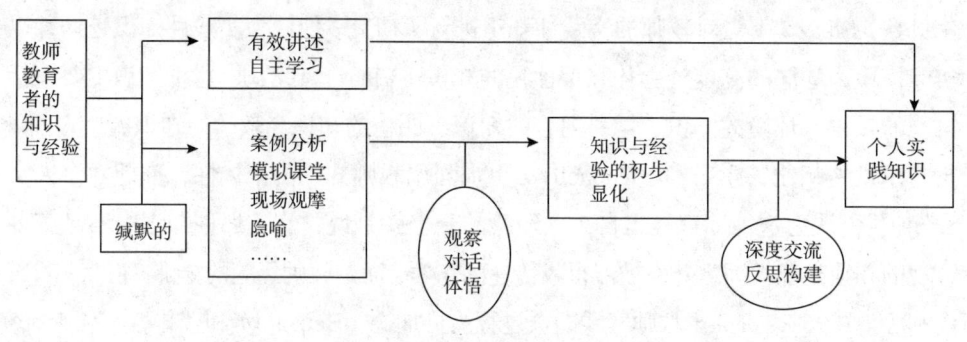

图 3-1　个人实践知识生成机制

实践性知识的生成，关键是要探究知识的表征形式，核心是引导学生主动反思、积极建构，在具体的问题情境中形成新的认知结构，并以一种行之有效的方式反映在日常的教育教学活动实践中。

二、教育政策：小学全科教师培养的基本保障

有学者从我国经济社会发展前景的角度分析，认为我们正面临着一个社会政策时期的到来，这一时期是社会政策发展的一个阶段，是社会政策获得较快发展的时期（王思斌，2003）。从教师教育发展的进程来看，我国的教师教育也正经历着一个政策时期的到来，这一现象的出现以教师教育的快速发展为基础，以增加教师的实践知识为契机，以培养"四有"好教师为主导价值。表现在小学教师教育中，它是对"适应小学综合性教学要求"的集中反映。在教育实践中，就是教育部为了培养具有"综合能力"的小学全科教师，出台了一系列以增加教师的实践性知识为主导的政策法规。

2003年，教育部颁布的《三年制小学教育专业课程方案（试行）》是我国首次出台的关于高等教育院校小学教育专业教师教育课程设置的纲领性文件。该文件虽然未明确提出要坚持实践化的教师教育课程，但强调要重视教师职业技能训练和职业能力的培养，并将教育实践（指教育观察、教育调查和教育实习）贯穿于三年教学活动的始终，这是教育理论与教育实践在教师教育课程中相互融合的初步体现。此后，随着高等教育的快速发展，小学教师的培养迅速进入了现代大学教育的行列，为了规范和引领小学教师的培养，教育部先后颁布了《小学教师

专业标准（试行）》《教师教育课程标准（试行）》。

《小学教师专业标准（试行）》提出，"国家对合格小学教师专业素质的基本要求，是小学教师实施教育教学行为的基本规范，是引领小学教师专业发展的基本准则"，要求"把学科知识、教育理论与教育实践有机结合，突出教书育人实践能力"，"坚持实践、反思、再实践、再反思，不断提高专业能力"。与此同时，教育部颁布的《教师教育课程标准（试行）》明确提出了教师教育课程设置要坚持实践取向的基本理念，强化实践意识，关注现实问题，发展实践能力，以逐步形成个人的教学风格和实践智慧。《教师教育课程标准（试行）》是深化教师教育课程改革的指南，是教师的教育教学能力在课程体系中的明确与细化。2014年，针对教师培养中的薄弱环节和深层次问题，教育部又颁布了《关于实施卓越教师培养计划的意见》，提出在小学教师培养阶段，要重点探索小学全科教师培养模式，突出实践导向的教师教育课程内容改革和推进以"自主、合作、探究"为主要特征的研究型教学改革，开设模块化、选择性和实践性的教师教育课程，并将实践教学贯穿教师培养全过程。

从加强实践环节到坚持实践取向的教师教育课程，我国的教师教育政策都秉持了实践性取向，这符合世界各国教师教育课程改革的共同特点与基本趋势。诚如德国教育家鲍尔（Bauer）所言，只有在向师范生传授能使他们在经验基础上设计和思考其教育和教学工作的元认知理论的情况下，教育科学才能作为职业科学被师范生接受，否则就会产生误解（转引自陈时见，2011）。换句话说，小学教师教育课程只有秉持实践性，才能体现小学教师教育的专业属性，摆脱教师教育课程对传统"老三门"课程的高度依赖，解决教师教育课程中出现的"空、繁、旧"等问题，培养能够胜任多学科教育教学的卓越小学教师。

第三节 小学全科教师培养的实践模式改革

一、以实践为主导的小学全科教师教育课程改革

教师教育课程是培养教师实践性知识的主渠道，但是实践性知识的培养并不

是要寻求一门独立的与其对应的课程,而是要渗透在教师教育的全过程,并在专业的实践活动中唤醒、批判、建构与提升。

(一)以关键能力为主导的课程目标统整

课程目标是课程要实现的目的和意图,是课程改革与课程实施的最主要依据。实践取向的小学全科教师教育课程的最终目标就是要体现教育改革与发展对小学教师的新要求,在教师教育课程中不断强化实践意识,探究实践问题,主动建构实践知识,发展实践能力,逐步形成自己的教学风格和实践智慧。

由于小学全科教师教学的多学科性和教师实践性知识生成的复杂性,小学教师教育的课程在目标设置上就是要打破"学科主义""专业主义"的重重壁垒,构建以关键能力为导向的小学全科教师教育课程目标体系(图3-2),亦即以培养师范生的教育信念为引领,以培养师范生的关键能力为主导,以增强师范生理解学生的知识、教育学生的知识和自我发展的知识为依托,融观摩教育实践、参与教育实践、研究教育实践为一体,将师范生实践性知识的培养融入教师教育的全过程,渗透到教师教育课程的各个方面,而且在实施过程中根据学生的个性化表现不断加以调适,以达到因势利导、因材施教的效果。

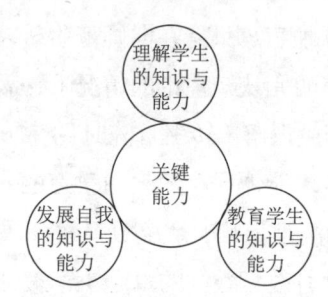

图3-2　以关键能力为主导的课程目标统整

(二)以实践问题为主导的课程内容统整

小学阶段课程的综合性、小学全科教师教学的多学科性和实践性知识生成的复杂性共同决定了小学教师教育课程在内容上必须要打破学科中心主义,坚持统整的、基于经验的课程设计。以实践问题为主导的课程正是根植于学生的经验与能力,围绕教育教学中的重大问题,按照问题的线索来组织课程内容,从而将几门相近或邻近学科组织在一起的综合课程,更多呈现的是学科间融合、理论与实践沟通、知识经验与课程联结的立体网状图景（袁强，2015）。

以实践问题为主导的小学教师教育课程统整在具体设计中要以教师的关键能力为依据，以小学全科教师为对象，凸显问题的科学性、针对性和实效性。比如，围绕师范生教育学生的知识与能力的培养这一问题域，可以进一步细化为小学生是如何理解学科知识的？获得知识的过程与学生的年龄、经验有何差异？在具体的日常生活中是怎么表现的？教师怎样使用教学材料才能有效地支持学生的学习？通过哪些方法才能有效帮助学生提高理解力？通过"问题域—问题串—任务链"的主题或议题方式将课程内容统整起来。正如麦金太尔（D. McIntyre）坚称的，比起学科课程的组织形式，当理论知识以主题或议题来组织的时候，师范生更容易和更愿意理解；当向师范生提供具体的、有帮助的观点时，也向他们介绍了一种学科关于实践的理论思维，这将在他们的职业生涯中继续发挥作用（McIntyre，1993）。

（三）以实践体验为主导的课程实施

学术取向的教师教育课程在实施中过于强调知识的学科逻辑而忽视了学生的实践体验，脱离了学生的生活实际，没有与学生的经验产生内在关联，在很大程度上只是使学生接触了混淆的信息以及相互矛盾的理论和观念。

教育必须以学习者已经具有的经验作为起点，这种经验和在学习过程中发展起来的能力又为所有的未来的学习提供了起点（约翰·杜威，2005）。因此，只有建立在学生具体经验之上的学习才是有意义的学习，才能引导学生积极参与、主动建构。以关键能力的培养和实践问题的解决为主导的教师教育课程正是立足学生的实践体验，强调通过行为示范、案例分析、情境教学、模拟课堂、现场观摩、隐喻等方式，让学生在一种"经验的真实情境中"思考"真实的问题"，并具备解决这些问题的种种设想，从而形成经验的改组或改造，达到对学科知识的深刻理解和对学科思维的深度感悟。

以实践体验为主导的教师教育课程在实施中也要突破以单一高校教师为主的教学形式，要组建由高校教师和一线优秀中小学教师共同组成的教学团队，实施团队教学，确保学生的学习既有理论高度，又有实践深度。因为只有当未来教师得到具有文化敏感性和有资格的成人的监督和指导时，他们的经验才可以作为反思及批判检验的沃土。这个过程能明显地促使他们发展成为具有社会意识和文化敏感性的教师（尼古拉斯·M.米凯利，戴维·李·凯泽，2009），从而促进教学由单一的知识传递活动向以实践探究为主导的专业活动转化，不断提升学生的学习能力、实践能力和创新能力。

二、三位一体的小学全科教师实习实践改革

（一）三位一体的实习实践的内涵与特点

1. 三位一体的教师教育实习实践模式

富兰指出，虽然教育工作者经常有许多拼图板块，但这些板块却来自不同的拼图。难怪，他们拼不出一幅图案。顶岗实习支教在系统设计上的功能性缺失和在实践操作中的低效现象，决定了教育实习还没有真正与学生的课堂实践建立联系，没有成为他们日常生活的一部分，也没有转化为课堂有效教学的策略和内容。

创新教师教育实习实践模式，建立"见习—实习—研习"三位一体的教育实习实践体系（图3-3），克服先理论学习后实践应用的陋习，将理论与实践贯穿于教师教育的全过程，让师范生循序渐进地接触、了解和体验教育实践，做到各阶段既有所侧重又融为一体的教师教育实习体系，是培养师范生有理想信念、有道德情操、有扎实学识、有仁爱之心的"四有"好教师的重要举措。

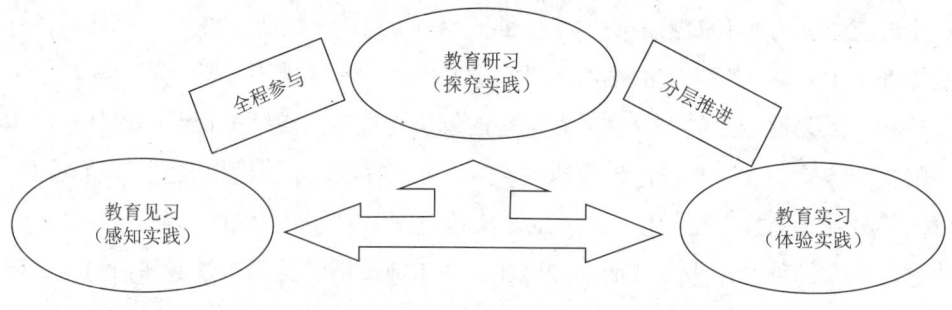

图3-3 "见习—实习—研习"三位一体的教育实习实践模式图

2. 三位一体的教师教育实习实践模式的特点

"见习—实习—研习"三位一体的教师教育实习实践模式改进了传统教育实习的弊端，将理论与实践贯穿于教师教育的全过程，以促进未来教师更好地理解他们将要从事的职业，积累实践经验，培养他们的实践智慧。

（1）实习过程的全程性

教师是从事教育教学的专业人员。在美国学者里奇看来，具有高度概括的系统化知识和进行长期的专门化的智力训练是专业的重要特性。这种知识的习得和智力训练并不是一蹴而就的，必须经过长期的、系统的、专门的训练。传统的教育实习往往是在理论学习之后，将理论与实践割裂开来，其结果是师范生虽然掌握了大量的学科知识与教育理论知识，但是依然不会教书。"见习—实习—研习"三位一体的教师教育实习实践模式基于教师的专业特性，将教育经验的积累、实践知识的培养和教育信念的生成贯穿于教师培养的全过程，让师范生在高度复杂的、不确定的、情境化的教育环境中学会做正确的事情。

（2）实习方式的多样性

传统的教育实习不管是采取"分散式""集中式"，抑或二者兼而有之的方式，从本质上讲都是师范生在毕业之前的一次性实习，组织形式比较单一。"见习—实习—研习"三位一体的教师教育实习实践模式是师范生集了解实践、感悟实践、体验实践、探究实践为一体，集教学观察、教学模拟、教学体验、教学反思为一体，融理论学习与实践学习、个体学习与集体学习、校内学习与校外学习、自主学习与他主学习为一体的多样化实践活动，能够帮助师范生受到全面的、良好的智力训练，并注重引导他们以研究者的眼光审视已有的教育理论和实际问题，从研究者的角度去发现问题、分析问题和寻找解决问题的策略（陈静安，2004）。

（3）实习内容的层级性

美国学者富勒（Fulle）认为，在发展的不同阶段，教师关注的重点是不同的。然而，传统的教师教育往往忽视了师范生在不同阶段对不同学习内容的关注。"见习—实习—研习"三位一体的教师教育实习实践模式针对不同时期师范生关注的不同重点，设置了层级化的实习实践内容，从师范生观察专家教师的课堂教学入手，引导学生熟悉教学的方式方法，掌握教学的基本原理。随着学生经验的不断丰富和认知水平的不断提升，充分利用现代信息媒介，引导学生在虚拟的教学情景中进行教学，帮助学生形成清晰的自我图式，培养学生对教学的理解力和感知力。在通过相关考核后，逐渐引导学生由虚拟情景走向真实情景，培养学生在复杂多变的教学情景中随机处理教育教学问题的能力。这种层级化的教育实习实践目标明确、内容具体、重点突出、环环相扣、层层递进，有效促进了师范生专业知识的形成和专业能力的提升。

（4）实习指导的协同性

师范生的教育实习实践涉及不同的利益主体，加强地方教育行政部门、师范院校和一线中小学的通力合作，是保障教育实习实践顺利进行和提高教师教育质量的重要环节。然而，在传统的教育实习中，地方教育行政部门、师范院校和一线中小学往往由于职权不同而相互推诿。"见习—实习—研习"三位一体的教师教育实习实践模式通过理顺不同主体的相互关系，加强主体间的制度建设，建立职权明晰、优势互补、合作共赢的长效合作机制，集师范生的"招生—培养—就业—（职后）发展"为一体，并对师范生实习学校和实习指导教师的遴选与退出、权限与职责做了严格规定，以确保师范生能够在最优秀的中小学，在最富有教育教学实践经验的优秀中小学教师以及大学"临床教授"的共同指导下获得发展。

（5）实习评价的多元性

霍姆斯小组认为，对未来教师要进行多元评估，其应该有良好的读写能力，实习之前通过学科专业考试，在实习教学中体现出多种教学风格，并有能力对自己的教学进行分析和改进（转引自钟秉林，2009）。但是，在传统的教育实习中，一线中小学的实习评价往往流于形式，评价成绩过于依赖师范院校教师的个人评价。"见习—实习—研习"三位一体的教师教育实习实践模式不仅强调评价主体的多元性，也强调评价内容的丰富性和评价方法的科学性。评价主体主要由优秀中小学教师和师范院校的"临床教授"组成；评价内容主要包括学生的见习评价、模拟实习评价、正式实习评价、教育研习评价四部分，涉及学生的课程观察、教学设计、微格教学、课堂教学（教学语言、教学方法、教学组织、板书与多媒体应用、个别指导等）、教学研讨、教学反思、班级管理等方面；评价方法强调质性评价与量化评价相结合，既注重学生的学习成效，也注重师范生自身能力的改进与提升，关注师范生实习的全过程，关注学生的动态发展，能更好地达到以评价促发展的目的。

（二）三位一体的实习实践模式与实施

1. 教育见习——感知实践

教育见习是教师教育的重要组成部分，是师范生在学习专业知识的基础上，深入了解中小学教育教学改革，帮助师范生树立崇高的教育理想和坚定的教育信念，积累教育教学实践经验的重要举措。欧美发达国家都将教育见习作为师范生教育实习的重要组成部分，并高度重视教育见习在教师教育中的作用。比如，英国要求低年级学生每周半天到中小学见习；美国师范生的教育实践包括实地经验和教育实习两部分，实地经验是学生集中时间到学校中去充当在职教师的助手，或上课，或批改作业，或组织学生活动，许多大学将实地经验的时间规定为150小时，即3周左右（高洪源，赵欣如，2000）；德国也采取两段式的实习模式，学生通过第一阶段的考核后方可进入学校实习阶段；法国甚至要求学生在入学前就要进行为期两周的职业感受活动。

借鉴欧美发达国家教育见习的主要做法，结合我国教师教育的实际情况，我们认为，我国的教育见习一般以师范专业二年级的学生为主，每周半天为宜，持续一个学期。见习期间，师范生主要充当专家教师的助手，主要任务是熟悉学校、班级和学生，并协助教师完成相关教学任务。教育见习的主要目的是让师范生感知实践，主要做法是师范生通过与专家教师的交流，学习如何确定教学目标、选择教学方法、设计教学环节、把握教学进程，如何整合关于课程、学生、教学方法、教学策略以及环境的各种知识；通过观摩专家教师的课堂教学，熟悉教学的各个环节及其运行机制，学习专家教师如何更有效地识别有意义的模式和理解多种事件（徐碧美，2003）。

2. 教育实习——体验实践

教育实习分为模拟实习与正式实习两种。模拟实习在医学、会计等方面得到广泛应用。近年来，随着信息技术的发展，模拟实习在教师培养中的作用日益凸显。模拟实习一般安排在三年级上半学期，每周一次，持续一学期，"通常采用微格教学的方法，利用声像手段对师范生应掌握的各种教学方法、技巧进行选择性模拟，对学生的讲授进行录像后由指导教师做出客观的评价与分析，使学生形成清晰的自我图式，并熟练掌握整个教学过程中的各种技能"（郑东辉，施莉，2003）。模拟实习的主要目的是让学生初步体验教学，培养学生对教学的理解力和感知力，并通过自我反思与专家点评的方式，既能使学生清晰地认识到自己教育教学中存在的问题，也增强了学生的自我反思能力，为他们成长为反思型教师奠定了基础。在模拟实习阶段通过相关考核后，学生方可进入正式实习阶段。

正式实习是师范生以全职教师的身份，在具有丰富教学经验的优秀教师的指导下，独立承担至少一个班级的教学。正式实习一般安排在三年级下学期或者四年级上学期，主要目的是让学生深入体验教学实践。在正式实习阶段，为了保证师范生"教"与"学"的有效性，每一次在执教前，师范生都应在优秀教师的指导下完成从教学设计到说课试讲这一环节的训练，执教后在优秀教师的指导下积极进行教学反思，撰写反思日记，以便师范生在面对复杂多变的教学情境时，能够消除焦虑与紧张，理解学生的复杂性与多样性，从不同的角度理解自己的教学工作，并知道如何从教育学上对课程进行临场发挥（马克斯·范梅南，2001），寻求不同的教学方案和教学方法，满足不同学生的学习需求。

3. 教育研习——探究实践

教育研习可以安排在教育见习与教育实习之中，使师范生对见习、研习中出现的问题进行反思，主要内容包括对课程标准的研读、对教学设计的研习、对教学组织形式的研习、对教学方法的研习、对班级管理与班队活动的研习、对学生个别指导的研习等。其组织形式可以在见习和实习学校以师范生与实践指导教师为主体来展开，也可以在高等师范院校以师范生与理论指导教师为主体来展开，是师范生"在行动中的反思"。舍恩将这种能力作为专业人员的一种核心能力，其主要目的是培养师范生的反思意识和反思能力，并使其成为他们未来生活的一部分，是培养未来教师在处理不确定性的教学实践时所表现出来的一种艺术。

教育研习也可以在教育实习之后，是师范生结合自身在教育实践中的问题，在理论导师与实践导师的共同指导下，确定研究课题，开展教学研究，撰写教学论文（毕业论文）。这种研习是以课题为主导的，是师范生在教育实践后对教育现象、教育问题的反思性批判和建构，也就是布鲁巴赫（Broacher）所说的"对实践的反思"。其主要目的是培养师范生的科研意识和科研能力，从而更好地理解教学实践，提升教学自信。它对于改变教师的职业形象，提升教师的社会地位，促进教师专业发展，推动教育教学创新发展，具有重要作用和价值。

第四章 小学全科教师的角色期望研究

——小学校长眼中的小学全科教师

第一节 研究思路与设计

一、研究缘起

随着经济发展结构不断优化、社会发展水平不断提高，我国进入了社会主义新时代，人们对美好生活的向往逐渐反映到社会活动的各个层面。其中，渴望"上好学"成为人民对美好生活向往的重要组成部分。另外，我国义务教育阶段的均衡发展尚在建设进程中，城乡教育发展不均衡的现象依然比较突出，校际教育资源分配不均的问题依然存在。因此，统筹教育规划、加快义务教育均衡发展的责任依然较重，师资队伍建设向农村一线倾斜的政策依然不变。

（一）新使命：承载新开始的小学全科教师

《教育部 中央编办 国家发展改革委 财政部 人力资源社会保障部关于大力推进农村义务教育教师队伍建设的意见》中明确指出：为农村学校定向培养补充"下得去、留得住、干得好"的高素质教师……采取定向委托培养等特殊招生方式，扩大双语教师、音体美等紧缺薄弱学科和小学全科教师培养规模，明确提出了免费定向培养农村小学全科教师的举措（教育部等，2012）。同时，地方关于培养农村小学全科教师，也已经出台了相关的政策与文件。湖南省最先开始发起，随后，以重庆为代表的包括江西、浙江、广西等在内的地区也开始发布相关文件。教育部在《教育部关于实施卓越教师培养计划的意见》中关于卓越小学教师的培养更明确地指出：针对小学教育的实际需求，重点探索小学全科教师培养模式，培养一批热爱小学教育事业、知识广博、能力全面，能够胜任小学多学科教育教学需要的卓越小学教师。由此可见，小学全科教师的培养已经上升到政策层面，社会对小学全科教师培养的重视日益凸显。作为全国统筹城乡综合配套改革试验区的重庆，在不断探索义务教育均衡发展的实现路径。其中，2014年，重庆市教育委员会发布的《重庆市教育委员会关于做好2014年农村小学全科教师培养工作的通知》是重要的探索与尝试。这一政策不仅是促进城乡教育均衡发展的重要举措，同时也是基于基础教育课程改革理念，面向未来，推动小学回归知识、兴趣与人性启蒙教育的重要助力。适应启蒙教育的需要，小学全科教师应能在通识、学科及专业三个维度建立起自身的能力表征，以"全人理念""全景视角"，促进儿童的"全面发展"（江净帆，2016a）。

（二）新期望：小学全科教师究竟有什么不同

下面，以重庆为例来分析小学全科教师的角色期望。小学教育作为基础教育中的重要而又基础的环节，直接关系着基础教育发展的成败，影响着社会主义教育目的的实现。近些年，随着基础教育课程改革的深入推进，课程教学与师资队伍建设目标逐渐聚焦，纷纷回归知识本身、激发学生兴趣、启蒙儿童心灵。小学教师全科方向的逐渐发展成为教师实现儿童"全面发展"教育目的下一个全新的发展方向。这种尝试首先以一种政策性的文件出现，旨在解决农村基础教育中面临的较为直接而迫切需要解决的问题——师资缺乏。目前，农村小学师资的现实情况是：教师总量不足、年龄偏大、学历层次不高、教育观念有待更新。教师除了要担任一门主干课程的教学外，往往还要根据学校的需要，承担其他课程的教学，其中可能包括另一门未教过的主干课程或者音乐、美术、体育、科学等课程（肖其勇，2015）。在这种现实状况下，小学全科教师必须被动地进行全科教学。因此，人们在提及小学全科教师时，往往习惯于加上一个"农村"的前缀，似乎小学全科教师与农村成了不可拆分的整体。小学全科教师与现在的农村小学教师究竟有什么不同？人们也开始出现了困惑，同时对小学全科教师也出现了角色认知的冲突。因此，本部分围绕"什么是小学全科教师""社会对小学全科教师的角色期望是什么"展开研究,希望在此方面能予以探讨。

二、研究设计

为了能够更好地开展小学全科教师的角色期望研究,在重庆 SF 学院小学全科教师培养单位的指导下,经过个人的思考,我们制定了如下包含研究对象、研究方法的研究设计。

(一)研究对象的确定

本书研究选取的对象是重庆市小学校长。由于重庆特有的社会发展状况,在选取研究对象时,确定了以下原则:①覆盖重庆市渝东北、渝东南、渝西地区和主城区等不同地区;②分层涵盖重庆城乡;③小学校长性别包含男、女。在有关教师的帮助下,访谈者成功地对 14 位来自重庆市各区县的小学校长进行了访谈,通过了解他们眼中的小学全科教师,来分析社会中特定成员对小学全科教师角色的期望。

(二)研究方法

本书采用质性研究方法,这是一种要求研究者在开展研究时对研究对象及其所处的环境具有较高敏锐度的研究方法。因为按照学者陈向明的观点来看,研究者不仅对研究有自己的目的和动机,对研究现象有自己的看法和假设,而且在自己的生活经历中,通常也可以找到从事该研究的理由。这些因素会直接影响到研究各个方面的实施,如对研究问题的确定、研究者态度的选择、被研究者的角色定位、收集材料的方法、对研究结果的解释以及对研究质量的评价(陈向明,1998)。因此,研究者在开展质性研究时,对所处环境不需要做任何人工的处置,最佳的状态就是一种极其自然的情境,这样才便于研究者对研究现象进行多维度的搜集。同时,这项研究对于研究者的科研素养要求较高,研究者在研究中必须恪守"价值中立、观点悬置"的准则,必须以研究对象当时当地所持的观点与看法为研究的出发点,研究者还须尽快融入其中,以尽可能地体认研究对象的主观感受等。

质性研究中收集资料的方法主要是访谈。这表面上是研究者与研究对象面对面的交流互动,实则更是研究者通过必要的访谈技巧,作为一个倾听者深度融入研究对象的再现情境中。在资料收集的质性研究中，访谈者采用了传统意义的访谈提纲和录音笔作为访谈的辅助手段，同时结合已学习并能够熟练掌握的心理咨询技巧来开展。

在开展研究之前，我们根据研究对象选取的原则，了解重庆市小学全科教师的发展历史及相关政策。开展此项工作的初衷在于：首先，访谈者能够构建起小学全科教师的整体发展式认知，有助于制定具有较强针对性的、科学性的访谈提纲，访谈提纲为半结构性访谈，能够为小学校长观点表达的思路拓展提供可能；其次，访谈者对小学全科教师相关知识的了解，也有助于访谈者在"价值中立、观点悬置"的前提下，避免在研究过程中对小学校长的观点理解出现认知性障碍。

征得访谈对象的同意后，多数小学校长在访谈过程中均支持使用录音笔或手机录音。在访谈一位来自 PS 县小学校长时也出现了例外，这位校长是一名"80后"，13 年前毕业于访谈者任职的学校。在访谈前，这位校长得知访谈者的来历和必要的信息后，对于使用录音笔存在着一定戒备心理，在访谈过程中多次提醒访谈者："这些话，你可不得录，要不我都给你讲些网上能查到的资料，那样对你也是没帮助的。"同时，其还不断提醒访谈者不要做笔记。访谈者当时的心情也是极为复杂的，其实当时都对自己所开展的研究有些没信心了。加上那位校长的重庆方言很难听懂，不录音、不记笔记，需要时不时地把握恰当时机进行追问，既影响效率，又影响研究对象的思路。访谈过程中，那位校长似乎也注意到了访谈者的困惑，开始使用较为蹩脚的"川普"（四川口音很重的普通话），使得采访效果有了一定改善。以上说明想强调的是，在所开展的质性研究中，访谈者始终坚持保护和关心研究对象的个人主观感受。在其他访谈过程中，如需要录音或者是记录，访谈者都提前征得研究对象的同意。研究以尊重访谈对象并保护他们的观点隐私为前提。访谈结束，访谈者为了表达衷心的感谢，赠送了小小的礼品。

第二节 研究过程与讨论

2017 年 11 月下旬，来自重庆市各区县的小学校长来到重庆 SF 学院（普通本科师范院校）参加中小学教师国家级培训计划（即"国培计划"）。此培训项目的常规管理由该校教师教育学院教师丁 XA 负责，在丁老师的协助下，访谈者采取分区域、分城乡的抽样访谈方法，访谈了 10 余位来自重庆市渝东北、渝东南、渝西地区和主城区（涵盖城市、农村）等具有代表性的小学校长。

一、访谈 PS 县 ZOM 乡中心校王 AL 校长

丁老师首先帮助访谈者联系到了重庆市 PS 县 ZOM 乡中心校王 AL 校长。由于王校长白天都有较为繁忙的课程，在与王校长商量后，就定在晚上 8 点钟在学术交流中心住处进行访谈。访谈接近尾声时，与王校长同住一个房间的来自 PS 县 SAT 镇中心小学的校长艾 ZY 也参与了讨论。

（一）背景介绍

访谈者了解了王校长所在学校及其周边地区的相关情况。经王校长所述，其所在的 PS 县 ZOM 乡中心校位于 ZOM 乡，而 ZOM 乡则位于 PS 县东，海拔 710 米。PS 县 ZOM 乡中心校始建于 1935 年，中心校校址设在 ZOM 乡场（红椿坨），距县城 58 千米，在 PS 县属于海拔比较高、比较偏远的学校，辖 JS、BX、LJ 3 所村校。中心校校舍新建于 2001 年，校园面积 10 562 平方米，其中教学楼 1844 平方米。中心校现有教职工 72 人，22 位教师为代转公教师，说到这里时，王校长担心访谈者听不懂，就重点说他们是临聘教师，需要工作满 5 年以后才有可能转为公办教师。访谈者在进行资料梳理时，也发现了从 2007 年之后代转公办教师已经由 38 位减少到了 22 位。在教师职称方面，学校现在暂时没有副高级职称教师，均是中级及以下职称的教师。教师队伍的年龄结构比较合理，青年教师、中年教师与临近退休教师的比例趋于 1∶1∶1；教师结构在学历方面仅能称得上是"学历达标"，学校目前超过 20 年以上工龄的教师都是中师学历，而其他的教师大多仅具有专科学历。

王校长也介绍了学校的内部管理。王校长提到，中心校及其所辖村校管理实施"五个同步"举措。第一，教学教研过程管理同步，规范统一作息时间，每月对教案、作业、单元试卷和校本教研活动统一检查考核；第二，安全教育管理措施同步，每月进行安全隐患大排查及整改，组织学生参加安全卫生知识竞赛；第

三,校园文化建设同步,实施行动德育教育,开展班级文化建设、文明礼仪及养成教育;第四,特长教育活动同步,开展竹竿舞、手语操等大课间活动,实施民歌、民乐、舞蹈、科技等"2+2"工程;第五,制度管理同步,实现教师在中心校与村校、村校与村校之间进行正向流动,中心校行政部门每月到每所村校督查两次以上,并做到不定期、不提前通知、不走过场。

建机制、搭平台,着力推动优质教育资源共享,基本实现了全乡学生从"学有所教""有学上"到"学有良教""上好学"的均等化发展。同时,学校也提炼出"师生健康成长,学校均衡发展"的阳光办学理念。其办学目标是"打造农村特色学校",紧扣"乡村统筹发展"主题,围绕"发展""公平"的主线,把握"科学、协调、内涵"三个发展维度,以实现"一乡一筹"为发展目标,努力办好全乡人民满意的教育。其校训是"学会学习,学会生活,学会做人";校风是"宁静致远,勇于创新";教风是"循循善诱,诲人不倦";学风是"学而不厌,勤于钻研"。

在这里需要说明的是,在访谈中,王校长对学校目前所处的不太理想状况丝毫没有任何掩饰。谈到教师的学科背景方面时,王校长较为无奈地说:"学校属于乡村学校,教师谈不上什么学科背景",不过近几年分配过去的新教师大多具有相关的学科背景,如数学教师大多还是数学专业的本专科学生。中心校现有学生876人,村校学生接近500人。对于学生,王校长说了一种访谈者都很惊讶的状况,中心校800多名学生基本上都是留守儿童,学生家长大多都是外出打工。目前,学生的家庭教育也是严重缺乏,学校的硬件环境虽不存在太大问题,但和城镇学校相比还存在较大差距。访谈结束后,笔者在网上找到了该校的一些照片,其中较为简陋的教室在一定程度上反映了学校的办学条件和现状。

(二)如何看待小学全科教师

王校长:我对小学全科教师有一定了解,但是肯定不如重庆 SF 学院的老师了解得多,我的了解大多来自高校的招生政策方面。我也在想,全科教师究竟有什么不一样?就像我们学校今年分配来了一位毕业于重庆 SF 学院小学全科教师专业的老师,她叫朱 JF,是在择岗考试中分配到我们学校的。由于我们的语文、数学学科教师并不是很缺,所以在给她分配课时,就给她分配了英语学科教学,还让她担任音乐课的教学。我也经常去听她的课,英语课的教学还是可以的,音乐课我觉得还是和我们现在的音乐老师区别不大。其实，在我们农村小学里很缺音乐老师，目前我们的音乐老师都没有音乐的学科背景，所以朱老师在教音乐课时，谈不上多好，也谈不上不好，能够教得起走（访谈者注：普通话就是能够教）。所以，一说到全科时，我的理解就是怎么能体现出一个"全"字，我们学校的其他老师也听说我们学校来了一位小学全科教师，也都和我差不多有同样的一个疑问——是不是这位老师什么学科都能教？

此时，访谈者有意借用了心理咨询常用的访谈技术——释义，把王校长说到的最后一句话中的重要内容做了重复，同时又提出了一个新的问题，试图引导王校长来谈谈他对小学全科教师与目前的分科教师的区别，但是访谈者也注意到要避免访谈者主观意愿的影响。

访谈者：那么，您觉得朱老师（访谈中王校长所说的小学全科教师）和我们学校的其他老师除了在安排课程方面的区别，还有什么样的区别？

王校长：我们在学期初安排教学工作时，想着她是全科教师，所有学科都能教，就想着让她主要来教我们教师比较缺的音乐、体育和美术课，但也是考虑到她的精力，同时我们也有我们的担心，就没有安排太多的其他学科，参考其他接收有全科教师的学校，我们只给她安排了两门课。现在看来，在教学工作中还是存在一些问题的，但我还是相信她，毕竟是本科的学历，比我们学校很多老师学历都高，应该是没有问题的。

访谈者：您刚才讲的，也有你们的担心，指的是什么啊？

王校长：主要是我们也知道招收全科教师是第一年，我们也不知道究竟怎样。我们这边好多之前是中师毕业的老师也在想，和他们读的中等师范学校除了学历层次有差别外，是不是都是一样的？所以，我们为了不影响教学质量，也为了给朱老师一个职业转变，也就是身份转变的适应期，没给她安排太多课。当时安排音乐课的时候，也征求了她的意见，音乐、体育、美术三科必须要选一门，她就选了音乐。

王校长在说到学校中等师范学校学历背景的教师对小学全科教师的看法时，语速明显比之前快了些，而且在说"是不是都是一样的？"一句时，访谈者似乎感受到了王校长也在寻求观点相同者，似乎就是在问访谈者：小学全科教师是否和中等师范学校学历背景的教师没什么区别?为了证实访谈者的疑虑,访谈者进行了进一步的询问。

　　访谈者:王校长,您刚才说你们学校的教师对朱老师也有些身份角色方面的看法?

　　王校长:是的,他们好多都是中等师范学校毕业的,就认为朱老师和他们所学的都差不多。后来,我和朱老师交流时,也明显感受到很多内容都很相似,因为我也是重庆 SF 学院毕业的,不过我们读书那时是教育学院。其他老师对朱老师没有太多的看法,只是觉得她应该什么课都能教。

王校长在说到"应该"一词时,停顿了一下,在"应该"之前思考了有3—4秒钟,似乎在寻找合适的词来形容其他老师的看法。访谈者在这里也明显感受到,王校长说到对小学全科教师的看法时,往往都用"学校其他老师怎么看"来表述,是否是想借用其他老师的观点来表达自己的观点呢?访谈者原本想进一步引导王校长表述他自己的观点,但最终还是放弃了这一念头并转而询问:学校的其他教师为什么觉得全科教师"应该"什么都能教?

　　访谈者:其他教师为什么觉得朱老师应该什么都能教?或者说朱老师是不是应该都能很好地胜任各学科的教学?

　　王校长:我还没有说完,我个人并不完全同意我们学校有些老师的观点,我也只是认为是一些老师闲聊时随意讲的。就像我们教导主任,是中等师范学校毕业的,他除了音乐、美术不能教之外,其他学科都能教,而且也能上得很好。我理解的全科,主要在这个"全"字。全科教师到底是一个什么样的"全"?从字面上讲应该是全部学科都能教,但我也觉得,"全"应该不是各个学科的数量上的"全",而应该是各学科内容和方法上的"全",他能在教英语的过程中找到教音乐的方法,我也思考了很多。我觉得最好的一种状态就是让他们包班。

当王校长说到他个人并不完全同意学校某些教师的观点时,访谈者有一种如释重负的感觉,终于听到了访谈对象本人的答案。不过从王校长的回答中,访谈者也感受到基层教育管理工作者站在一线教学实践中对于教育问题有着深层的思考。同时，访谈者也发现，王校长在说到其所认知的小学全科教师时，有着专业的表达，而不是随意的口语化表达。

（三）需要什么样的小学全科教师

王校长：说个人观点，小学全科教师如果达到了理想状态，我们很愿意招的。但是我也很担心，全科教师是不是很愿意留在我们这里，我也知道，我们彭水有些学校的全科教师并不是彭水生源地的人，来了彭水之后，心理也有很大落差。

访谈者：那您这种担心，会不会成为您需要招聘小学全科教师的一个阻碍因素呢？

王校长：应该会的。但是从长远来看，我们还是愿意招聘全科教师的。可能你不晓得，因为现在我们农村学校很缺音乐、体育、美术教师。此外，我们学校也很偏远，很多教师也不愿意来我们这里，所以很难吸引音乐、体育和美术教师。我们的英语教师也缺。所以，朱老师来了之后，我也是考虑英语课让她来上，一方面，是因为她也擅长英语，另一方面，我想着朱老师再怎么着也是在城市上过大学的，英语尤其是发音肯定还是比较准的。我们有些英语教师的发音很不标准，我并不是学英语的，我听着都难受，这样对我们的学生更不好了。

访谈者：听得出来，您还是觉得全科教师有其自身的优势的，那么，对于一名全科教师和一名普通教师应聘者，您会重点考虑全科教师吗？

访谈者问完之后，有些担心会不会影响王校长对这个问题的思考与回答，或者是在刻意引导王校长做肯定性回答。

王校长：现在还很难说全科教师好还是分科教师好。如果一名全科教师只是各个学科都只能满足于能教，而都教不好，还不如用一个在某个学科中教得很好的教师，毕竟术业有专攻。话说回来，小学学科的知识其实并不难，但要想教好，让学生更容易获取知识，又能提升综合素质，来实现素质教育的目标，其实还是很难的。能够达到这种水平的教师，像我们这种农村学校肯定是留不住的。

说完，王校长"呵呵"地笑了两声，似乎认为是对现状的无奈。此时，SAT镇中心小学艾校长从学校操场散步回到房间，访谈者给艾校长说明了来意之后，艾校长就坐在床边，听着王校长的讲述。

王校长：不过重庆市还有其他地区，都在实施小学全科教师培养计划，大多都是面向农村的，我也觉得这个政策肯定也能解决农村师资缺乏的问题。这个和西南大学的免费师范生（访谈者注：2018年8月，教育部将"免费师范生"更改为"公费师范生"）还是很像的。所以，我觉得小学教师的专业化发展并不仅仅是要达到某一学科的术业精通，还应该达到对各学科教学的精通，所以未来的一个趋势，应该是会有越来越多全科教师出现在小学。但是，就目前所了解到的，我觉得小学全科教师还是应该有些改进，或者说对于高校而言，从供给侧方面来说，应该在专长方面加强小学全科教师的培养，最好能够达到"一专多长"的理想状态，发展特长是很重要的。说到这里，就不得不谈起我们师资建设中存在的突出问题。刚才说我们中心校教师没有音乐、体育、美术学科的学习经历，所以在教学时好多都是教语文、数学，导致很缺英语、音乐、体育、美术教师。音乐、体育、美术课程都是需要有专长的教师来教。我们的音乐课，教师就带着学生唱歌，有些教师连基本的音符、音节都不是太了解。我们的体育课从来没教过跳远、跳高，所以县里举行运动会，我们的学生不知道跳远怎么跳、跳高怎么跳。我觉得全科教师来了之后，就应该能够解决我们目前所遇到的问题，所以我希望他们有特长。当然你说我们需要什么样的小学全科教师，我想说的就是立足于全科，但必须有一项特长。

艾校长：我也认为全科教师必须要有一项特长，好像你们重庆SF学院全科教师专业还有两个方向——中文专长和外语专长方向。但是我觉得还不够，还应该有音乐、体育和美术等方面的专长方向。我们学校也在打造足球特色学校，在体育方面尤其是足球方面也很缺教师，所以希望我们的全科教师能够有一项专长或者是自己的特长，比如，表演、演讲、主持这些都是可以的。另外，我接触的全科教师教学能力还有待提高，尤其是粉笔字写得很不好。我们中等师范学校毕业的教师基本功都很扎实。我们有一名新来的全科教师，我听过几次课，上课是很有激情，但我经常觉得他把课上成了演讲课。

访谈者：艾校长，如果一名全科教师在这些方面都能做好，是不是就符合您的要求了？

艾校长：还要有思想，要有一定的行动能力，基本功扎实这些不仅仅是对全科教师来讲的。另外，我认为全科教师和我们中等师范学校毕业的教师很像。

王校长：我刚才也说过，我也觉得有些相同之处，不过我们那时的中等师范学校还是很不好考的。

艾校长：我们那一代都很亏，当时都想着早点出来工作，可以挣钱了。全科教师的学历要比我们中等师范学校毕业的教师高出一截，所以我还是希望全科教师在教学思想、教学基本功、专业知识方面下功夫，最后一定要有一个主攻方向，也就是"全科+技能"的发展。

王校长：我还有一点要补充，我觉得全科教师评职称时，不要太看重论文，就看他的基本功。

两位校长对高校培养全科教师的建议，实际上也是在描绘理想中的全科教师。

二、访谈 QAJ 区 SSH 乡中心小学校副校长张 YZ

借着区县中小学校校长参加"国培计划"的时机，访谈者访谈了 QAJ 区 SSH 乡中心小学校副校长张 YZ。在预约访谈张校长时，选择了中午 12 点。这是由于张校长刚结束上午的培训，下午也有繁忙的课程。为了进行有效的访谈，访谈者与张校长商量后，就商定在学校教工餐厅，边访谈边吃午饭。在访谈中，与张校长随行的 QAJ 区 SST 乡中心小学校罗校长也参与其中。

（一）背景介绍

在访谈张校长之前，访谈者在网上了解了该校及其所在地的相关情况。首先，SSH 乡位于 QAJ 区西南部，距 QAJ 城 53 千米，全乡面积 103 平方千米，有耕地

19 942 亩[①]，平均海拔为 1200 米，立体型气候显著，属于典型的高寒山区。2015 年，森林覆盖率为 62.5%，全乡辖 8 个村，46 个组，3335 户，12 495 人，有中心校 3 所。

其中，SSH 乡中心小学位于 SSH 乡 SSH 村二组，是 3 所中心校之一。目前，SSH 乡中心小学的硬件建设较好，用张校长的话来说就是"还是跟得上一般的步伐的"。此外，我们也从 QAJ 区人民政府网上了解到，学校曾接受浙江万向集团公司资助的奖教金及慰问费 48 000 元，以及资助的"四个一万"贫困生助学款 82 800 元，说明目前该校的办学水平、学校结构在整个 QAJ 区的农村小学中属于中等偏上水平。

目前，SSH 乡中心小学呈现出了"一个中心三个教学点"共计 4 所小学的格局。教师共有 50 名，其中中级职称的占 40%，高级教师 3 人，本科学历以上 11 人，除 1 名老教师是高中学历外，其他全部都是大专学历。其中，包括 SSH 乡中心小学校副校长张校长等很多教师当年都毕业于中等师范学校。此外，学校中的 50 名教师仅有 8 名教师来自外乡镇，其余全部都是本土的。教师学科同质化现象严重，教师年龄结构偏大，30—40 岁的只有 8 人，其余都是 40 岁以上。目前，如张校长所讲，所有学科在教师配置方面都是没问题的，但是在面对 QAJ 区分配的一些有关素质教育的任务时，对于年龄结构偏大的教师队伍而言，往往很难有效落实，这也是学校师资建设、学科建设中一个较为突出的问题。

SSH 乡中心小学的特色教学主要依托四个学科——语文、数学、科学和品德。此外，学校所处的位置紧邻一棵革命老树，当地人称其为"红军树"，是当地的红色教育基地。所以，SSH 乡中心小学依托"红军树"来强化红色教育，平常的德育工作中始终贯穿着红色教育这一主线。学校同时以棋艺特色为切入点，在办学特色上突出棋艺氛围，如象棋、五子棋、跳棋等，要求三到六年级的每名学生都要学会一种棋。学校每学期都会举办棋艺比赛。

（二）如何看待小学全科教师

对于这个问题，张校长说：

[①] 1 亩 ≈ 666.7 平方米。

我对小学全科教师这个名称是非常熟悉的，主要是因为你们学校刚刚毕业的学生，就在我们 QAJ 区新华小学实习。那名学生是我的亲戚，我也通过那名学生了解到了关于小学全科教师的许多信息。此外，我们学校在去年下学期，还来了一位实习生，是重庆 SF 学院的，而且这学期也刚好会分配到我们学校，所以通过这两名学生，我对小学全科教师有了一定程度的了解。

访谈中，访谈者留意到张校长在谈到小学全科教师时，没有边吃边说，而是放下筷子，非常专注地表达了他对于小学全科教师的了解，还特别强调了 SSH 乡中心校接收了一名重庆 SF 学院毕业的小学全科教师。当说到他的亲戚时，张校长似乎更在强调他对小学全科教师的了解很全面，不只是关心其读书时的表现，还包括思想方面，等等。张校长说：

我认为全科教师在我们小学阶段之所以成为"全科"，除了能教语文、数学、英语等课程之外，音乐、体育和美术课程的教学也应能够胜任，在我的心目中全科教师应该是这样子的。当年，我们都是中等师范学校毕业的，我认为现在的全科教师就是在当年我们那些教师的基础上提高了学历，这是很好的发展趋势。

通过这段访谈，我们了解到，张校长对于小学全科教师有着自己的理解。旁边的罗校长也在对张校长的观点进行补充，认为现阶段小学全科教师与当年的中等师范学校培养模式很像，罗校长也提到了小学全科教师培养过程中的问题，如教学基本功不扎实等。

（三）你们是否需要小学全科教师？

对于这个问题，张校长说：

如果说教委[①]允许的话，我们还是很愿意招聘小学全科教师的。因为我们学校师资队伍的现状是：教师的年龄结构偏大，学科多数集中于语文、数学学科，性别结构中男少女多。我认为如果小学全科教师真的充

[①] 即区教育委员会。——访谈者

实到我们的队伍中来，那我们的队伍肯定会有很大的活力。特别是像我们学校，目前，英语、音乐、体育和美术的任课教师，只有1999年的一个师范专业毕业的体育生，其余都没有相应学科背景的教师。他们是被迫去上英语课、体育课，当年根本没有专门学习过这些知识。不只是我们学校，这基本上是我们农村学校（包括罗校长他们学校也有这个问题，可能其他区县我不知道）存在的一个普遍现象。如果说全科教师能被教委在编制教师招聘计划时给予更多编制人数，当然是更好了。

从这段访谈中可以看出，如张校长自己所说，他应该是有备而来的。在访谈中，当访谈者问到其学校是否需要小学全科教师的问题后，张校长就在不断地重复到他对于小学全科教师很了解，同时还谈到了现在小学全科教师分配到区县就业时的情况。此外，张校长及罗校长两人都说到了他们需要小学全科教师的缘由。张校长说到了一个他认为是重庆市农村小学普遍存在的问题，现行的课程分配方案中，师资匮乏、教师专业素养不够，成为小学安排"副科"教学时重点考虑的因素，用张校长的话说就是现阶段非全科教师都是被迫去上与自己学科专业不符的体育、英语课。可能这也是他们需要小学全科教师的一个很大的理由吧。

（四）小学全科教师课程教学安排

访谈者：今年是否有分到你们学校的小学全科教师专业毕业生？

张校长：有，分到SSH乡小学的有8名教师，有一名姓张的教师，教二年级的数学，还是班主任。

访谈者：你们安排这个学生的出发点或者说目的是什么呢？

张校长：目前，我们二年级乡下学生少，那个班有38人，原来是一位女教师教的，当时都48岁了。当张老师去的时候，我找他交流，问他有没有必要去适应一下如何当班主任。因为这对他以后的成长也是有一定帮助的，比如，教育经验方面的成长。他还是比较乐意的。然后，我们就考虑让他在我们那儿实习了一学期。他个人素质是很好的。他是个男孩，他的个性特点更适合教低年级。我告诉他，今后为了把握教材的整体性，一次性从一年级教到六年级最好，但是因为当时分配的时候考虑到其他原因，就安排他还是从低年级开始。

访谈者：当时你们安排他当数学老师，是因为学校缺数学老师，还是别的原因？

张校长：不是，我们当时学校有个现状就是教师多，就是他不去上课都行，但我们就是年轻的教师少。张老师是我们专门从教委人事科申请来的，能够在我们现代教育技术手段应用教学这方面起到帮助作用，帮助我们老教师。的确，我们搞现代技术教育的教师已经46岁了，所以说这方面的教师非常短缺。他的确能够帮助我们一大批教师。帮助大批教师学会应用现代技术教育手段，就是其中的一个考虑因素。大概就是这样的。

访谈者：那你有考虑过让他担任其他学科的教学吗？

张校长：那一定要让他在各学科、各学段来历练，让他慢慢成长起来。

访谈者：我们这个张老师的教学水平有没有什么问题？

张校长：有一点小小的问题，我也和他交流几次了。就是低年级学生的组织纪律非常难管嘛，他在课堂上，管纪律的方法欠缺一点，在调动学生的积极性上还有待改进。关于调动学生积极性的方式方法，我还专门找他谈过，建议他在练习的时候，不要只用一种方式，要用多种方式。对于低年级学生，你就要激发兴趣嘛，让孩子在快乐中学习嘛，他也是比较乐意接受的，大概就是这样子。

访谈者：罗校长，今年有没有分配到你们那里工作的小学全科教师？你们安排他们教的是什么学科？出发点是什么？

罗校长（访谈者补充未做说明，都是以张校长回答为主）：根据学校的需要，分去的是村小。只是有一个班，它不在中心校，分配他们去教音乐、体育和美术，还兼任了小学四年级的英语教师，担任了六年级的班主任。

访谈者：音乐、体育和美术方面比较缺教师吗？

罗校长：是。

访谈者：英语教师缺不缺呢？

罗校长：英语相对来说还好一点，主要是音乐、体育和美术。

这段访谈内容反映了张校长和罗校长还是从学校发展的需要，以及学校面临的实际困难来着手来安排小学全科教师的。访谈者在访谈中也发现,在实际分配小学全科教师的工作时,两位校长的做法与他们对小学全科教师的理解存在着一定偏差,当然这也反映了他们的疑惑:小学全科教师与20年前的中等师范学校毕业的学生的差别到底在哪里?

  张校长:我上学期也专门听了那个实习教师的课,如果说从教学经验来讲,小学全科教师的经验稍微差点,他们毕竟还很年轻,他们学习的时间还很多。因为我知道你们要访谈,所以,我专门打电话给我们的小张老师[①]和那个亲戚了解了一下他们在工作上的困惑,他们大致谈了几点。他们不是想教哪个年级就可以教哪个年级,都是由学校分配。比如说,分配到某个年级,他们在知识结构的衔接方面不熟悉。我们原来就说过,如果你要教好语文,你至少要对一到六年级的语文教材的框架了解清楚,才能驾驭教材,对知识的深度、广度等才能够讲清楚。另外一点就是,我们QAJ区可能都在开展社区教育,我们学校也正在进行。这学期我们出台了一个文件,正在动员家长。小张老师感觉在与家长沟通的时候,找不准自己的位置,就是把握不了那个度,不知道该用哪种口吻去和家长交谈。我说没关系,你毕竟才出去,过段时间你就会熟悉的,就会知道怎样去沟通。现在就是说这个是全科生毕业之后在现实中遇到的问题。我个人有一个不成熟的想法,就是是否可以从学段上来培养全科教师,不知道这个建议是否成熟,比如我们小学是六年,一至二年级是低段,三到四年级是中段,五到六年级是高段。当然,如果在我们学区,全科教师就会被安排到六个年级进行教学,如果说能够让全科教师在学校的时候专门学习某一个学段教育教学的话,这样对他们今后在某一段的教学认识程度上,可能会有更好的提升。这其实是我的一个不成熟的想法。

  张校长还谈到了他理想中的小学全科教师应该是一种什么状态。在访谈中,访谈者发现他对分配到他们学校的小张老师在教学方面的欠缺有一定的忧虑。不

---

  ① 张老师工作于SSH乡中心小学校,是于2017年从重庆SF学院(当地普通类高校)毕业的小学全科教师。——访谈者

过他也说到，相信教师专业发展是有一个过程的，只要全科教师培养的大方向没有问题，那么小张老师肯定会很快成长起来的。

（五）未来小学教师能否全部都是全科教师？

对于此类问题，后续的小学教师应努力向小学全科教师靠拢，张校长觉得应该如此。

目前，包括重庆 SF 学院还有其他高校在培养全科教师方面的整体发展状况都是很好的，培养的学生都能够胜任很多学科。张校长认为全科教师出去之后，应该让他在工作岗位上积累两三年的教学经验之后，再进入高校回炉重造，学习理论知识。当然，也可以让全科教师再回到培养高校，或者培养高校直接举行一个活动，把他们全部找回来，就那么一天时间，统一收集他们两三年下来的收获或者困惑。这种方式可能更接近当前的教育教学实际。我觉得未来小学对于全科教师的依赖程度更高。我们可能从管理和认识上有些偏差，当然我只是讲一些肤浅的认识。

谈到这个问题时，访谈者揣测基于他们对于小学全科教师的理解，他们可能会附和性地做出肯定回答。访谈中果然不出所料，两位校长都做出了肯定回答。

罗校长：就我的感觉来说，全科教师能满足小学教育的需要。他们各方面的能力应该是比较全面的。我也问了新教师，教语文可不可以，他说可以，教数学也行。所以，还是要根据学校的需要来定，说明对这批学生的培养是很到位的。

访谈者：对全科教师培养有什么特别的希望吗？

罗校长：最大的希望就是，尽量培养一些全科教师，来满足我们小学教育的需求，特别是音乐、体育、美术学科，能够胜任也行。只是说全科教师越多，越有利于我们学校学生的全面发展。就像我们上学期的那个女教师（2017 年毕业于重庆 SF 学院的小学全科教师专业）吧，平常我也了解了一下，她平时除了上语文、科学、思想品德与社会课外，偶尔还上音乐课，以前我们这块还是空白，我想这是重庆 SF 学院培养全课教师比较到位的一个体现，也是一件好事情。

通过对两位校长的访谈，访谈者初步了解到了小学校长，尤其是重庆区县农村小学校长对于小学全科教师的身份、职业发展等方面的认识，当然这些认识很大程度上源于他们对于小学全科教师的理解。

三、访谈重庆市 JJN 区 BSA 镇 SHA 小学校长李 YQA

选择访谈重庆市 JJN 区 BSA 镇 SHA 小学校长李 YQA，遵循研究对象的分区域随机选取原则，即在参加此次"国培计划"项目的小学校长中按照地区，分别从重庆市渝东北、渝东南、渝西地区以及主城区选取。渝西地区这次参加"国培计划"的小学校长来自 JJN 区、TLA 区和 RCA 区。在丁老师的帮助下，我们联系到了 JJN 区 BSA 镇 SHA 小学校长李 YQA。同样，也是利用李校长午饭就餐时间，对他进行了访谈。此外，访谈期间，与李校长共同参加培训住在一个房间的 JJN 区 BSA 镇另外一所小学的罗（音）姓校长，也发表了他的部分观点。

（一）背景介绍

在访谈李校长之前，我们在网上了解了李校长所在学校以及学校所在地区的相关情况。

重庆市 JJN 区 BSA 镇，位于 JJN 区西部，是重庆市的文化古镇，是中国大后方四大文化区之一，素有"天府名镇""川东文化重镇"之美称和"小香港"之盛誉。至 2018 年 10 月，BSA 全镇面积 237 平方千米，辖 24 个村（社区），总人口 14 万人，主城区面积 5 万平方千米，常住人口 8.2 万人，是重庆市第一人口大镇及重庆市重点发展的中小城市。BSA 镇现有包括 SHA 小学、JK 小学、TH 小学、HK 小学、GZ 小学在内的中心小学 9 所，另外中心小学所辖村小学 18 所。

SHA 小学位于重庆市 JJN 区 BSA 镇，是 BSA 镇 9 所中心小学之一，有 28 个教学班，教师 72 人，学生 1528 人。SHA 小学确立了"打造双小精品，提高双小形象，培育学生灵魂（心、气、力、神），发展学生素质，抓好四个亮点（教育科研、远程教育、名校带弱校、师生参赛），突出一个特色（小能人特色）"的办学目标，坚持抓小事成大事、抓容易事成不容易事、抓简单事成不简单事、抓平常事成不平常事。同时，学校也获得了"中国特色教育理念与实践学校""全国基础教育特色名校""全国百佳少儿书画教育先进集体""第六届全国中小学信息技术创新与实践活动一等奖""重庆市电教示范校""重庆市家长学校示范校""重庆市平安校园"等多项殊荣。需要特别指出的是，接受访谈的 SHA 小学李校长同时还是 JJN 市 BSA 西学区的区长，这在很大程度上也有助于了解 BSA 西学区所辖其他学校的实际情况。以学区的形式管理学区内中小学，是 JJN 实施"学区制"的改革探索，也是 JJN 区深化教育管理体制改革、规范学校层级管理体制的制度创新。

2014 年，JJN 区开始被作为重庆市农村小学全科教师定向就业区县，已经有 200 多名定向 JJN 区的小学全科教师专业学生正在培养高校读书。截止到 2018 年 1 月，JJN 区还没有迎来第一批小学全科教师。

（二）如何看待小学全科教师

  访谈者：李校长，您好，请谈谈您对小学全科教师的理解。
  李校长：目前，我们 JJN 区还没有小学全科教师，但是每年都会有××××大学的小学全科教师专业学生来 JJN 区实习。所以对于小学全科教师，我们都了解一些。
  访谈者：嗯，那请您具体谈谈体会。
  李校长：全科教师，我们的理解是，我估计和中等师范学校培养的学生差不多，什么都教一点，什么都会一点。

简单的几段对话拉开了本次访谈的序幕。此时，罗校长回到了学术交流中心的房间里。罗校长问清了访谈者的来意后，给访谈者讲，李校长不仅仅是 SHA 小学校长，还是 BSA 西学区区长，管理着学区所辖的中小学。

  罗校长：李校长不但是 SHA 小学校长，还是我们那个学区的区长，问他是找对了人。
  访谈者：学区？
  罗校长：以前 JJN 区的教育管理中心撤销后设置成了学区，一个学区里面有几所学校，改革以后，李校长是我们学区的管理者，这个学区是我们教委下属的一个教育管理机构。

这个问题与课题研究关联不大，我们也就没有细致问下去了，只是在访谈后做了相关的了解。访谈中关于学区提的并不多，但是李校长作为学区的区长，在招聘教师时很了解学区内其他学校的教师聘用情况，因此，也有助于我们了解目前小学教师招录的条件与标准，以及学校是否需要全科教师。

  访谈者：你们当时上中等师范学校的时候，音乐、体育和美术这些都要学吧？

  李校长：对的，都要学，所以现在的学校啊，还是用当时我们学的那些。

  访谈者：现在学校都用你们当时学的，是指的小学吗？

  李校长：嗯，是的。我们那时毕业的教师也用习惯了，感觉好用一些。现在教小学，我们很多公招的教师都没这么好。其实我不知道重庆SF学院的全科教师专业学生（实习）怎么样。我们当时读中等师范学校的时候，一年级开始就见习，每学期都会安排一周，我记得三年级要毕业的时候，我们会把每一班的同学分成很多组，到学校实习，哪所学校都会很欢迎。

  罗校长：以前我们读中等师范学校时，学校要求的就是培养一专多能的教师。目前，针对小学全科教师而言，我也觉得他们要有一项自己感觉拿得出手的（特长），这样学生就会尊重你、容易接受你。所以我觉得要成为一名小学全科教师的话，除了要胜任各科教学之外，还要有些特长，在某一学科教学中能有拿得出手的东西。

  李校长：我觉得全科教师很好啊，特别是对小学这一块，全科教师是针对小学的，对吧？我觉得对小学非常实用，我们重庆如何让农村学校的学生接受更好的教育，应该像全科教师那样，一名教师包一个班。

  罗校长：说到包班，我也觉得全科教师应该要包班的。

  李校长：对，包班是一种大全科的概念。

  访谈者：大全科？该怎么理解啊？

  李校长：这个全科学生（全科师范专业的学生），据我了解，有一种叫大全科，有一种叫小全科。小全科分为数学加体育等，这是所谓的小全科。大全科有些像那种文理分开的综合科目。

通过对话，我们也了解到，李校长、罗校长和前面几位接受访谈的校长一样，有着中等师范学校的教育背景。对他们来说，全科教师既熟悉又陌生。他们所听到的、看到的、想到的全科教师，很像当年他们读中等师范学校时的样子。以至于有些校长会认为全科教师和我国之前中等师范学校培养的学生无差别，当然也有校长认为，全科教师还不如他们读中等师范学校时学的东西扎实。陌生的可能就是，目前小学全科教师还没有大面积走向教学岗位，对全科教师的认知大多还仅停留在所听到的层面。但是接受访谈的校长大多没有谈到全科教师和现在小学教师的区别，为了保证访谈的客观性，访谈者努力悬置个人观点，没有引导他们刻意去进行关于全科教师与分科教师对比的话题探讨。不过，李校长对全科教师的理解还是比较特别的，访谈者也是第一次听到"大全科""小全科"的概念。

（三）你们需要小学全科教师吗？

　　李校长：说实话，我们学校没有全科教师，不知道究竟怎么样，不知道培养出来究竟是怎么样一个水准。像公招教师，如果说不是师范专业的，在实际教学工作中还是需要适应一段时间的。

　　罗校长：我认为全科这个理念还是比较先进的。既然重庆市有相关的政策，那么，我觉得小学全科教师也是未来小学教师发展的一个趋势。我们学校和李校长所在的学校有些不一样，我们学校是农村学校，虽说不上偏远，但是也很难吸引到人，尤其是音乐、体育和美术教师。我们那里的学生很多也是留守儿童，包括学生家长在内，都不觉得音乐、体育和美术教师有多重要。如果一名教师既能教语文、数学，还能教音乐、美术，那么我觉得还是很好的。当然，这也需要有政策做保障。

　　李校长：我呢，来自于JJN区BSA镇，我们学校有一种比较特殊的状况，就是有一个本部，还有一些村小。现在还没有全科师范专业毕业生，但我们也希望能够招用他们。在我们学校，尤其是像我们本部的学校，更倾向于接收全科教师。本部各方面条件也好一点，希望能够在本部留住他们。如果他们一来就被分配到村小学，估计很难留住。我们本部也有音乐、体育、美术和英语这些学科的专职教师，都能互相学习，提高教学技能。目前，我们本部基本上就是跟班教学了，一名教师教一个班，一直教到六年级毕业。但是我们也面临着一些困难，就是像村小学的一些音乐、美术的专职教师上课，他们的课时量很大，如果中间有哪位教师生育，递补不上来，就很麻烦了。而且这个专业，英语、数学、语文教师不能代替生育请产假的教师。我们采取了一种制度来弥补这个缺陷，我们形成了"走教制"，就是每周我们音乐、体育、美术专职教师在本部上课，本部的课上完了之后，每周到每个村小的那个地方去"走教"，这样来弥补教师缺口的问题。

访谈者：我理解本部需要全科教师的意思是，留在本部是为了能够留住他们，然后也可以去村小解决音乐、体育和美术专职教师不足的问题。

李校长：是的，这是一种方法嘛，很具体的一种方式。这样我们就不用采取"走教制"，教师也不愿意跑来跑去的。

访谈者：这也是解决目前村小音乐、体育和美术教师紧缺的一种办法。

李校长：如果说全科教师愿意去农村小学帮助学生发展，那也是很好的。

访谈者：就你们的感觉而言，全科教师有没有一种可以推广到一个城市的可能性与必要性？以后我们高校还有什么需要改进的地方？

罗校长：本来包括我们农村小学在内，所有小学的目的就是提高学生的综合素质，促进他们全面发展，所以我认为这个问题是不必区分农村和城市的。另外，目前全科教师定向农村，是因为农村缺教师，尤其是专业的音乐、体育和美术教师，所以我想以后全科教师也会出现在城市中。当然，这还要看政策。不过好像你们重庆 SF 学院有非定向的全科教师专业，他们未来都可以选择到城市小学工作。

李校长：我也同意罗校长的观点，城市、农村都需要小学全科教师。我想说的是我们本部需要什么样的全科教师。还是说我们那个时候的中等师范学校毕业的学生吧，当时那些学生在农村中都是比较优秀的，那个时候考中等师范学校是最好的选择。当时学习好的初中生首先都会选择读中等师范学校，这样能较早地出来工作挣钱。所以我们当时的基本功都很扎实，板书、粉笔字这些都不用说。但是现在的学生，尤其是师范专业的学生还是不是这样，就不一定了。进入大学后学习出来，直到走向教学岗位，能不能够用，每一科能够达到什么高度，这都是很大的疑问。如果真的像我们那个时候，能够吸引到更多优秀的学生来报考全科专业的话，我估计问题就应该不大。所以，我也有三个建议：第一，全科教师的基本功要扎实，这是小学教师的基本素养；第二，全科教师必须要一专多能；第三，希望学校给全科教师在校的时间多一点。

李校长对于全科教师的建议，其实也是源自于他作为 BSA 西学区区长在招聘教师时对于当前师范生技能不太满意的一种感受。从一定程度上而言，这也是对现在的小学到底需要什么样的全科教师的一种思考。

四、访谈重庆市 KZH 区 HAF 第二小学校长魏 HG 等 3 位校长

与前面的小学校长一样，这次接受访谈的校长，依然参加了"国培计划"项目。按照访谈者对研究对象的选取原则，即分别从重庆市渝东北、渝东南、渝西地区以及主城区选取 10 余位小学校长。因此，在渝东北片区中，访谈者准备从 WAZ 区、KZH 区、YNY 县、FGJ 县、LGP 县、CHK 县、WUS 县和 WUX 县中进行选择。从这次参加"国培计划"项目的区县小学来看，只有来自 KZH 区等地的几位校长。因此，访谈者在重庆 SF 学院负责"国培计划"教学管理的丁老师的帮助下，联系到了重庆市 KZH 区 HAF 街道第二小学校长魏 HG。在经过了两次预约后，终于在一次中午午休前对魏校长进行了访谈。魏校长非常配合，还约了另外两位来自 KZH 区的小学校长，他们分别是 WNQ 镇 XAB 完小校长易 XNJ、JNF 镇中心小学校长邹 SHY。

（一）背景介绍

在访谈魏校长之前，我们从网上了解了魏校长所在学校以及其学校所在地的相关情况。

首先，HAF 街道与 FGL 街道、ZND 街道、BHE 街道共同构成了 KZH 区城区。HAF 街道在 2005 年 8 月 16 日县乡镇建制调整时，由 HAF 镇更名演变而来。2016 年，HAF 街道面积 52 平方千米，辖 26 个社区（村），常住人口 10 万人，流动人口 5 万余人，是 KZH 区的人口大街道、移民大街道，更是 KZH 区的教育大街道。街道内有中小学、幼儿园 60 所，其中小学就包含了 HAF 第一小学、HAF 第二小学、HAF 第三小学等 16 所学校。魏校长来自 HAF 第二小学，在访谈中我

们也从魏校长那里得知，HAF 可以说就是 KZH 的老县城。

其中，HAF 第二小学是 KZH 区新城第一所移民迁建小学。学校始建于 1969 年，原名开县 HAF 镇 SIM 小学，先后经历了"'文化大革命'中建校、改革中崛起、移民迁建中跨越"三个发展时期。2000 年 9 月 1 日，HAF 镇 SIM 小学中心校与所辖的 ZHJ、FUH、NAJ、SIM、ANK 五所农村学校进行组合搬迁，成立了 K 县 HAF 镇 JNM 路小学，2003 年 4 月，又与 K 县 HAF 镇 YGX 小学合并。2006 年 9 月，为适应新城教育发展的需要，学校更名为"K 县 HAF 第二中心小学"。该校现辖 HGG、CZH 两所农村学校，占地面积 17 432 平方米，建筑面积 7100 平方米，现有 36 个小学教学班，4 个学前幼儿班，共有学生 3200 余人，教职工 119 人，其中有高级职称的教师 3 人。学校有电子备课室、多媒体教室和闭路电视系统，开通了远程教育，成立了 HAF 二小电视台，建有标准的足球、篮球、乒乓球运动场地。因此，HAF 第二小学在严格意义上归属于城区小学。

（二）如何看待小学全科教师

对于这个问题，魏校长说道：

> 说起小学全科教师，我在 2013 年就听说了，当时也就是听说，文件从重庆市教委下到我们县教委，从县教委那里了解到一些有关全科教师的政策。起初我认为就是免费师范生，与教育部直属师范大学培养的免费师范生一样。但是后来到了 2015 年的时候，我就不这么认为了。主要是因为我儿子当年高考，要填报志愿，当时儿子也愿意从事教师职业，所以我就对小学全科教师很关注，也做了很多的了解，就发现这个小学全科教师和我读中等师范学校时很像。我们那时候也是分专业，音乐、美术专业都有。后来听儿子也说，现在他们的课程安排中，音乐、美术、体育各个方面都在学，所以，他们现在学的和我们当时学的很像。我觉得像你们现在这样培养全科教师，其实是非常好的一个方向。

从魏校长谈及他对小学全科教师的认识中，我们不难发现，他对于小学全科教师的认识有一个较大的转变，这个转变也源于一个关键身份的获得，那就是魏校长的儿子也成了小学全科教师专业的学生，魏校长也是一名小学全科教师专业学生的家长。可以看出，魏校长作为小学全科师范生的家长身份，看待小学全科

第四章 小学全科教师的角色期望研究——小学校长眼中的小学全科教师

教师比单独从小学校长身份来看，可能更加直观、深刻。当然，魏校长对小学全科教师的认知也离不开其自身的经历。同样是中等师范学校毕业的易 XNJ 校长、邹 SHY 校长有着一些相同的看法，如都认为小学全科教师与他们当时中等师范学校毕业的学生很像。但三位校长都只是说很像，并没有进一步进行深入的比较。

邹校长：我们现在农村教育的现状就是，教语文的只能教语文，教数学的也只能教数学，其不能完成音乐、美术等课程的教学。就是你们（特指以重庆 SF 学院为代表的培养全科教师的高校）所说的全科的那种概念，现在呢，就是紧缺这种教师，农村学校的师资往往集中在语文、数学学科上，音乐、体育和美术教师是很缺乏的。我们还有教师认为"音乐不就是简单地教孩子唱几首歌嘛"，但是我是不认同这种观点的。我认为全科教师应该在各个学科的教学方面都能兼任，从这个方面来说，你们（特指以重庆 SF 学院为代表的培养全科教师的高校）这样的全科教师对基层教育特别是农村教育是很有帮助的，对于义务教育的均衡发展也有很大的促进作用。

JNF 镇中心小学邹校长也从农村教育发展和义务教育均衡发展的角度谈了其对于小学全科教师的理解。访谈者也对 JNF 镇中心小学及其所在地——KZH 区 JNF 镇的情况做了一些资料收集。JNF 镇属于 KZH 区较偏远的乡镇，离 KZH 区城区有 16 千米，紧邻重庆市 YY 县。在邹校长说到这个问题时，WNQ 镇 LEY 中心小学 XAB 完小易校长也不时地点头强化这样一个信息。易校长说到他们三位校长所在的学校中，自己所在的学校是最偏远的，离 KZH 城区有 27 千米，师资配置方面也是比较薄弱的。

我们学校今年有两位小学全科教师专业毕业生分配到学校了，一个是男教师，一个是女教师。男教师的家是渝北的，读书期间定向服务的区县是 KZH，也是出自教师家庭，他的爸爸也是渝北一所学校的教师。女教师很年轻，21 岁，看得出在学校读书时很优秀，去台湾学习交流过。由于两位教师是年轻教师，所以入职这半年以来，我们对他们的教学能力和班级管理方面都特别关注。总体而言，两位教师不管是教学还是管理上都没有什么问题。那位男教师还告诉我们，他读书期间还做过班主任助理，他在班级管理上有着自己一套新的理念。当然，他也有短板，就是在人际关系方面，与别人相比还有一定差距，可能是因为刚进来暂时还处在一个过渡期吧！当时我找他谈了几次话，也鼓励引导过了，确实好了很多。那位女教师的知识水平感觉比我们这一代强多了，我们这一代就是从初中毕业就进入中等师范学校的。

对比三位校长所在的学校，我们可以发现，虽然其学校所处地理位置、师资配备、教学资源等都各有不同，但是依然有着很多共同点，比如，都倾向于从学科教学方面来谈对小学全科教师的认识。当然，易校长对于小学全科教师的认识，可能更为直接、全面，毕竟他直接接触了两位全科教师。

（三）你们是否需要小学全科教师？

易校长：我们学校，包括我们的中心校整体而言师资配备还是比较薄弱的，多数教师都是 WNQ 镇的人，仅有十几名教师是大学毕业后过来工作的。目前，我们学校的现状就是语文、数学教师有，缺音乐、体育教师。虽然今年已经有两位小学全科教师了，但是如果县教委继续给我们分配的话，我们还是需要更多的小学全科教师，毕竟他们是全科，很多学科都能教下来。

邹校长：我和易校长的观点一样，我们很需要全科教师，也很欢迎他们。我们那里比较偏远，目前我们学校的现状就是很缺音乐、体育和美术教师，现在的兼职音乐教师在学校都教了 20 多年了。

魏校长：我们县还是很缺教师的，我所知道的，县里也很重视小学全科教师。我的一个直观感受就是小学全科教师的毕业分配相比特岗教师来说，要好很多。其分配的学校大多数还是很不错的，无论是工作环境还是学科安排，都很受县教委重视。

易校长：对，魏校长说得对，分配到我们学校的两位全科教师，我们还安排了两位教学经验比较丰富的教师在带他们。

魏校长：你们可以宣传一下，让现在在读的学生不要有思想包袱，因为他们就业分配的学校条件要比后面招聘的好，他们进校的起点要高一点。因为现在教师很缺,所以分配来的教师首先都会被条件好的急缺教师的学校接收。我们 HAF 二小也是需要全科教师,也很欢迎他们的。

虽然仅有易校长所在学校在 2017 年接收了全科教师专业的毕业学生,但是我们从魏校长那里了解到,他们就业分配的学校条件要比后面招聘的教师所在学校的条件好。

(四)你们学校在教学中如何安排小学全科教师开展课程教学?

访谈者:你们学校是怎么安排全科教师工作的呢?

易校长:由于我们也是第一年接收全科教师,所以我们一方面"摸着石头过河",另一方面结合我们的实际,解决我们面临的师资缺乏问题。所以,这个安排工作啊,比如,他想教数学,但是我们学校不缺数学教师,就安排了语文。他找我,我告诉他以后慢慢找机会调。我们学校就是缺什么就补什么,不能叫"补位",全科教师就应该是全能的。

邹校长:既然是全科,如果只能教语文,不能教数学,那叫什么全科呀?我知道 K 县有所小学也分配了一位全科教师,但是他现在在教音乐。

易校长:我们在安排课程方面都安排了一门主课加一门副课,比如,"数学+体育"。刚才跟你们提到的那位男教师,我们就给他排了四年级的语文和五年级、六年级的体育,那位女教师,我们则是安排了五年级的英语和五年级、六年级的音乐、美术。

访谈者:那我们现在的音乐、体育和美术教师是不是都不是相关专业的毕业生呢?

易校长:有的学校有,我们学校就有一名专业的体育教师。美术也有,但音乐教师最缺。因为学音乐的孩子一般不会去当教师,英语教师也不缺,就缺音乐教师。

魏校长:我们那位英语教师是过了八级的,现在教语文,还教得特别好。

接下来,访谈者对易校长在安排全科教师的课程教学方面又继续问了一些问题。

访谈者：你们这样的安排是由于师资缺乏，那会不会给这些教师带来过重的工作量？

易校长：起初我们也考虑过这个问题，但是现在我们学校很缺音乐、体育和美术教师。给你举个例子，我们学校有些孩子都不知道800米跑步是怎么跑的，有什么规则，要逆时针围着操场跑都不知道。我们之前的体育课就是教师发几个篮球，让孩子们自己在操场上耍，或是经常练广播体操，所以也让人很无奈。

不过我还是觉得要多给年轻人一些机会，让他们锻炼锻炼，他们毕竟还没结婚，还很年轻，也有很多时间。他们两位教师到校后，我发现他们的个人综合能力很强，所以现在我们学校开展大型活动，就让他们参与、主持，同时也让他们在实践中积累经验。当然，今后学校或者县里举行大型活动，都会交给他们年轻人去办，即便是他们个人能力有差异，但是也会尽量让他们多多参与，毕竟学校里40岁以上的教师很多，要想带领学生蹦蹦跳跳，就很难了。我觉得这也相当于在专业发展中培养小学全科教师的全能性。

访谈者：在具体实践教学中，他们有没有表现出什么问题？

易校长：还是有些的，他们两位教师教学能力比较强，但是对于教学大纲的掌握方面还需要继续提高。我们学校也是希望来了就能很快地胜任教学。当然，这其中也是需要有一个过程的。另外，开始给两位教师都安排了班级管理工作，两位年轻人精力旺盛。但是后来那位男教师就没有做班主任工作，我发现他人际关系方面还有一些欠缺。后来，和他交流时，他说自己不太喜欢管理班级，学生天天都有打架的，让他很烦。经过几次交谈后，我们确实发现他不喜欢班级管理，就暂时把他带的那个班交给了之前的班主任了，不过我也相信他将来还是会有很大改变的。

访谈者在访谈中发现，小学校长很看重小学全科教师的教学能力，希望他们能够尽快熟悉小学各阶段的教学。有校长就此提过具体建议，因与本课题的研究问题关联不大，暂未做摘录。

（五）未来的小学能否全部引入全科教师？

易校长：我觉得未来是个趋势。因为小学全科教师能够带动小学的教学，对于师资缺乏的农村学校，可以解决师资问题，对于城镇学校，也能产生很强的带动作用。

魏校长：我也看好。小学全科教师也符合国家基础教育课程改革的理念。当然，我有一种担心，主要是针对农村小学的，就是全科教师毕业出去之后的工作环境与现在的学习环境肯定有很大差距。现在生活在城市，以后实习在县城，就业的岗位最终在农村，心理上会不会有落差？就像我儿子，现在我每月给他一两千块钱，学校还有补助，可能以后工作了，生活费还没有现在多。这样一个人的心理便会产生落差，那么学校有没有对这些方面进行关注呢？

易校长：对，我觉得这方面应该引起重视，否则今后会影响小学全科教师的发展。比如，我们今年分配过来的男教师，他家是渝北的，刚来我们县的时候，就很不适应，我们应该在心理方面对他们进行引导。

邹校长：刚才提到的那个问题，心理落差是有的。

访谈者：这个就是存在心理方面的落差。那他人际关系方面处理得怎么样？

魏校长：人际关系处理得还好。国家对全科教师的培养就是定向农村，他就是要在条件艰苦的地方，国家花费那么多人力、物力、财力培养，目的就是解决这个短板。所以，我认为以后的实习，都应该在与工作环境差不多的条件下进行。这样让他们先适应，可以体验一到两周吧，一周可能也差不多了。还有就是生源问题，本县的最好，本县的就回本县，这样就可以留住人，对于这个政策，可以提建议嘛。

邹校长：以前我们去重庆招人，我们去 XN 大学招聘了一名生源地是奉节县的教师，我们是县城里最好的小学，但是他认为养不活自己，需要租房，需要更好的生活。工作两年，还赔了违约金走的，又回奉节重新应聘小学教师，所以说教师是否稳定，的确存在区域性的问题。比如，XS 的学生跑去 WS 工作，可能就有问题。我们认为学校还是可以出面问一下。有时候招到另一个县城里的人，他宁愿赔钱。现在我们开县有很多全科教师分配的学校条件还是很好的，在区县工作。可是以后好的地方人满了，那么肯定是有人要去差的地方的。像去一些很偏僻的山里，那里是只有骑摩托车才能上去的。所以说稳定一直是个问题，不解决就会一直影响教师的发展。现在农村单身的女教师很多，没成家的也多，生源男女比例失调也是一个问题。

魏校长：另外，如果现在全科教师这么顺利就能就业的话，学生在大学学习期间肯定会产生一种惰性。我在想，全科教师就业时还是应该要关注其就业质量的，但是在培养过程中还是要有考核。像我的孩子，大一的时候很有激情，第一年争取当班干部，先当了班长，后来当纪律委员；大二，学吉他很有激情，现在大三，不玩了，他忙学习了，这与你们学校的考核有关系。对学习过程要求高是好的，但最终还是要让他顺利毕业。

访谈者：那么，你们县是如何让全科教师进行择岗的？是要参加择岗考试，根据成绩来分配学校吗？

易校长：对，成绩优的先选学校，这样分出来的学校也比较好，所处的乡镇也不一样。

魏校长：我认为全科教师是一个新的培养方向，因为农村学校的生源不多，有的教师不只是教一个班，他需要面对每一个学科，对基础能力要求高，就是需要好好在那个地方从事教育教学工作。因为他进入农村教学，可能教语文，教几个班，那么就必须具备国家规定的基础教学能力。我个人认为对于全科教师的培养，像小学教育，不需要各方面的能力有多么强，但尽量让他们在面上下功夫，要拥有能力上的"博"，就是渊博的"博"。那么今后其真正从事全科教师工作，也能更好地完成工作任务。就像一名教师不是包班，是教一个班的某一学科，或再兼任其他班的另外一个学科的教学，所以关于全科教师在农村小学教育的发展方面，可能就是到村小，一个人包班教学，最多就是三名教师教两个班，这样的教学就是全科教师的一个发展方向。因为现在的很多农村学校，特别是像某些专业的，如音乐、美术和体育方面的教师是最缺的，因为全科教师被分配到乡镇小学后，就担任了艺体教师的角色。在以后还是缺少其他专业的教师，那么全科教师的"全科"就成为这些教师专业发展的方向了。所以我认为全科是每一方面都要会，但是呢，不是要特别精，这是第一个。第二，就是国家花费人力、物力、财力去培养这批全科教师，到了农村去最后留不住，这是不行的。我认为要注意对全科教师的思想教育。在教育上要讲奉献精神，鼓励他们到贫困地方去，要有吃苦耐劳的精神。那么，以后去农村工作，才能安得下心。学校在培养上，要尽量培养能在艰苦环境下安心工作的教师。这样工作之后，他们就能够安下心来。第三，就是要为满足全科教师基本生活提供条件，像交通不方便，要向主管部门反映，改进有关的政策，国家应该给全科教师提供专项的工资、津贴这样一些支持，有了这些支持，他们在工作中才更有激情。当然，除了这些呢，还有全科教师的定点培养，比如，我们KZH的那个乡镇，最后就是在那个区域选出条件最好的学生去任教。还有就是实习问题，现在都是在县城最好的学校实习，最后分到我们学校后，他们心理会有落差的。

几位校长对于这个问题都有自己的想法，当然也表达了很多的忧虑，尤其是对全科教师未来非定向就业可能出现的一系列问题，提出了自己的看法。不过经过访谈，访谈者还是初步了解了KZH区小学校长对于小学全科教师的身份、职业发展等方面的认识与需求。当然，这种需求更多是现实师资配置过程中的一种阶段性需求。

五、访谈 QIJ 区、SPB 区等地小学校长 5 人

此前，访谈者访谈过渝东北地区 KZH 区的 3 位校长，渝东南地区 QAJ 区和 PS 县的 4 位校长，渝西地区 JJN 区的 2 位校长。访谈对象中就缺少来自主城区小学的校长。由于之前接受访谈的小学校长都是男性，本次访谈也希望能够找到一位女校长。因此，访谈者还是特地请重庆 SF 学院丁老师帮忙联系一位来自主城区小学的校长、一位不限区域的女性小学校长。在丁老师的多次安排下，女校长很快地接受了访谈，但是主城区小学校长还是比较难预约到，因为他们都住在主城，白天上完课，晚上都会赶回家的，因此要预约他们，的确还需要找到合适的时间。在丁老师的热心帮助下，访谈者终于在此次校长"国培计划"班课程最后

一天，成功地预约到了重庆市 SPB 区 JGK 镇 ERT 小学校长刘 XAH，以及来自 QIJ 区 GSH 小学女性副校长陈 SU。与此同时，热情的刘校长还帮忙请来了 SPB 区 HLB 镇小学副校长傅 SHD、SPB 区 HLB 镇 SAQ 小学校长谢 BEH、JLP 区 HAF 小学校长牟 CHT。因为陈校长与刘校长彼此都还认识，因此与他们商量后，就定在了他们的一次午饭时间进行访谈。由于午饭时间比较短，在与他们进行访谈时，访谈者紧紧围绕着他们如何看待小学全科教师展开提问，本次访谈的主要内容也就是他们对小学全科教师的认识。

（一）背景介绍

由于重庆市小学全科教师定向培养区域没有主城区，因此本次访谈中，仅有来自 QIJ 区 GSH 小学的陈校长在实际教学中接触过全科教师。此外，陈校长和刘校长都是中等师范学校毕业，陈校长是中等师范学校艺术教育专业毕业，刘校长毕业于原重庆 DYSF 学校（即现在的重庆 SF 大学的 CD 学院）。两位校长对全科教师的看法都受到了他们学习经历的影响。其他几位校长在访谈过程中并未谈及他们的学习经历。不过，从年龄来看，5 位校长年龄相仿，均在 40 岁左右。对于全科教师，他们也有一些相似的看法。

（二）如何看待小学全科教师

> 访谈者：我们有这样一种情况，小学全科教师主要是 QIJ 地区有，JLP 和 SPB 地区都还没有，所以我们主要是想对关于小学全科教师的一些问题做个访谈，对小学校长做个访谈。对于全科教师，你们几位校长是怎么看的？
>
> 刘校长：我没有想，也没有去专门思考，是想到哪里就说到哪里。首先，全科教师在 SPB 地区应该很少[①]，所以对全科教师还不是特别了解。是不是和重庆 SF 大学[②]培养的那种一样，每科都要学习，出来以后选一个方向，因为 SPB 这边重庆 SF 学院过去的学生不多，如果学生能够到这边小学来，学校还是很欢迎的。

---

① 目前，并没有定向 SPB 地区的小学全科教师。——访谈者
② 重庆市培养小学全科教师的高校之一。——访谈者

访谈者：是的，全科教师就是现在重庆 SF 学院、重庆 SF 大学、YZNU 学院、SXC 学院、WLX 学院定向培养的。那么，您觉得全科教师和分科教师有什么区别？

刘校长：YIS 学校[①]毕业的学生到小学里，教师具有一定的小学教学基本功。我本来就是 YIS 学校（原来重庆 SF 大学）毕业的，我自己的感觉是，YIS 学校的学生去了以后对小学的适应更快，做起来更容易一些。这只是个人感觉，可能我们全科教师也没有 YIS 学校的学生的基本功好，但是从研究的角度讲呢，他们可能专业发展好一些。但是我觉得上岗以后的发展更重要，到了工作岗位以后，应该说每个人的变数都会很大，所以也不能完全这样界定。全科教师读书时的学习情况很重要，但是上岗入职成为全科教师后的职业发展更重要。

访谈者：那么您认为他们跟分科教师有怎样的区别？对于未来全科教师和分科教师的发展趋势，您怎么看？

访谈者觉得刘校长没有能够完全回答访谈者所提问题，也能很明显地感受到刘校长对全科教师的了解，正如他自己所言，确实不多。他在回答访谈者所提问题时，基本上是站在与过去中等师范学校毕业的学生对比的角度来谈的。访谈者提问完这个问题后，刘校长也是迟疑了一段时间。这时，坐在刘校长对面的 SPB 区 HLB 镇 SAQ 小学谢校长接过问题，谈了谈自己的理解。

谢校长：其实，我理解的全科教师是掌握的知识要宽泛一些，对小学来说，对全科教师的需求量是比较大的。因为小学不可能像初中那样教化学就教化学，教数学就教数学，是比较综合的、比较杂的，知识面应该是比较广泛的。全科教师就应该是政治、社会等各个方面都接触过的，所以更能适应现在小学教育的需求。我们现在有这种情况，我们学校有一名教师是数学系毕业的，要求他去教音乐，要求也不是很高，因为不是音乐专业毕业的。那么他就会说自己没有学过音乐，让他教其他学科，他就会说自己没有学过这门学科，就会在教学方面造成很多不便。

[①] 即刘校长读中等师范学校时的母校，后来并入重庆 SF 大学。——访谈者

那么，全科教师来了之后，我们会根据教师的特点、所学的特长、学校的需求岗位来进行设置。

牟校长：我来说两句，我们学校教师就是分科教师。对于全科教师，我的理解是，可能和几年前甚至十几年前中等师范学校的培养模式类似，尤其是在小学。我认为小学教育的关键就是培养学生的兴趣，开阔学生的视野。分科教师的知识面和教学能力是有局限的，然而全科教师就可以弥补这一点。比如说，学数学的，同时学了书法、美术，我们当时上中等师范学校的时候就是这样。小学就是这样培养学生的兴趣，让学生做各方面的尝试，这是符合小学生培养规律的。如果说分科和全科哪个好，这个还不能一概而论。

谢校长和牟校长虽然没有接触过小学全科教师，但是他们对于小学全科教师的理解也是基于中等师范学校的角度。谢校长更加侧重于从学科，或者准确而言是从课程教学方面来认识全科教师的，牟校长则是从小学教育的本质上来看待小学全科教师的。

（三）你们需要小学全科教师吗？需要什么样的小学全科教师？

访谈者：现在小学需不需要小学全科教师？如果需要，你们想要什么样的小学全科教师？不需要的话，是什么原因？

来自 QIJ 区 GSH 小学的陈校长首先谈了这个问题，因为 QIJ 区也是全科教师定向的区县之一，而且 GSH 小学在 2017 年也迎来了第一批全科教师，所以陈校长率先发言。

陈校长：其实全科教师在我们那里是最受欢迎的，我们最喜欢要的就是全科教师。在 QIJ 区的话，一般校长去招人，都会选择全科教师。但是我们想要的全科教师——也算是提点建议，也是有想法的。因为全科教师到我们学校来的话，学校让教什么还是很愿意的，但是我们发现的问题是他们写字、板书这些方面不过关，基本功不行。本来我读书的时候，因为学的是艺术教育，上了初中之后，语文、数学就没有学了，所以字写得比较差。但是，他们跟我比起来还要差一些。我们希望培养高校能够加强对全科教师的写字能力的训练。然后，就是在听课的时候，我发现他们有一个共性，基础知识掌握得都不是很牢。比如说，我们这学期进了一名全科教师，她教的是三年级的语文，刚好我那天我去听课，她教生字，有学生提问说这个字还可以组那个词，但是那名教师都不知道，她还否定了学生。然后，下来我就跟她讲了可以这样组词。所以说，我们觉得基础知识方面可以加强。我们喜欢实践性的人才，那种理论性的人才不是特别需要。

访谈者：就是对研究这方面看得不是特别重是吗？

陈校长：我们更看重的是实践性的人才，全科教师在我们那边还是很受欢迎的。

陈校长发完言，旁边的一些校长也纷纷发表了他们的观点。

傅校长：虽然SPB区还没有小学全科教师，但是我们学校也很欢迎。至于需要什么样的全科教师，这是学校培养方面的问题，同时也有学生定向就业小学的问题，根据不同情况而定。比如说，SR小学、TC小学、珊瑚小学这样规模大的学校，可能对专精一点的教师更喜欢一些。比如，在教学领域，很多学校希望全科教师在思维层面能够扩展更多，而不是只盯着眼前的知识。就像有些名校招聘，不光看你毕业的大学，还要看你就读的中学是不是名校，并不是有门第之嫌，而是一所名校培养出来的学生的思维方式是不太一样的。但是对于其他普通学校而言，我觉得也是非常欢迎全科教师的。我觉得我们需要的全科教师应该在教育理念方面有非常强的课程建设能力，能够时刻让小学生处于课程建设、课程改革的中心，那么小学生所学的一切都是围绕着课程进行的。说到课程建设，JLP区的XJW小学做得就很好，他们的体育教师可能在教舞蹈、教语文，语文教师可能在教科学和信息技术等，因为他们都是综合性的。比如，语文教师不仅要会关于月亮的诗词，还要充当科学教师，要知道月亮是怎么来的，然后还要当音乐教师，可以唱有关月亮的歌曲。这对一个学生的全面学习有很大帮助。所以，全科教师对课程内容的整合还是需要满足当前小学教育的需求的。我觉得我们现在的SPB区、JB区、JLP区已经开始在做了，并且已经交流起来，开展合作学习，提倡以学生为本。不像其他学生那样过分依赖接受学习的方式，即教师在上面讲，学生在下面听，认为教师给我的直观演示就是这样。这样的方式在我们现在的小学课堂上根本是无法满足需求的，所以从教学理念到教学实践行为还需要完善。除了刚才所讲的基本功之外，高精尖的教学理念也需要掌握。比如说，像电子白板的使用，未来的学校都需要。包括"互联网+"，我觉得这些孩子不仅要链接我们传统的东西，也要链接时代前沿的东西。

傅校长说了很多，其中也包含了他对小学全科教师的理解。同时，不难发现傅校长的观点也很具有代表性，说出了小学当下需要什么样的小学教师，而这也符合小学全科教师的培养理念与小学全科教师的专业发展内涵。接下来，刘校长也谈了自己的观点。

刘校长：如果说对学校有建议的话，一个就是这些学生要具备解读课标和教材的能力，我觉得在大学里面，要提前做这项工作。对于我们学校的教师，我就问了一下他们，他们在大学里面对课标、教材这块的接触不是很多。第二个就是收集和处理教学资源的能力，可以在相关方面提前做一些准备，出来工作过后才不会那么手足无措。在我个人看来，这两种能力是比较重要的。

访谈者：这个不是目前我们分科教师所表现出来的问题是吧？我们JLP区还没有全科教师，这是您对全科也包括分科方面的意见是吧？

年校长：师范类学生以后出来要当教师，最基本的课标解读、教材解读的能力必须要有。说直接一点，就是知识能力、方法过程、情感价值观这些课程的目标都应该放到这里面去。很多教师走上讲台后，不知道这节课到底要教给学生什么，就到网上去找，把别人的拿来自己用，但是每个学生的情况不一样，有时候拿过来用并不适合。

傅校长：另外，我觉得小学全科教师培养高校要和一线的学校开展无缝对接，培养高校可以在重庆本土找一些名师，在小学找一些名师，比如，南坪SH小学或者SPB区的一些小学的名师来分门别类地给学生做讲解，做体验式培训。教师教授的书本知识是这样，一线教师讲的又是另一个样，这样学生会知道自己以后做教师在对接这块该怎么做。

访谈者：这个建议特别好。

傅校长：像我们学校来搞个"国培计划"，今天上午湖北师范大学的教师来讲，下午西南大学的教师来讲，汇聚各所名校的名师。请名校教师过来，对于一所大学还是比较容易的。

访谈者：谢谢傅校长的建议。另外，重庆 SF 学院（当地普通本科师范院校）2019 年会有第一批非定向的小学全科教师毕业生，会去主城区小学应聘。他们与现在大部分定向农村小学教师不同，不是定向分配到乡镇中心学校、村小里面去了。所以我们也想了解一下，比如说，主城区学校的校长对这些学生的一些认识。

刘校长：全科（教师）还是比较受欢迎的，但是和分科教师比较的话，还是有些吃亏。以后上报公招教师编制时，确定全科教师的需求量，就能实现全科教师专业类内部的比较，而不是现在的全科教师专业毕业的和分科师范类专业的竞争，但是要改变的话，时间可能有些长。因为现在 SPB 区还没有这个途径，都是按照专业报，所以将来就业呀，还是有一点点问题。和免费师范生一样，都是必须要回去。

陈校长：其实你们现在培养的学生和原来中等师范学校培养的学生差不多。我们校长打电话招人，能招到全科教师，还是很高兴的。

牟校长：现在的师范院校可以到基层学校去调研一下，包括重庆 SF 学院、重庆 SF 大学这些，都应该到城市学校去调研一下，渝西地区、渝东南、渝东北地区也可以去走访一下。

傅校长：你们现在培养的学生，语文、数学学科的比较多，科学和思想品德这些学科的可能比较少。

牟校长：高校现在培养的全科学生有没有什么侧重点？

访谈者：现在全科教师专业也分两个方向，即中文专长和英语专长方向，一专多能。

刘校长：我觉得一专多能可能还比较好。

谢校长：现在可以在科学这一块花点力气，因为现在小学一年级都有科学课。另外，在 SPB 区那边，新的科学课程标准已经出来了。

刘校长：现在科学这方面教师的缺口很大。我们学校有学生物的、化学的、生物工程的，但是和小学的科学课程相去甚远。我们现在就把这些教师派出去培训。所以说全科教师的培养，还是要有一定的方向。

访谈者：以前的2013级分了文科和理科综合，但是2014级就没有分文理了。有的学院没有分，但是文学院与外国语学院分了语文和外语专长。我们学校的学生认为这两个专业还是比较好的，但是还是想听听你们对这方面的看法。

谢校长：还可以细分，理科里面有科学方向，有小学数学方向。

刘校长：但是现在不分文理科了，现在高考就是这样改革的。

谢校长：就算不分，以后也需要全科教师能够有擅长的学科。前面两到三年你可以进行全科学习，最后一两年有一个大概的方向，分学科选方向。那么在大学第四年里，就要主攻这个方向。

访谈者：但是，这样会不会违背全科这样一种理念？

牟校长：其他学科同样要学，只是重点不一样。比如说，前两年所有的学科都学，第三年选方向，第四年进行实践，比如，像刚才提到的，请基础教育领域的名师到学校给学生讲教学，（让师范生了解）现在的教学到底是什么样子。

刘校长：我觉得全科学生出来最应该得到解决的问题是就业问题，要和专门学科的学生来竞争。

牟校长：他们培养出来的学生不需要很精通，大多数都是要靠工作以后的学校来培养。

刘校长：以前感觉对师范生培养有放松的现象，现在感觉又在统一加强抓这件事，这也不单单是你们一所学校存在的问题。

关于需要什么样的小学全科教师，很多校长都谈了自己的观点，有的校长还对小学全科教师培养高校如何培养学生提出了具体的建议，可以看出他们对小学全科教师也是有较高的期待，希望能够共同培养出更好的全科教师。

(四)在教学中如何安排小学全科教师开展课程教学?

访谈者:我想问一下陈校长,GSH 小学也有分配过去的全科教师,你们给他们安排了什么课程?

陈校长:学校需要什么,我们就安排什么。第一,现在学校基本上要求我们的教师要什么课都能上,除了教语文,还要教其他学科;第二,就是现在的小学有这种兴趣小组,除了上语文课,还要带兴趣小组,所以说基本上是学校缺哪一科的教师,他们就去教什么。

访谈者:有没有担任什么其他课程?

陈校长:他们不单纯地上语文,如果缺科学课教师的话,还要带两节科学课。

刘校长:小学就是这样,比如,小学的语文教师一周课时在 17—18 节,如果没有做其他像班主任一样的管理工作,可能还要带其他的课。全科教师在小学里面是比较受欢迎的。

访谈者:我想问一下,现在小学有没有特别适合全科教师上的课,比如,品德或社会课?

陈校长:这个还是有的。

刘校长:其实全科教师在小学什么都可以教。但是现在你们所面临的一个问题是,我们前面谈到了是定向培养,但是我们学校招聘时向区县教委报的是学科教师,比如,数学 4 名,语文 3 名,不会报全科教师多少名,都是分学科进行招聘的。因为这个你需要去参加考试,要参加第一轮笔试,第二轮面试。但是全科教师在笔试时,和汉语言文学毕业的教师比较,还是有一些差距的。面对体制问题,因为全科毕业生少,而且招聘的时候呢又是分科来招。SPB 区现在对进主城区学校的教师是有要求的,包括对他们毕业的学校和学历都是有要求的。

在这段访谈中,同访谈 QAJ 区 SSH 乡中心小学校副校长张 YZ 一样,QIJ 区 GSH 小学在安排小学全科教师讲授课程时,依然是从学校发展的需要出发,因为全科教师专业的毕业生人数少,所以区县教委在招聘时依然按照分科来招聘某一学科的教师。这一现象似乎也会影响到今后一段时间社会各界对小学全科教师角色身份的认知。

第三节 研究结论与思考

一、研究结论

小学校长对小学全科教师的角色期望是一个关系到小学全科教师发展的关键问题,既有理论研究价值,又有现实实践意义。本书以当前小学校长对小学全科教师的角色期望为主要研究线索,通过访谈小学校长对小学全科教师在教学工作、日常生活、日常交往等方面的期待,概括出以下观点。

(一)关于小学全科教师的角色认知

在访谈者访谈的十几位小学校长中,除了重庆市主城区 JLP 区等几位小学校长在谈到对小学全科教师的理解时,认为小学全科教师不同于中等师范学校毕业的教师,其他多数小学校长都认为目前的小学全科教师培养就是 20 年前中等师范学校培养模式的升级。对此,访谈者结合访谈对象对小学全科教师的角色认知,归纳了两大类观点。

第一,小学全科教师仅是形似中等师范学校毕业的教师,实质与其有很大区别。这种观点认为,小学全科教师的人才培养思路类似于中等师范学校,都是培养能够胜任各学科教学的教师。小学全科教师的出现有多重因素,一方面是作为政策支持的形式出现,小学全科教师可解决农村义务教育阶段师资匮乏的问题,从而实现义务教育的均衡发展;另一方面则是适应学生全面发展的需要,遵循课程改革与发展的规律,用全科的视角来解决现行分科教学的弊端。

第二,小学全科教师等同于中等师范学校毕业的教师,从人才培养的定位和方法来看,小学全科教师的培养和中等师范学校的教师培养有很多相同之处,所不同的是二者的学历层次,前者是本科学历,后者是中专学历。出现这种对小学全科教师角色认知共性问题的原因在于,本次采访的校长多数是 20 世纪 90 年代中等师范学校毕业的。这些小学校长在谈到他们对小学全科教师的角色认知时,或多或少会受到过往学习经历的影响,这也就会直接影响到接受访谈的小学校长对小学全科教师的角色认知。

（二）关于小学全科教师的角色期望

小学校长对小学全科教师的角色期望也出现了不同的观点。认为小学全科教师不同于中等师范学校毕业教师的小学校长，他们对小学全科教师的角色期望不仅仅只是农村的小学全科教师。在他们看来，小学全科教师的概念无关城乡，而是与小学生的全面发展、课程发展规律相关。认为小学全科教师类似于中等师范学校毕业教师的小学校长，他们对小学全科教师的角色期望更加具体、微观。比如，在访谈中，有些校长认为小学全科教师不如之前中等师范学校毕业的教师，希望小学全科教师能够提升自己的教学技能，能够尽快转变角色，能够适应农村的现实情况，以满足迫切需要补充师资的小学教学的需求。在访谈过程中，多名校长特别强调了高校应重点培养小学全科教师的教学技能。

当然，无论是哪种角色认知下的小学校长，他们都对小学全科教师提出了较高的期望。对小学全科教师具体的素质期望包括：有扎实的教学基本功，有良好的教学水平，对学生关心、有爱心，有某一项或多项专长。需特别说明的两点是，从访谈的情况来看，第一，城市与乡村小学校长对小学全科教师的角色期望并无明显差异；第二，男女性别的小学校长对小学全科教师的角色期望并无明显差异。

（三）关于小学全科教师的角色审视

综上所述，小学校长对小学全科教师的角色认知出现了冲突，因此对小学全科教师的角色期望也就出现了一些不同。这种冲突集中表现为对小学全科教师的定位问题，即小学全科教师是"面向农村地区"还是"面向包括城市在内的所有地区"，小学全科教师培养是现行政策的引导性措施还是遵循未来课程发展规律的必然趋势。以对小学全科教师角色认知与期望的冲突视角审视小学全科教师的角色，就形成了不同视角下小学全科教师的角色认知观。比如，当前小学校长对小学全科教师的角色认知与期望中所存在的思维定向——小学全科教师教学基本功不扎实，并同时将其归因为高校人才培养质量上的学科结构缺失。在某种程度上，小学校长本身的中专学历背景也影响到了其对小学全科教师的角色评判，隐含了个人成长经历与价值标准的潜在比较。

同时，小学校长对小学全科教师的角色认知与期望，也表现出比较明显的"拿来主义"倾向，认为小学全科教师一毕业就应该能在很大程度上解决目前小学师资与教学质量的问题，而不是将全科教师放在一个动态发展的背景下去衡量。从人才成长发展和教师专业发展规律来看，一名优秀教师的成长不仅是职前培养的问题，也需要职后相当长时间的积淀。用"优秀"的标准去判断刚刚毕业的小学全科教师，显然是不合适的。但这在农村小学校长中表现得较为突出，即希望对小学全科教师能"拿来即用"，而对于小学全科教师的综合能力，其未能以教师专业发展的动态角度来进行审视。城市小学在角色期望落差方面表现得并不明显，其中当然也有缺乏对小学全科教师直接接触与认知的原因。

二、研究思考

基于访谈内容的整理，并结合具体的实际情况，访谈者重点对以下两个方面的问题进行了思考。

（一）关于师范院校培养目标的建议

作为小学全科教师职前培养的高校，在小学全科教师培养过程中，对小学全科教师人才培养目标，需要有非常清晰的定位。面向未来培养的小学全科教师应区别于一般意义上的师范生培养，要定位为培养基于"全人理念""全景视野"，能够以完整的知识促进儿童全面发展的小学教师。这样的小学教师不是分科的，而是能够做到对小学阶段需要掌握的多学科知识融会贯通，能够在知识的学习中引导儿童自觉迁移知识。同时，培养高校应着眼于整个小学教育的时代变革来培养小学全科教师，而不能将小学全科教师的培养目标仅仅局限于农村地区的当前之需。目前，农村地区需要小学全科教师，是由于我国农村经济社会发展暂时性的滞后，以及农村小学教师的结构性缺失。而把小学全科教师培养放在更大的时代背景下，应该是源于儿童自身全面启蒙和全面发展的需要。

（二）关于用人单位角色期望的建议

小学校长对小学全科教师有较高的角色期望，但在具体的教学、管理等方面，又存在着对小学全科教师的角色认知落差。无论是城市还是乡村学校的小学校长，都应该重新审视小学全科教师中"全科"二字的含义，对小学全科教师建立一种更为客观和现实的角色期望。

接受访谈的小学校长多数具有中等师范学校学习背景，因此他们期望的小学全科教师普遍是"一专多能""小班教学"，同时能够胜任小学的各个学科的教学工作，这能够较好地解决农村小学音乐、体育、美术学科师资短缺的问题。这样的观点，实则是仅仅基于现实缺失来谈对小学全科教师的多维度期望，这样的期望，有时小学全科教师这一角色也难以全部承载。同时，"小班教学"在我国偏远地区，包括重庆的部分偏远山区的确存在，在这种状况下，农村小学教师要根据学校的需要，随时去胜任不同学科的教学，教师需要从一门学科教学转变到胜任多门学科教学。因此，部分小学校长在访谈中提到现有农村小学教师就是小学全科教师。实际上，因为当前部分偏远地区农村小学规模小、教师结构性缺编而导致的教师从事多学科教学，是一种"被全科"，只是在小学教授科目上做简单的加法，并不是真正意义上面向未来的全科教师。小学校长应更多站在儿童发展的视角，基于基础教育课程改革的理念，重新定义和认识小学全科教师。访谈者认为，全科教师首先要构建和教授给学生的，是一种关于世界全景式的、关联性的整体知识，而非割裂的各学科内容。其次，小学全科教师的专业素养还应体现为综合素养的更全面、教学能力的更全面（包括跨学科的综合课程设计）、教学方法的更全面等。

在实际的访谈中，访谈者也发现了部分小学校长由于访谈者特殊的身份而未能完全真实客观地表达自己的想法，对小学全科教师的角色期望描述可能存在一些实际误差。另外，目前走上工作岗位的小学全科教师仅有一届，处于他们职业发展的"生存关注阶段"，所以小学校长对小学全科教师的角色认知和评判也受到时间的影响。同时，由于访谈者本身的研究能力有限、经验不足，选取的访谈对象有限，同时并未完全参与到小学全科教师人才培养工作中，更多是以第三方的视角对小学校长进行访谈，因此对访谈的解读和理解也可能存在局限。这都使得本书还有许多需要改进的地方，希望本书的研究并不是结束，而是未来三五年系列研究的开端。

第五章 小学全科教师的职业适应现状研究

第一节 研究思路与设计

一、研究缘起

有史以来，教育问题就是国家、社会和人民都非常重视的问题之一，教育肩负着培养时代接班人的重任。当前，面对城乡义务教育长期发展不均衡的现状，建设农村义务教育教师队伍成为解决教师数量不足问题的突破口。2013年，重庆市教育委员会等出台了《关于农村小学全科教师培养工作的实施意见》，旨在为全市农村乡镇以下小学定向培养一批"下得去、留得住、干得好"的本科层次全科教师。2018年2月（第一届全科教师2017年7月毕业，9月正式执教），重庆市首届小学全科教师已经走上教学岗位并历经了半年的执教生涯，农村教育师资团队迎来了首届全科教师的加入。这股新鲜血液的融入能否推进重庆市城乡教育的均衡发展以及缓解农村边远学校教师短缺的问题，成为全市关注的焦点。因此，针对重庆市首届小学全科教师的职业现状调查显得尤其重要。

（一）新开始：重庆市首批小学全科教师奔赴区县任教

2013—2017年，四年的全科教育专业学习生涯让重庆市首届小学全科教师专业的学生在通识能力、学科能力和专业能力上有了较为全面的发展和提升。2017年6月21日，重庆第二师范学院举行了重庆市首届小学全科教师专业学生的毕业典礼及赴岗誓师大会。这次大会标志着他们将从大学又回到小学，从学生转变为教师。重庆第二师范学院、重庆师范大学、重庆文理学院等5所高校培养的共632

名小学全科教师，于 6 月 22 日起奔赴梁平、彭水、开州等 7 个区县任教（重庆市教育委员会公众信息网，2017）。这些全科教师既是能胜任小学语文、数学、英语等课程的教学，又能熟练掌握音乐、舞蹈、美术、书法中任意两门的全智多能型教师。可以说，这批小学全科教师就是使农村教育走向未来的先行者，这样具有"一专多能"的小学全科教师也必定会成为农村新教育的弄潮儿。但是首次回到区县农村学校任教的他们，又能否适应新时代的要求呢？

（二）新问题：小学全科教师职业适应现状是怎样的？

小学全科教师的出现是时代发展的产物，是教育进步的选择，是马克思主义教育观的体现。2014 年 8 月出台的《教育部关于实施卓越教师培养计划的意见》中提到，在未来小学卓越教师领域将重点探讨小学全科教师培养模式，培养一批热爱小学教育事业、知识广博、能力全面，能够胜任小学多学科教育教学需要的卓越小学教师（教育部，2014）。因此，全国各地部分院校相继启动了对全科教师的人才培养，也针对小学全科教师设置了相应的培养方案。以重庆第二师范学院为例，该校以"全人理念""全景视角"来培养可以促进儿童"全面发展"的全科教师，从通识能力、学科能力、专业能力三个维度，构建起小学全科教师自身的 GSP 模型（江净帆，2016a）。那么，在这种培养模式下的首届小学全科教师在进入真实的教学情景时，能否合理地运用各种理论知识、实践经验来充实和完善自己的课堂呢？能否经受住现实教学环境的考验呢？随着小学全科教师师资团队的发展壮大，人们也对这个团体给予了更多的关注，毕竟小学全科教师的培养是被赋予了多方期待的。因此，从小学全科教师的专业技能、人际关系、心理适应和职业认同这四方面入手，考察首届小学全科教师面临的职业适应现状，具有重大的理论和现实意义。

二、研究设计

为了能够更深入地了解小学全科教师，更准确地分析小学全科教师的职业现状，在重庆第二师范学院具有丰富经验的专家的指导下，经过个人思考，访谈者制定了如下研究设计，以向读者阐明研究对象与研究方法。

(一)研究对象的确定

本章访谈选取的对象是重庆市各区县的小学全科教师,并制定了以下选取对象的原则:①涵盖有农村小学全科教师培养计划的部分乡镇;②小学全科教师性别包含男女。在有关教师的帮助下,访谈者成功地对 10 位定向重庆市各区县的小学全科教师进行了访谈,通过对其目前的专业技能、人际关系、心理适应及职业认同等方面的访谈,来分析小学全科教师的职业适应现状。

(二)研究方法的选择

本章选用叙事研究法,通过教师讲述或聆听其他教师的教育故事,帮助教师完成个人知识的建构与重构,以此来关注教师的知识养成和专业发展(陈向明,2001)。实践证明,教育叙事有助于教师树立正确的情感、态度、价值观,国外高校已经将教育叙事和叙事研究运用到教师教育的实践中,并取得了较好的效果。然而,目前国内使用相关研究探讨教育叙事和叙事研究仍处在发展的过程中。为对我国初入职的新教师相关研究提供借鉴和参考,访谈者拟对此做一些理论与实践方面的探讨,以期为研究我国初入职的新教师的研究者提供一个新的研究视角。

将叙事研究运用于教师教育,能够帮助初入职的小学全科教师较好地实现从学生到教师的角色转换。在此研究期间,初入职的小学全科教师对教师身份和职业特点的认识一直处于不断变化与发展之中,从大学生的身份到毕业上岗的新教师身份,每一名师范生对于教育和教师各方面的认识和感悟都会发生持续性的变化,在对教师职责、教师能力等问题进行深刻反思的基础上,他们可能提高了对教师身份的认同感,并顺利完成角色转变,从而能更顺利地适应工作岗位与工作环境。

在开展调查之前,访谈者根据研究对象的选取原则,了解了重庆市小学全科教师的在校培养模式及相关政策,以便对全科教师的定位有清晰的了解。同时,访谈者提供了访谈的结构性问题,并鼓励被访者积极参与半开放式的访谈。首先,访谈者根据对小学全科教师各方面的了解,拟定了一个涵盖主要问题指向的访谈提纲,但受访者在回答问题时,可依据具体情况对访谈的程序和内容进行动态生成。其次,在访谈前,访谈者积极做好如下准备工作:①确定访谈的时间和地点;②与被访者协商相关事宜(就语言的使用、交谈规则、自愿原则和录音等问题与被访者进行协商）；③确定访谈记录的方式；④注意非语言行为（如外貌、衣着、打扮、动作、面部表情、人际距离、说话和沉默的时间长短、说话的音量、音频和音质等）对访谈的影响（斯丹娜·苟费尔，斯文·布林曼，2013）。

在所开展的访谈中，访谈者始终遵守一条原则，即尊重任何一位被访者并保护被访者的隐私。同时，访谈者感到十分庆幸，在整个访谈过程中，在征得被访谈小学全科教师同意的情况下，所有的小学全科教师均配合使用录音笔或手机录音，并且均配合使用普通话。在访谈中，一位全科教师想使用重庆方言，但在访谈者提醒后，其也很配合地使用了普通话。所以，访谈者由衷地感谢全体访谈对象的积极配合。

第二节 研究过程与讨论

一、再见，学生！您好，老师！——访谈重庆市 KAH 区 DAH 镇中心小学全科教师潘 MAL

（一）背景介绍

DAH 镇地处 KAH 区东北部，距城区 32 千米，全镇面积 144 平方千米（截止到 2019 年 7 月 17 日，查到的政府网站数据，这两年没变化）。DAH 镇中心小学就坐落在 DAH 镇，距离县城 35 千米。学校占地 5000 平方米，教学楼 3 栋。学校共有 6 个年级，20 个班，全校共有教师 52 人，学生 1000 多人。学校以"一切为了学生，为了学生一切，为了一切学生"为办学宗旨，办学条件较为完善，基础设施较为齐全。

（二）小学全科教师专业技能在教学中的体现

访谈者：你感到能够胜任全科教师工作的程度有多大？

潘 MAL：嗯，自我感觉应该是可以胜任的。我现在在学校担任的是语文老师和体育老师，在语文基本功方面，粉笔字、普通话、三笔一画等都是没有问题的，在体育方面，学校所学的都能够用得上，所以我觉得胜任程度大概有85%吧。

听到潘MAL自信的回答，访谈者进行了追问。

  访谈者：那你觉得自己能高质量地完成备课、教学和辅导吗？有没有遇到什么困难？

  潘MAL：这个我也不好说，但是我觉得应该还是没有太大问题的。备课、上课都还可以，但可能在课后辅导方面欠缺一些经验。其实在班级管理上面感觉挺好，还是比较顺利的，教学上倒是感觉有一点困难。我所带一年级学生的接受能力有些跟不上知识的难度，有的知识他们学起来可能会很困难，并且有些知识本来不是他们这个阶段所能掌握的，但是又必须要讲。这时候我就觉得在学校所学的一些东西，尤其是教育心理学，对我克服这些困难、想出解决问题的办法的帮助还是挺大的。

  访谈者：在课堂管理中维持课堂纪律困难吗？哪种方式比较有效？

  潘MAL：还好吧，因为开学的时候，我就差不多给他们立了一个班级规定，主要用喊口号的方式规定上课该怎么做和下课怎么做，听到铃声该怎么做和怎样维持，表现好的学生会受到表扬，违反了规定会受到惩罚，一段时间之后，我发现表扬的方式是最有效的。

我们可以发现，潘MAL管理课堂有一套自己的方法，在最开始的时候和学生达成协议，制定一个相应的班规，并且还在学生团体中找了一个小助手，她认为这样不仅减少了教师自身的负担，还增进了与学生的关系。

  访谈者：你经常开展教学反思吗？会采用什么方式提高教学水平呢？

  潘MAL：会的。比如说，我会根据每天学生学习的情况布置作业，看他们的作业完成情况，然后再来反思我教学中哪些地方应该注意。还有就是我可能会跟一些有经验的老师交流，会在微信公众号里面寻找一些关于教学方面的技巧，然后就是请教学校那些经验比较丰富的老师。

网络平台资源的开放与便利，为越来越多的农村教师提供了更多接触优质课堂资源的机会。潘MAL利用网络的便捷性，随时向其他有经验的教师请教，寻找属于自己的教学模式。

访谈者：你是侧重文科方向还是理科方向的小学全科教师？能上数学、语文和音乐、体育和美术等艺术课吗？是否会感觉教学负担过重或者有压力呢？

潘 MAL：我是文科方向的，目前担任一年级的语文教师兼班主任，二年级两个班的体育教师。学校的教学任务基本可以胜任，上数学课还是会有一些压力，但是我在实习的时候上过数学课，多多准备和练习应该没有大问题；体育暂时是没有困难的，我还带学校的足球队呢（微笑而自豪地说）；音乐是应该可以胜任的，因为我在学校选学的是体育和音乐；美术方面的话，因为在学校没有花太多时间去学，对它的了解比较浅显，所以上美术的话，我还是有一点怀疑自己，有些担心。

访谈者：那你认为目前自己哪方面的能力最需要提升？

潘 MAL：我觉得需要提升的是家校沟通方面，因为这边家长的教育观念可能会不同，就是什么是对孩子有益的教育方法可能需要沟通。家长不是很配合学校的工作，学生的接受能力跟不上，家长的配合度不是很高。但目前没有想到一种很好的办法来解决，只能慢慢摸索吧！这种状态也是自我成长的必经之路，我比较从容，希望能够通过努力有所改变。

对于这种困难的处境，访谈者认为目前没有办法克服，可能是现在还没有寻找到恰当的方法来解决它，但我们相信，有困难就会有办法的，任何的困难都能被解决。

（三）小学全科教师人际关系的应对

访谈者：你与学生、同事的关系如何？自己的表现是否符合领导的期待、家长的期望？

潘 MAL：我感觉与学生关系很好，因为我比较喜欢与学生沟通，我觉得师生之间应该像朋友一样，就是非常和谐、非常平等的关系。在课堂上，师生平等交流，课后就是他们的小伙伴。其实，建立这种关系并不困难，因为他们都是一年级的小孩子，一年级的孩子都特别喜欢跟老师在一起的。我身边其他分科同事也没有排斥我，他们有很多事都需要我的帮助，所以有时候我感觉他们可能还比较喜欢我，比如说办黑板报的时候，他们就会叫上我去画画、写字，我觉得自己还是很受欢迎的。学校领导好像对我们没有特别的关注，我也不清楚他们是否认可自己的表现。但是在家长沟通方面还是存在一些困难，首先是观念问题，家长认为学生在校的所有事情都是老师的责任，全部要靠老师，然后家里面对孩子投入的关心和支持就比较少，而且他们还不太支持孩子看课外书。虽然我也会通过电话、班级QQ群，还有就是见面的时候沟通这些问题，但是一时半会儿还是很难改变他们的看法和做法，于是我就只有反复强调，希望引起他们的重视。这不，前几天我们班有一个女生，她上课有一些注意力不集中，写作业非常慢，就是比较拖，于是我就联系家长，让她在家监督学生，有家长在家的监督，这几天她好像认真多了。

在人际关系交往方面，如潘MAL所说，她与学生和同事相处得都比较融洽，但从家校方面来说，还是存在一些问题，如家长不愿意在孩子身上投入，一直保持一种传统的观念，认为一切责任都是教师的，这是现在农村学校教师普遍都会遇到的难题，而这些都是不利于学生健康成长的。在前文中，潘MAL提到了家长的配合度，同时也认为自己目前最需要提高的是与家长的沟通能力，由此也可以看出，与家长沟通是潘MAL目前所面临的一大难题。

（四）小学全科教师岗位心理适应度调查

访谈者：你对这里的工作环境、工作待遇满意吗？是否在工作中体会到了价值感和成就感呢？有信心规划今后的职业生涯吗？

潘MAL：总体来说，感觉较好。工作半年以来，已经逐渐适应这里的工作环境、生活环境、学校管理，但还是会感觉理想和现实有冲突，工作不完全是当初所期待的样子，会有很多实际问题和困惑，尤其是不太赞成学校的教育理念，学校太看重考试成绩，一切事情都是为了提高成绩，所以对学生其他方面的发展不太重视，素质类的活动也比较少，并且对所有教师的考核或者其他评价标准都是成绩。另外，学校又不太重视对青年教师的培养，比如说，有一些培训的机会，我们新教师都是靠后的，培训机会都是优先提供给"有资历"的教师。在待遇上，与分科教师是没有区别的，工资就是算课时，除基本工资外，按照课时算工资，工作待遇和环境都有待改善吧！在学校最有价值感的时候是在与学生相处的课堂中，学生喜欢你和你的教学管理方法，比如课堂管理的口令制和一些加星奖励的方法，提高了学生学习的积极性，更好地规范了课堂秩序。总的来说，目前感觉比较迷茫，挺想考研后进一步提升自己的，希望成为更好的自己，不辜负最初自己选择的职业。

过分看重学生考试成绩，导致学校无法全面客观地评价教师的综合水平，造成家长片面理解和评价教师的水平，成为潘MAL面临的重要困惑。从现实来看，过分看重成绩会影响学生的全面发展。就学校而言，过分看重成绩，就会在所谓的主科上投入大量时间，从而忽略其他方面的发展。通过访谈可以发现，潘MAL在工作环境、生活环境、学校管理方面有一定程度的不适应，工作中也面临一些实际困难，对学校管理理念和对青年教师的培养力度也有一定的看法，对于工作待遇抱有改善的期望，专业发展规划也有待明晰，但是对工作价值感和期待感较强。

（五）小学全科教师职业认同感调查

> 访谈者：你认为什么样的教师是农村需要的小学全科教师呢？成为优秀的小学全科教师应该具备哪些条件？你对小学全科教师的专业发展前景怎么看？
>
> 潘MAL：我认为就是多才多艺吧！然后，能够对一些知识进行融合。优秀的小学全科教师，应该就是教学能力和师生关系这两方面表现得好的，应该是能够跟学生和谐相处，并且能够激发学生的学习兴趣，让他们感觉到自己是学到了一些东西的，会觉得这是多姿多彩的童年。工作了半年，我感觉全科教师还是在开展分科教学，与分科教师没有什么区别，应该是政策贯彻到农村学校还需要一定的时间吧，不过我相信将来一定会越来越有前景的。

结合上述潘MAL对于全科教师的认识和全科教师与其他教师的区别的回答，全科教师并没有因为是"全科"而区别于其他教师，教学任务、工作待遇等都是一样。小学全科教师没有因为身份的重构而被同行视为有显著的不同，也没有因此获得特别的待遇。同时，我们了解到了潘 MAL 在这半年工作期间的适应情况，她的优秀表现和所遇到的困难也具有一定的代表性，真实地反映出了首届全科教师职业现状的诸多信息。潘 MAL 身兼多职，担任语文、体育等学科教学工作，从一定程度上反映了全科教师具备多学科教学的优势。

二、没有爱的育人就是害人——访谈重庆市 PBS 县 SBL 中心校小学全科教师董 BJ

（一）背景介绍

SBL 乡位于 PBS 与 GBZ 的交界处，截止到 2018 年 6 月，有 3 个村，共有 5300 余人，SBL 中心校就坐落在 SBL 乡场镇。学校始建于 1951 年，建校 60 多年，目前辖 1 所中心校，1 所村级小学，是一所六年制义务教育学校。学校共有 6 个教学班，1 所幼儿园，村小共有 2 个教学班，1 个幼儿班，全校共有学生 100 多人，在职教工 21 人，其中，小学教师 18 人，具有专科及以上学历的教师 18 人。学校占地面积 7145 平方米，校园绿化面积 3000 平方米，校舍建筑面积 2295 平方米（学生公寓 1000 平方米），目前有教学楼 1 栋，学生公寓 1 栋，标准篮球场 1 个，羽毛球场 1 个，同时建有实验室和先进的现代化多媒体教室、语音室、校园广播系统，学生计算机数量为 21 台，实现了"三机一幕"进课堂。学校以"实施小学义务教育，促进基础教育发展，为学区内学龄儿童提供充分、均衡、优质的教育"为办学宗旨，以"百善孝当先"为核心理念，以"孝敬造福，勤劳致富，诚信立德，好学必胜"为学校精神，以"端正办学思想，培养孝心少年，立足素质教育，创办特色学校，争取一流质量"为办学目标，以"忠孝为本、立德树人"为校训，以"尊老爱幼、诚信文明"为校风，以"爱生敬业，垂范孝德"为教风，以"孝亲尊师，勤学感恩"为学风。

（二）小学全科教师专业技能在教学中的体现

无论是对小学全科教师还是对其他教师而言，教师的专业技能都是教师自身和社会非常重视的一项基本素养。因此，访谈者在这一部分设置了占全部访谈提纲 40%比例的问题，以便从教学内容、课堂管理等方面了解第一届任职的小学全科教师在专业技能方面的现状。

访谈者：你感到能够胜任全科教师工作的程度有多大？

董BJ：因为我们毕业后被分在比较偏远的农村小学，所以教学压力并不是很大，只是说在跨学科方面任务比较重，如果说给自己的教学工作评分，90分左右吧。

从评分来看，董BJ对自己的评价还是比较高的。我们接下来对一系列问题进行了交流，希望了解其更多教学方面的工作细节。

访谈者：那你觉得自己能高质量地完成备课、教学和辅导吗？有没有遇到什么困难？

董BJ：高质量确实还达不到，自己各方面的能力都需要再磨炼几年，目前也就基本能够按照流程完成。在教学过程中，我遇到的比较棘手的问题是刚到学校就被安排接六年级的语文课。这个班学生的基础很差，学习风气和习惯都不是很好，恰好明年就要考试，感觉拿不出特别有效的办法去帮助他们提升成绩。虽然学校这边会通过培训等方式帮助我获得一些关于高年级、基础差的班级教学的经验，但还是会面临处理具体问题时经验不足的困扰，要彻底解决这个问题，还得多听课，听老教师的课，然后就是多去看一些优质的教学案例，还有就是认真参与教师进修，参加学校每月给新教师开展的定期培训，最后自己琢磨，然后进行实践练习。

访谈者：你是侧重文科方向还是理科方向的小学全科教师？能上数学、语文和音乐、体育、美术等艺术课吗？目前承担的课程是否会让你感到教学负担过重或者有压力呢？

董BJ：我是理科方向的。我上一年级、二年级的体育和书法，六年级的语文、实践、科技，跨了一年级、二年级、六年级，虽然跨了学科和年级，但感觉压力其实并没有想象的大。虽然我是偏理科方向的，但是也在上文科类的课程，如语文，还有音乐、体育、美术的基础教学，基本还是能够胜任的。

访谈者：在课堂管理中维持课堂纪律困难吗？什么方式比较有效呢？

董 BJ：整体来说，还不算太困难。这也得看班级情况吧，比如，六年级的课堂纪律一般比较好规范，但是一年级的学生相对就会调皮很多，注意力集中时间会比较短，特别容易走神，这就需要教师运用合理的方法去规范，比如，恰当的教学语言、合适的肢体语言表达，最重要的是要有有趣的教学方法，调动学生的兴趣和主动性，这样他们就会在教师的引导下，将注意力投入学习之中。这个过程需要教师不断思考和学习，在教学实践中反复琢磨，以应对实践中更多复杂的挑战。

看来，董 BJ 之所以觉得课堂纪律很好规范，是相信自己能够吸引学生的注意。董 BJ 对自己半年的执教生涯比较自信，认为自己能够平衡好工作量，目前的工作压力主要来源于所接的小升初班级学生基础太差。他在课堂管理方面也有自己的见解，认为教师教育的趣味性是维持课堂纪律的有效途径。

访谈者：你经常开展教学反思吗？会采用什么方式提高教学水平呢？

董 BJ：我经常开展教学反思。因为学校会将班级学生小升初考试成绩作为我的教学业绩主要考核指标，这是一部分的原因，还有就是因为自己刚到岗任教，很多事情也都是没有经历过的，经历过后就要去反思怎样更好地解决这个问题。我通常是通过观察学生的变化来反思，观察学生的学习习惯是否变好、学习兴趣是否更浓、学习成绩是否提升。如果通过采用自己的方法后，学生的上述情况没有得到改变，那就得找到问题再突破，思考要不要换一种方式；如果学生得到改变，证明这种方法有一定效果，那还得继续坚持。为了提高教学水平，还得多向有经验的教师请教，如果有机会，要主动去参加赛课，这一过程无论是对自己的心理素质还是教学相关准备工作来说，帮助都会很大。

访谈者：那你认为目前自己哪些方面的能力最需要提升？

董 BJ：还是教学能力吧！因为没有太多教学经验，刚刚来接六年级，压力还是比较大的，不知如何应对。当然，之前学校的一些理论知识也是有参考价值的，应该把握机会，引入一些先进的理念和方法，并将其运用到教学或者课堂教学管理中。

（三）小学全科教师人际关系的应对

访谈者：你与学生、同事的关系如何？自己的表现是否符合领导的期待、家长的期望？

董BJ：跟学生之间可能更多像是朋友吧，说朋友也不是很正确，就是相互促进的那种关系，我帮助他们，他们也能帮助我。良好的师生关系能够拉近与学生之间的距离，也利于班级管理。我比较喜欢，也可以说比较擅长沟通吧，还经常找那些调皮的孩子谈话。现在的小朋友都很懂事，你只要用心对待他们，他们能够感受到你的语言和态度中的真诚，尊重并认可他们，他们就会和你讲真心话，把你当知心人。与人相处，真诚是最重要的，与身边的同事相处也是一样。我们学校就我一名全科教师，大家并没有因为我是全科教师而孤立或者排斥我。遇到问题，我会虚心请教，平时乐于助人，有利于建立良好的人际关系，其实我们学校教师之间的关系非常融洽，大家更多的是讨论如何做好工作。当然，学校领导对我们全科教师的期望还是比较高的，觉得我们比较全能，各方面都还可以，不管是教学还是工作，这学期我所带班级和所做的工作都有明显的提升，应该还是没有辜负领导的期望吧，至少我了解到的是这样的。

正如董BJ所言，在教学中擅长运用正面评价的方式，用爱和鼓励对待自己的学生，就能收获学生对自己的爱，在工作中用真诚待人，就能收获良好的人际关系。

访谈者：你与家长沟通的方式有哪些？沟通顺畅吗？

董BJ：家长会、家访，还有电话等都在用。整体来说还是比较顺畅的，因为我还没有遇到那种不讲理的家长，觉得家长还是比较尊重教师的。但也遇到过阻碍，可能就是农村家长大多存在一种错误观念，认为把孩子送到学校来，后面就全是学校和教师的事情，特别不重视对孩子的家庭教育，沟通后还很难很快见到效果，有点儿讲不通道理，思想观念还是比较落后。但是，如果家校沟通顺畅，对教育学生的作用肯定大得多。作为教师，我们都知道，学校教育其实只是孩子教育的一部分，家庭教育对孩子的成长起着关键作用。学生在学校一学期养成的良好习惯，可能假期在家两个月就被影响回来了。比如，不乱丢垃圾，很简单的一个文明习惯，对于小学生来说，有可能在学校他知道不能乱丢垃圾，但是回到家之后，如果看到家长随手丢垃圾，不自觉地就会跟着乱丢。这样的情况，就算和家长沟通说明道理，也不是所有家长都能配合教师。如果家长能够配合并听取教师的意见，那么这个学生的好习惯就会一直保持下去。

访谈者：当你的教学方法受到质疑时，你会怎么做？

董BJ：受到质疑，首先得要看是故意来诋毁你，还是真心地给你提建议，其实对于这种情况，教师自己是可以分辨出来的。如果他是来诋毁你的话，你可以不用去管他，你按照自己的教学方式来做就行，而且你自己心里也有个底，到底这种方法对不对，学生的成绩有没有提升，有没有得到学生的肯定，学生对你的评价才是关键。如果是真的有问题，那就要自我反省、立刻改正了。

通过董BJ的回答，可以看出其在人际关系处理上秉承着"真诚待人"的原则。虽然对自己的人际沟通与协作整体满意，但在家校沟通上，由于家长教育理念的偏差，忽视了家庭教育，也给董BJ带来了一些困扰。这种现象在农村留守儿童家庭也是较为普遍的。

（四）小学全科教师岗位心理适应度调查

访谈者：你觉得适应这里的工作环境吗？对工作待遇满意吗？是否在工作中体会到了价值感和成就感呢？有信心规划今后的职业生涯吗？

董BJ：我觉得自工作以来，还是很开心的，也很得心应手，并没有什么不适应。因为从大一开始，学校就给我们提供很多校外见习的机会，还有半学期的实习，这对我们的帮助还是很大的。现在的工作基本上是我期待的样子，但现实与期望可能也还是有一点点冲突或差距。整体比较赞同学校的教育管理理念，但毕竟农村小学条件比较艰苦、理念有些落后，其他领导或者教师有时候会不重视一些问题。不过，这学期的改变还是比较大的，因为我也去提了一些建议，包括他们不太注重小学生佩戴红领巾、上课期间关校门禁止外出等管理上的问题，现在都得到了较大的改善。其实，我还是比较满意现在的工作环境和待遇的，因为同事之间的关系比较融洽，领导也比较平易近人，尤其重视对青年教师的培养，我们能够得到很多培训和锻炼机会。在这个环境中，我为自己成为一名小学全科教师而感到自豪，庆幸当初自己的选择是对的。虽然现在我带的班级语文成绩确实比较差，但通过这学期我与学生的共同努力，我们都看到了明显的提升，并且帮助他们改掉了许多学习、日常行为上的不良习惯，得到了大家的认可。今后我也想要把自己的教学能力再提上去一些，把一些先进的理念贯彻到教学与管理工作中，先做好教学工作，再兼顾行政工作，好好制定职业规划。

在心理适应方面，董BJ老师表现出想要改变现状的斗志，并且对自己的工作有比较合理的规划，明白自己在什么时候该做什么样的事情。虽然理想与现实有一点冲突，但是董BJ老师对未来还是充满信心的。

（五）小学全科教师职业认同感调查

访谈者：你认为什么样的教师是农村小学全科教师呢？成为优秀的教师应该具备哪些条件？你对专业发展前景怎么看？

董BJ：用他们的话说就是下得去、留得住、干得好，能够解决师资短缺问题。要成为优秀的教师，首先要爱自己的学生，能够很好地完成自己的教学工作，得到学生、同事及领导的认可。其次，我觉得要有自己的思想和看法，不断努力地提升自己，形成自己独特的教学方法，这样教学效果才会好。以后的发展趋势是偏向于融合课堂，打破学科界限，融入各学科的元素进行教学，所以全科教师或许还有一段路要走，但是这条路一定是光明的。

访谈者：工作半年，你是否感到了全课教师与分科教师的区别？

董BJ：其实，自己工作半年以来，还是能够感觉到一些与分科教师的区别的。比如，分科教师同时教语文和数学的难度可能会比较大，如果再加上体育，可能就更吃不消甚至不知道怎么教了，但我们全科教师就可以更容易胜任一些。

这次访谈中，董BJ的话虽不多，但从其回答的字里行间也能看出，作为一名全科教师，他有自己的思考，对自己的职业很认同，但也不是盲目地自信。在最开始，董 BJ 回答问题较为随性，但随着访谈的深入，访谈者越来越能感受到董 BJ 表现出的教师责任感，以及作为小学全科教师的使命感。

三、让我们一起播下梦想的种子——访谈重庆市 FGJ 县 SCT 小学全科教师王 MCT

（一）背景介绍

SCT 小学位于 FGJ 县 CCT 镇，距离城区大约半小时车程。SCT 小学始建于 1950 年，开始名为 GCX 村小，1963 年改名为中心校。该地海拔在 400 米左右，占地面积 5580 平方米，校舍面积 2359 平方米。2018 年 2 月，有教职工 37 人，县级骨干教师 2 人，中级以上职称的教师比例达 32%。共有 24 个教学班，在校学生 500 人。近年来，学校硬件设施得到了长足的发展，文化走廊等建设新颖独特，绿化带建设别有洞天。学校践行"以德立校，全面育人"的办学理念，以"学真、明礼、健体、尚美"为校训，以"潜心从教，大爱育人"为教风。

（二）小学全科教师专业技能在教学中的体现

访谈者：请问你感觉自己胜任小学全科教师工作的程度如何？

王 MCT：我大概给自己打 80 分吧，打 80 分，因为我之前有一些实习经历。

访谈者注意到当王 MCT 说到给自己打 80 分的时候，不确定地重复了两遍，同时又补充说明了自己有实习经验。为了进一步了解王 MCT 的情况，访谈者决定先从询问王 MCT 的教学工作开始本次的访谈。

访谈者：那你觉得自己能高质量地完成备课、教学和辅导吗？有没有遇到什么困难？

王 MCT：教学谈不上高质量，基本合格吧。但在备课方面，我觉得有些力不从心，要借助一些备课教材，或者是在网上搜罗一些课程资源，自己把握不好教学重难点，我觉得目前课后辅导做得更好。目前，感觉最大的困难就是不知道怎么有效帮助学习较差的学生提高学习成绩。对于这一类型的学生，我现在采用课后小辅导的形式，放学之后对他们进行单独辅导。他们这个阶段无法掌握现在所学的两位数加减法的竖式，因为他们连几加几这样的个位数的加减法都弄不明白，所以得先教他们数小棒，学会个位数加减法，但是感觉他们理解起来还是有一些困难。而且现在村小大部分都是隔代抚养，爷爷、奶奶基本只照顾孩子的生活，不会指导他们学习，所以家庭作业完成起来很困难，也不会在家学习看书，基本上都是靠教师在学校教他们。了解这种情况后，我每个月会在家长微信群里安排一些任务，比如，最开始学加减法的时候，就让家长每天带孩子至少完成十道口算题。但是有些爷爷、奶奶说不会，然后我就在群里面发一些题，让他们监督学生在家做，这样总有一点点进步吧！后面学乘法口诀的时候，又让家长在家辅导他们背诵之类的，通过在微信群监督和督促，希望他们在家也能养成好的学习习惯。

访谈者：你是侧重文科方向还是理科方向的小学全科教师？能上数学、语文以及音乐、体育、美术等艺术课吗？目前，承担的课程是否会让你感到教学负担过重或者有压力呢？

王 MCT：理科方向的。除了语文之外，其他的应该都可以上的，包括音乐、体育、美术等基础类课程。目前，我是任职教师，暂时没有担任班主任，主要教授二年级数学、四年级科学以及六年级英语。正常情况下，一般每周是 16 个课时，基本能够承受这种多学科的教学任务，不过还是有一点压力。

王 MCT 遇到的这一情况可以说是大多数农村新手教师都会遇到的问题。在教学过程中，她发现农村小学学生大多是留守儿童，家庭情况特殊，没有父母在身边监督学习，学生的学习基础较差，没有养成良好的学习习惯。因此，她首先通过在校的课后辅导帮助学生正确掌握所学内容，然后联络家长在家通过练习的方法帮助孩子巩固学习内容，帮助孩子取得进步。

访谈者：你经常开展教学反思吗？会采用什么方式提高教学水平呢？

王 MCT：一般都是通过写教案，每次上完一节新课之后都会反思一下，重新修改或者完善相应的环节。首先，就我个人感觉，需要多听那些有丰富教学经验的长辈们的课，不断改进和提升自己的学科能力以及教育水平，保持平常心。同时，还必须要注意树立自己的威信，与学生保持亦师亦友的关系，尤其是在课堂上要讲原则和规矩，否则他们会过于顽皮，不认真听课，课后当然也应该多跟他们沟通，参与他们的活动。

作为新手教师，王 MCT 谈到主要是通过听课来改进自己的教学，提升教学水平，同时，她特别注意与学生保持恰当的距离。无法维持课堂纪律，影响正常的教学工作，这或许也是很多新教师面临的一个棘手问题。为此，访谈者进一步询问了王 MCT 在课堂管理上所遇到的困难。

访谈者：在课堂管理中维持课堂纪律困难吗？哪种方式比较有效？

王 MCT：还不算太困难，他们虽然有时候比较调皮，但总的来说还是听我的。因为这是小学低龄段，他们可能对口令比较敏感，比如，我说 123，他们就会马上回答说坐好了，然后顺带动作也做好了，所以我说什么小嘴巴，然后他们就会自觉地说"闭闭好"。还可以采用一些奖惩措施，因为处于低段的小学生对教师的奖励或者是鼓励更为看重，而口令这方面就类似于条件反射，就是学生嘴上说的什么，然后就跟着做出来了，这两种方法都比较有效。

访谈者：那你认为目前自己哪些方面最需要提升呢？

王 MCT：专业能力吧，包括专业理论和教学能力，之前学校所学的一些理论课程很重要，尤其是心理学，能帮助我们了解学生的心理。其次还得提升教学能力，说课、讲课等各方面的技能都需要加强。

访谈者：你自己评价目前的专业发展状态如何？是从容，还是想要改变？是感到满足，还是想要更多的挑战？

王 MCT：还想多学一点东西吧，还不是很满足，因为我觉得欠缺的东西太多了。

（三）小学全科教师人际关系的应对

访谈者：你与学生、同事的关系如何？自己的表现是否符合领导的期待、家长的期望呢？

王 MCT：我觉得与学生应该是一种亦师亦友的关系，要严格但不能只让学生感到害怕，还得让学生愿意找你倾诉、愿意听你讲课。建立这种关系有一点点困难，因为平时自己比较活泼，他们也比较喜欢我，有什么也会经常跟我交流，就可能对他们没有特别严厉，但是严厉起来的话，就感觉他们又特别怕我，所以我还没完全掌握这个度，还需要进一步探索。与同事的相处还比较顺利，我感觉这些教师都很愿意帮助我，因为我也是晚辈嘛，遇到困难虚心请教的时候，他们都会帮助我，很耐心地给我讲解。在领导眼中，或许觉得我暂时还不能达到他们的要求，领导期望的是先能带好学生，最好是能树立威信，目前我还没有太高的威信，不过我正在努力。

在访谈过程中，访谈者了解到王 MCT 具有活泼开朗的个性，也乐于跟学生沟通，因此学生也喜欢跟王 MCT 交流，但她也因把握不好严与爱的度而感到困惑。那她与学生家长之间的沟通如何呢？为了解开这一疑惑，访谈者进行了进一步的询问。

访谈者：你与家长的沟通顺利吗？你认为这对教育学生的作用大吗？能不能举个例子？

王 MCT：与家长的沟通主要通过三方面，首先是直接打电话沟通，其次就是发微信或信息，最后就是直接当面交流。因为周围很多学生都住得挺近，家长接送时可以当面交流。我认为教师与家长的沟通对学生的影响很大。嗯，比如，我们班一个小男孩比较调皮，上课间隙自己做自己的，甚至有一次当众顶撞我，我比较生气，但是后面仔细想想，肯定有些原因，于是我想了一些办法，但也只有一些小的改善。后来，我就直接跟家长说明情况，问清楚学生在家的表现，希望家长多多了解学生在校的表现，同时要时常提醒学生遵守课堂纪律，但同时强调不能光是打骂，尽量正面进行鼓励教育，并随时相互沟通学生在家、在校的表现。通过一段时间的持续交流，这名学生的转变特别大，越来越喜欢上数学课，根本不用我再费劲强调纪律，成绩在班上大概是前五名。

访谈者：当你的教学方法受到质疑时，你会怎么做？

王 MCT：最开始第一个月的时候就有一次，因为我刚接手这个班，这个班的学生学习习惯不是很好，尤其是每天作业发下来之后不愿意改错。有一次我就非常生气，把他们全部留在教室，要求改完错再走，并告知家长让他们在校门口等候。当时有一位家长来接孩子，看到我把学生留下了，就对我提出质疑，他说平时上课你为什么不能完成任务？大概是这个意思，就说明你教学质量不到位，应该好好教孩子，而不是在课后占用时间。后来，我就与这位家长沟通了一下，他解释说当时看见我太严厉了，对学生比较凶，建议我应该温柔一点，相互沟通后也就消除了误会。

正如王 MCT 所说，这位家长是为孩子着想，自己也是为孩子着想，但是双方还是产生了摩擦，由此可见，家长和教师之间的沟通十分重要，是消除误会、加强协作的重要路径。

（四）小学全科教师岗位心理适应度调查

访谈者：你对这里的工作环境、工作待遇满意吗？是否在工作中体会到了价值感和成就感呢？有信心规划今后的职业生涯吗？

王 MCT：总体来说，工作以来都还比较适应，生活方面除了住宿条件，最麻烦的就是交通不方便。因为回家路途远，又没有班车，就只能是自己开车或者坐非法营运的车辆，来回油费、过路费较高，还不太安全。工资待遇方面有一点儿小失望，有些入不敷出的感觉。抛开待遇，我对自己是一名小学全科教师还是感到很自豪的。虽然一开始因为政策原因选择这个专业，但是在接触了这个专业之后，就觉得自己的专业特别厉害，我为我是一个"全科人"而感到骄傲。尤其是在学校教学方面，很多学科的课程我都能够胜任，但是其他分科教师就只能上自己所学专业的课程。目前，在工作中体会到了一些成就感，比如说，在课堂教学中，我常使用口令制和星星奖励制度，帮助学生提高对数学学习的积极性，学生不再觉得上数学课是一件头疼枯燥的事情。但在教学方面，理想状态和现实状态还是有差距的，或许我自己觉得这节课已经讲得非常细致认真了，上课纪律也很严格，但是还是有那么一些少数的学生掌握不了，这让我很头疼，也想找一些方法来补救，有机会参加培训就会去请教专家。但是学校的教学交流不是特别顺畅，虽然很多教师都要集中起来听公开课，但是听完就算完了，没有相互学习、评价、讨论、思考、反馈并最终有提升，因此也没有达到公开课的最终目的，收获不是很大，主要还是得靠自己自觉去学习，主动去请教。

因为学生的个体差异，对知识的掌握程度往往差异较大，这就需要教师因人而异采用不同的教学方法，帮助学生掌握知识。王 MCT 从多方面谈到目前教学中取得的一些成就和不尽如人意的地方，从主客观两方面找了原因，指出一些问题所在，希望主动学习请教，提升自己的能力。可以看出，她对待自己的职业和工作有着专注和热情的投入。那么，她是如何规划自己的职业生涯的呢？

访谈者：你是如何规划自己今后的职业生涯的呢？

王 MCT：目前，我在中心校分校，我想在服务期内做好本职教学工作。工作三年之后，尽量地考进城区学校，提升各方面的水平，做一名更优秀的小学全科教师。

（五）小学全科教师职业认同感调查

访谈者：你认为什么样的教师是农村需要的小学全科教师呢？成为优秀的小学全科教师，应该具备哪些条件？

王 MCT：或许在别人看来，觉得我们的专业特别好，毕业包分配，有全科教师的优势。我觉得真正的农村小学全科教师就是像村小那种教师，一个人可以完全带好整个班级，什么学科都教，但是我觉得这样比较累。全科应该不是单纯的分科教学的叠加，而是能够将全科理念融入学科教学中，这就需要有非常强的专业素养。首先是知识广博，各门学科都懂都会，其次是要能够运用全科理念，融会贯通各门学科，这才是真正的全科教师应该做的。同时，就是要和学生保持亦师亦友的关系吧，不能太亲近，但是也不用太严厉，学生也愿意来和你交流。最后在教师技能方面要足够强，可以展示各方面的才能，参加各类教学比赛。

访谈者：你认为小学全科教育这个专业的发展前景怎么样？

王 MCT：我觉得发展前景还挺好的。因为现在农村学校特别缺少这种教师，加上农村小学学生也比较少，什么课程都缺教师，假如有一名全科教师，就可以解决很多问题。因为什么都可以教，会的比较多，这也应该是今后农村教育发展的方向吧！

王 MCT 谈到了自己对全科教师的理解，对自己的全科教学工作较有信心，实际上也表明了自己的职业认同感以及不断追求进步和学习的心态。在面对自己目前教学经验欠缺等不足时，其也呈现出一种积极应对的乐观态度。

四、学生想"上去"，教师就得"下去"——访谈重庆市 FGD 县 XDL 镇中小学校全科教师严 DX

（一）背景介绍

XDL 镇中小学校位于县城北岸的边陲，坐拥长江水，环绕曲溪河。学校始建于 20 世纪 50 年代，历经半个多世纪的风雨，几迁校址，数易校名，于 2017 年初定名为 XDL 镇中小学，校区含两所学校——XDL 镇中心小学校、XDL 镇初级中学校，两所学校共用操场等公共场所和设施。至 2018 年 5 月，学校占地面积约 16 000 平方米，校舍面积约 9500 平方米，功能教室齐全，设施设备完善。学校运动场有 200 米环形跑道 3 条，100 米直道 3 条，篮球场 2 个，羽毛球场 1 个，排球场 1 个，教学用小型足球场 1 个，投掷场地 1 块，单双杠攀爬器等体育设备齐全。该校现有教学楼 2 栋，学生宿舍楼 1 栋，信息技术室 1 间，共 51 台计算机。2018 年 5 月，该校有教师 29 人，学生 580 人，共 12 个班。藏书室面积 30 多平方米，现藏书 1 万余册。学校的办学理念是"乐学、乐教、乐生活"，意即学生快乐学习，教师快乐施教，师生快乐生活；管理理念是"民主、法治"；校训是"上善若水，至臻尚美"，寓意是学习美好善良的思想，以此感化更多的人，若人存善念则世界安好；校风是"尚美、书香、人文"，意即学习美好的传统文化和美德，让书香充满校园，达到人与自然和谐统一；教风是"尚教、善教、勤教"，要求教师爱上教育、善于教育，也要勤于教育；学风是"尚学、会学、博学"，要求学生爱上学习，会学习，更要博学多才。

（二）小学全科教师专业技能在教学中的体现

访谈者：你感到自己能够胜任小学全科教师工作的程度有多大？

严 DX：根据我们所学专业和实践经验来看，在小学里面担任基本的教学工作是没多大问题的，大概给自己打 85 分左右吧！

谈到这个问题，严 DX 的回答较为自信。访谈者沿着这样的答案，询问了严 DX 是否能高质量地完成备课、教学和辅导，有没有遇到什么困难。

严 DX：基本可以较高质量地完成，我现在没有当班主任，是三年级的语文教师。最开始接手这个班的时候，跟上一任科任教师交流，了解了班上学生的知识水平，通过跟班主任交流，很大程度上了解了学生的基本学习情况，通过自己平时教学以及课余观察，了解了学生更多的信息。目前，遇到的最大困难就在于学生的基础素质和本身的知识储备不够，不知道自己应该如何将知识更好地运用到教学之中，提升孩子们的学习效果。因为我之前在城区的一所小学实习，现在到乡镇上的小学之后，发现孩子们的差距很大。城市里面的孩子本身接触的东西很多，所以上课的时候，你只要稍微加以提点，他们很快就能够明白。但是对于农村孩子而言，教师说的很多东西，大部分孩子都不知道，所以需要花更多时间去引导他们，使其养成自主、主动学习的好习惯，扩大知识面，提高领悟能力。我也采取了一些办法，比如，在寒假作业的布置上，会根据每一个孩子不同的阅读水平，给他们布置一些课外书，让他们自己回去之后阅读。

严 DX 谈到，因为班主任和其他科任教师本来就教这些孩子，对孩子们各方面的情况比较了解，所以先与他们交流，了解学生的大概情况。但她也担心他们可能对那些成绩不是特别好的学困生有一定的成见，为了抛开对学生情况的预设，她自己会通过一个学期的观察，对学生进行一个信息汇总统计，以便有针对性地进行教学和培养。说到这里，可以看出农村的孩子相对于城区的孩子来说，在知识的广度和深度、领悟能力方面还有所不足，而这种不足更多还需依靠教师的努力和付出去弥补。

访谈者：你是侧重文科方向还是理科方向的小学全科教师？能上数学、语文和音乐、体育和美术等艺术课吗？目前承担的课程是否会让你感到教学负担过重或者有压力呢？

严 DX：我是文科方向的，现在教了语文、音乐，但是也能够胜任其他课程，比如，体育和美术甚至数学课，因为这些基本在学校都学习过，在实习阶段也练习过，所以不会感到有太大压力。语文是主科课程，会有一定的压力，但音乐课就不一样了，它更注重于培养学生的音乐素养，所以在上音乐课的时候，教师本身精神上也会很放松。在语文和音乐、主科和副科之间，教师其实也能得到调剂。

访谈者：你经常开展教学反思吗？会采用什么方式提高教学水平呢？

严DX：肯定会有教学反思。因为我所在的学校，每一个年级差不多就是两个班，每个单元考试完了之后，我就会和另一个班的语文教师一起看看我们两个班的成绩，分析问题出在哪里，然后针对这些问题再对学生进行一些查漏补缺的辅导。通常我会跟有经验的教师交流教学上的困惑或问题，但是有些问题他们也没仔细研究过，我就更倾向于在网络上学习查找，提升理论水平，再尝试将其应用到教学中，来提高自己的教学水平。

访谈者：在课堂管理中维持课堂纪律困难吗？哪种方式比较有效？

严DX：其实我觉得年级越低，越好管理。因为刚开始工作没有太多经验，管理课堂纪律还是有一定的困难。三年级小学生的课堂管理还是比较简单，我经常用口令制，我说上句，学生说下句。因为我教的是语文学科，在古诗当中，我就会说出上句，学生听到之后就立刻把下句说出来，这样下来的话，整个班级纪律就很快地回到教师的掌控中来。但是面对小学高年级段的学生，因为他们自我意识较强，还是比较难管理的，需要思考用一些其他办法。

严DX的谈话表明，她更愿意从低年级开始自己的教学工作，而严DX所接手的是三年级的语文课程，属于小学中段，课堂纪律还算能够掌控，但是越到高年级，就需要教师思考，想出更多方法去应对。

访谈者：你目前的专业发展状态如何？是从容，还是想要改变？感到满足，还是想要更多的挑战？

严DX：目前正在努力拓展专业能力，想使自己的生活更加充实，去改变，接受更多挑战。

访谈者：你觉得自己哪方面的能力最需要提升？

严 DX：科研能力。从事科研工作，对教师自身而言，本来就是一个很大的提升。但我发现一个很普遍的现象，乡镇学校的教师根本不注重科研。我想找到解决这个问题的方法，可是根本没有这样的途径，一学期下来，根本就没有进行科研探讨的机会。

严 DX 的谈话让我们看到了农村小学全科教师在面对不同学科教学时较为自信的一面，这应该是源于其在本科阶段接受了较为全面的全科教育，这种专业技能使得其在面对多学科教学时，也能够处变不惊、坦然对待，并在教学中不断反思，寻求更有挑战的历练和改变。从严 DX 的访谈中，我们捕捉到一个重要的信息，那就是目前小学教育普遍存在的一种现象，即重教学、轻科研，严 DX 希望改变这种现状，通过自己的努力提升科研能力。

（三）小学全科教师人际关系的应对

访谈者：你与学生、同事的关系如何？自己的表现是否符合领导的期待、家长的期望呢？

严 DX：我和学生之间是一种亦师亦友的关系，相处得很融洽，但是有时候又感觉不太善于和学生沟通。我觉得上课的时候，该严肃就得严肃，下课的时候轻松一点无所谓。与身边的教师，不管是全科教师还是分科教师相处得都比较融洽，遇到困惑或问题请教他们，他们平时都会给予帮助。学校领导没有明确表示对我们有怎样的期望，不过就我个人感觉，工作以来的表现还是能得到领导的肯定的。

我们从访谈中得知，严 DX 与学生和同事都保持着较为和谐的关系，也较为满意自己的工作表现，认为应该能够得到领导的认可。那么，其在与家长的沟通中，是否也同样顺利呢？

访谈者：你与家长的沟通顺畅吗？这对教育学生的作用大吗？

严 DX：还比较顺畅。平时和家长沟通，一般是打电话、发微信。但是也有一些困扰，观念上有一些分歧吧！很多家长认为把孩子送到学校来，就是学校的事，把一切责任归咎于学校，没有意识到家庭教育的重要性。刚接手我们班的时候，有个男孩非常聪明，语文能考 90 多分。过了两个月到期中的时候，我却发现这个男孩上课经常走神儿，非常不专心。我向他的班主任了解了一下情况，才知道他的父母离异了，只有外婆在家带他，成绩一落千丈，只能考到60多分，有时候甚至不及格。所以，我就给他的爸爸打电话沟通，通过爸爸在家跟他谈话，他主动向爸爸承认了没好好学习的错误，表示自己会认真学习，期末的时候成绩回升到80多分。从这个例子就可以看出，平时家长若不注意与孩子沟通，不关心孩子的学习，那么孩子可能自己也不会太自觉、主动。但是如果家长关注孩子的成长，关心孩子的学习，随时进行引导和监督，那么教师的教育和家长的教育就会产生合力，帮助孩子取得更大的进步。

  访谈者：当你的教学方法受到质疑时，你会怎么做？

  严DX：暂时没有遇到过。有时候在讨论的时候，也有一些教师会提出他们的疑惑，可是我觉得跟我们并没有特别大的关系。我觉得我的教育方法那是我自己的，别人怎么说，那是他的事情。

根据严DX的回答，她与其他教师和学生的沟通并没有什么问题，最大的问题就是与家长沟通有一些困难。部分农村家长认为孩子在学校就应该全权由教师管理，对家校合作育人并不重视，这一点也是目前严DX面临的最大困难。

（四）小学全科教师岗位心理适应度调查

  访谈者：你对这里的工作环境、工作待遇满意吗？是否在工作中体会到了价值感和成就感呢？有信心规划今后的职业生涯吗？

  严DX：整体来看，对工作环境还是满意的。毕竟现在在进行创新检查，目前乡镇上的教学环境还可以。但是对工作待遇不满意，其实我们本来7月份就已经到学校开始任教，可是由于我们这边人事局的原因，没有把我们编入事业单位，原本在7月到任教学校报到后就应该入编的，然后我们在9月份才能够按时进入编制。因为他们自己工作失误，导致我们进入编制的时间推迟到了11月份，也就是说前面三个月我们就相当于白上班，就只有工资，绩效和最后的年终考核，我们什么都没有，这和我们以后评职称也有很大关系。除了这些不尽如人意的地方，我在教学中还是蛮有成就感的。最直观的就是在学生考试之后，比如说有时候考好了，或者是有一些题目在教师看来出得很难，但是班上依然有学生能够做出来，这一点可以说是给我最大的安慰之一了。还有就是下课之后，有很多孩子会去提前看课表，看哪一节是我的课，在上课之前，他会跑到办公室来跟我聊天，聊完天之后，他就会帮我把书拿上去，我就觉得这一点还是让我感觉挺暖心的，这让我更有信心做好教学工作，为一步一步考进城区学校发展做好准备。

访谈者：这份工作是你所期待的样子吗？

严DX：不是。期待的工作环境应该再好一些，因为现在的工作地点离家稍微远了一点，而且周围的环境没有自己预期的那样好。以前会对教师工作有很多想象和期待，现在正式做教师后，才知道除了教学工作，还得应对各种创新检查。我就觉得教师有时候不能够一心一意地扑到教学上，检查的压力大于教学压力，我觉得有一些不理解，感觉有些检查工作也会耽误自己的教学工作。

访谈者：你当初选择这个专业的时候，是你自己自愿选择的呢，还是因为政策的原因？

严DX：是因为分数的原因。

访谈者：作为第一批小学全科教师，是否会为自己身为一名全科教师而感到自豪呢？

严DX：好像还并没有特别自豪骄傲的感觉。感觉和其他普通教师是一样的，只是每个人会的东西不一样而已，可能我会的东西比较多，但并没有什么本质的区别，我觉得并没有什么好骄傲的。

访谈者：你赞同学校的管理理念吗？

严DX：还好，不是特别赞同。因为乡镇上的学校会更加注重主科的教学，我们学校从下一学期开始就会取消对四、五、六年级的英语考核。我觉得每一个孩子都应该全面发展，如果小学都不学英语，等到了初中，到了其他学校的时候，可能会跟不上别人的进度，对孩子自身的发展是不利的。但最终我也没有提出我自己的观点。

访谈者：那你所在的学校是否重视青年教师的专业发展和培训呢？

严 DX：好像并没有太多培训。之前的"国培计划"，派了几名青年教师，因为去培训的地方都太偏僻了，老教师都不愿意去，而送教下乡的地方全部都是乡镇，又冷又偏。

严 DX 对于工作的感受就是想要尽职尽责地做好教书育人的工作，成就每一个孩子的人生。但工作当中不可避免会有不如意的地方，其对于教师工作还是存在自己的一些不理解，比如说，教师应对各种创新检查的压力大于教学压力，这也让严 DX 认识到了理想与现实的冲突。

（五）小学全科教师职业认同感调查

访谈者：你认为什么样的教师是农村需要的小学全科教师呢？成为优秀的小学全科教师应该具备哪些条件？

严 DX：我觉得农村小学全科教师最大的一个特点就在于，接受新鲜事物的能力比其他分科教师要强。因为我们毕竟对很多学科的知识都有一定的了解和掌握，所以学习起来比其他教师相对轻松很多。要成为优秀的小学全科教师，首先，教学质量和效果要体现在孩子的学习成绩上；其次，我觉得一名好教师的标准也应该体现在教师对这个学生自身个性发展的影响上面。

访谈者：你认为小学全科教师这个专业的发展前景怎么样？

严 DX：我很看好全科教师。现在重庆市也非常重视培养小学全科教师，不断在政策、培养等各环节完善相关制度、要求，我对这个专业发展充满期待。

严 DX 对自己的工作和薪酬待遇有些许的不满意，对教学环境的规划也较为清晰明确。在小学全科教师的专业发展方面，其明确给予了肯定和期望，对自身的发展也充满了信心。

（六）小学全科教师轶事记录

访谈者：工作半年，有没有发生什么印象特别深刻的事情，或者对你有重大影响的人，或者是让你印象特别深刻的学生，能不能像讲故事一样来讲述一下呢？

严DX：我们班上有一个男孩子，他的成绩属于中等偏下，但我对所有学生都是一视同仁，无论成绩好坏。那个孩子，在我印象当中并不是特别深刻。有一次上课的时候，我就发现这个孩子最近做作业字写得越来越乱，当时我没有去直接问他。后来，有一次下课后，我没有立刻离开教室，就在教室里面坐着批改他们的课堂作业，一边改作业，一边和学生聊天。聊着聊着，就有一个学生说他的同桌，就是我刚才提到的那个小男孩，最近很勤奋、很刻苦。其实我心里也在疑惑，他作业做成这个样子，怎么会是勤奋刻苦，我就问他为什么会这么说。这名学生说他最近每天放学之后都要在学校把家庭作业做完之后才回家，我就很诧异。后来我就把那个小男孩叫过来，问他为什么要每天下午放学后把作业做完之后才回家呢？他说，因为这样他就可以在学校待更长的时间，他并不想回到家里去。我听了觉得很奇怪，因为大部分小孩子的天性都是爱玩，更愿意一下课就抓紧时间跑回家去玩。虽然我很不解，可是我也没问他为什么。后来，我就打电话给他的家人，然后才知道他父母最近关系不是特别好。其实这种家庭问题，对于教师而言也不好问太多，我就直接问了一下大概情况。然后，我就去问我们班的班主任他们家到底发生了什么事，才知道他的父母快要离婚了，而且他的爸爸有暴力倾向，经常在家里打他和他的妈妈。我听了之后感触很深，家庭的环境对于孩子的影响真的是太大了。这也提醒我，作为教师不能够只是教学生学习，还应该关注学生的变化和异常举动，给予他们更多的关爱。

五、担当不能成为稀缺品——访谈重庆市 FGJ 县 XEL 镇 DEW 小学全科教师蒲 EN

（一）背景介绍

FGJ 县 XEL 镇位于渝鄂边界齐岳山山脉和巫山山脉的连接带上，位居重庆市东大门——雄峻奇观天坑地缝风景名胜区腹地。至 2018 年 5 月，全镇面积 347.23 平方千米，辖 20 个村，3 个居委会，总人口 5.46 万人。XEL 镇 DEW 小学就坐落在 XEL 镇场镇。XEL 二小始建于 2011 年，占地 22 119 平方米，学区现有学生 1223

人，教职工 74 名，是重庆市首批"乡村少年宫"学校。为顺应 XEL 镇旅游新城规划，政府投资 3000 万元将学校整体搬迁至旅游新城中心，新校区占地 26 亩，总建筑面积 1 万平方米，目前已经完成了一期工程，二期工程于 2018 年 4 月启动。学校拥有室内活动场所 17 间，其中图书阅览室 1 间、实验室 1 间、绘画室 3 间、书法室 1 间、英语室 1 间、唱歌室 3 间、手工制作室 3 间、中国象棋活动室 1 间、趣味数学教室 3 间；室外活动场所包括塑胶运动场 7000 平方米（含标准 200 米跑道、篮球场 3 块、排球场 1 块、羽毛球场 1 块），乒乓球台 10 张，同时建有多媒体教室、校园广播系统，学生计算机数量为 80 台，实现了"三机一幕"进课堂。近年来，学校围绕"为学生健康成长奠基，为教师持续发展铺路"这一目标，以"重言传，强身教，严于律己；学知识，修品德，宽以待人"为育人导向。

（二）小学全科教师专业技能在教学中的体现

访谈者：请问你感到能胜任小学全科教师的工作吗？

蒲 EN：我觉得在学校学得很扎实，完全可以胜任。

对于从事教师职业的人来说，教师的专业技能是教师自身必须具备的基本素养。因此，听到蒲 EN 自信的回答，访谈者从教师的基本工作着手展开了本次访谈，希望能够追溯蒲 EN 如此自信的原因。

访谈者：工作半年，你觉得自己能高质量地完成备课、教学和辅导吗？有没有遇到什么困难？

蒲 EN：其实最开始的时候还是有一点点问题。但是经过几年在学校的学习，加上入职新教师的培训，方向就比较明确了。在前半学期就是觉得自己的备课和学生的需求有一点差距。但是在后期通过自己逐步总结，加上与有经验的教师沟通，向其请教，基本上能够抓住重难点，也知道学生对哪些地方不是特别清楚，所以后半学期感觉自己在这方面做得比较好。目前，我主要是教五年级数学，除此以外，学校会安排教一些其他科目，比如，美术、科学、少年宫活动。对于美术课教学，用在校所学的去教一些基础美术知识应该没有太大问题，但是后来我发现要按照美术书上面的去教就很难了，因为美术、科学在学校也会被纳入年度考核，要求考试。在最开始上课的时候，我的理解有一些误区，就觉得美术教学教会孩子画好画就可以，不太注重培养他们学会欣赏和感受美的意识。所以，在这方面，我觉得可能最开始自己的一些认识还是没有完全到位，还是要多交流、多学。教美术真不是像自己想象的那么简单。其实，现在领导或同事都认为全科教师就是什么都会教，可能会像农村小学那样把所有课程都包给你上，让我感觉有些尴尬，因为全科教师与各专业的专科教师还是有差距的。给我们一门不同的课程，我们也需要准备，只不过可能会比普通的分科教师掌握得更快一些而已。

谈到这里，蒲 EN 对教学问题的回答十分详尽。她谈到自己对于教学工作花了很多的心思，而教学更多是以学生为中心，有些时候会觉得领导或同事对全科教师的期望过大。同时，蒲 EN 提到了，自己作为新教师在各个方面得到了很多帮助。那对于课堂管理又是怎样的呢？访谈者提出了一个新的问题。

访谈者：在课堂管理中维持课堂纪律困难吗？哪种方式比较有效？

蒲 EN：现在我是班主任，在前期的班级管理中就遇到了特别多的问题。因为我最开始接手的是一个五年级的班级，而且我们这个班比较特殊，班上有一些学习特别吃力的学生，部分小孩的学习习惯不太好，所以在前半学期也遇到了特别多的挑战。就拿一个最简单的吃饭问题来说，那些小孩子一到吃饭时间就特别的兴奋，然后一直不停地讲话，但是你所想的就是要让教室里面保持安静，然后依次排队打饭。如果你说话语气不好，他不会听你的，反而会特别生气，把碗一翻，说"我不吃饭了"，等等，这会让你比较着急。但是后面跟他们接触多了以后，也能理解，现在的小朋友跟我们那个时候是不一样的，更需要我们去了解他们，讨论共同的话题，这样才能建立一种比较融洽的关系，这时候再去改变他的一些不良行为习惯，就比较容易。在这个过程中，教师必须要想很多办法，让他们对你的教学感兴趣，比如说，可以建立积分制。很多教师都会采用对学生进行奖励的方法，比如说，考试考得好就给他奖励，但是我想我们班上的情况肯定不行，考试考得好的永远都是那几名学生。如果根据这个来奖励的话，那些调皮捣蛋的孩子还是觉得这个跟自己没有什么关系，所以我想到的办法就是采用积分制，其他方面表现好也可以积分。比如说，你今天上课听讲被教师表扬一次，你自己举手回答问题，就算是说错了，也可以加一颗星，累积到几颗，可以来兑换一次礼物，或者说来抽一次奖，然后用各种各样的方法激发他们的兴趣。在这个过程中，他们觉得教师会用心为他们准备礼物，他就愿意和你沟通交流，然后说他们家最近发生了什么事情，他爸爸今天为什么打了他，你才可能会了解到更多有关于其生活状态和最近的表现。维持课堂纪律要根据课堂情况，当然在最开始的时候，我觉得还是有一定难度的，因为教师上课上得好是一方面，但要让孩子学得好的话，肯定需要他自己在内心有较强的主动意识。我觉得增强学生的主动意识，对课堂管理特别重要，所以对于这个问题，我也想了很多办法，比如说，喊口令、星星奖励机制，表扬表现好的学生。一开始，他们对于加星没有什么认识，但是后面就会逐渐意识到别人的星多了，教师的表扬很重要，如果自己做好了，也可以加一颗星，那么表现不好的学生可能就会注意到这节课教师没有表扬他，就会想是不是自己哪些地方做得不好。这种方法要求教师要学会观察和关注，同时对他们平时的表现和学习的要求也要多一些，当他们习惯以后就会重视起来，所以我这学期用这种方法比较多。同时我也会让他们给我加星，也给他们制定了一个给教师加星或减星的星星奖励机制，每个人每天都有给教师加一颗星或者扣一颗星的机会。比如，你们觉得有什么事情教师处理得不是很好，让你心里难过了，你就扣掉一颗，并说明你为什么扣掉了，我就会去反思自己哪里做得不好，然后再来改进自己的方法。就是这种双向的机制，让他们也觉得教师不是那么权威的，他们也有一种表达自己想法的路径。

蒲 EN 在谈到课堂纪律管理之前，谈到了自己在班级管理中遇到的问题，还专门说明了与学生建立融洽师生关系的重要性。同样，在课堂纪律管理中，也会遇到类似的问题，她认为自己也在试图努力维持良好的课堂纪律，比如，使用星星奖励制度。

访谈者：你是侧重文科方向还是理科方向的小学全科教师？能上数学、语文和音乐、体育、美术等艺术课吗？目前，承担的课程是否会让你感到教学负担过重或者有压力呢？

蒲 EN：我是理科方向的，但在实习的时候，我就上了一学期的语文课。现在我教数学、美术、科学、科技活动，还有我们的校本课程。校本课程主要放在少年宫里面，学生可以根据自己的爱好和兴趣去选择。少年宫里面的活动课程有科技模型、书法、象棋、合唱、民俗文化（篾编、刺绣）、折纸，折纸也是美术里面的，还有低段、中段的十字绣，等等，种类特别多，田径体育类的也有很多，比如，各式各样的球类，每周四下午，每个班大概就是20—30人，我主要是教高段毛笔字。如果说要自己去上音乐、体育、美术等课程，没有太大信心会上很好，应该就是一般水平，相对于该专业有经验的教师来说，肯定还是有差距的。要缩小差距，就需要自己加强学习和总结，花时间多练习、多反思。这取决于自己的心态，因为如果把所有的精力都放在教语文、数学上面，那对其他的课程，可能就会觉得没有时间去琢磨。小孩子在小学阶段，学习成绩是一方面，学习习惯是另一方面，但是要养成好的学习习惯，肯定要有学习的兴趣，那他就肯定要多了解、多参与。所以我觉得我还是比较重视其他的所谓"副科"的，而且我们学校也比较支持。其实，每周14—15节课也还好，基本上教学任务都能够完成，都不会给学生布置其他的任务。学生完成了各科应该完成的作业任务，剩余时间就可以去学习自己感兴趣的东西。如果教师重视和希望看到学生的全面发展，不完全只看成绩，那就不会觉得太辛苦、太累。但对于新教师来说是有难度的，你可能要更加注重学习，花费更多时间做课程规划，所以承担那么多课程，还是有一定的压力的。

根据反馈，我们可以发现蒲 EN 擅长的方面较多，那么大学学习对她的成长有多大作用呢？带着这一疑问，访谈者提出一个新的问题，希望蒲 EN 谈谈在学校学到的知识。

访谈者：你觉得在师范院校所学的一些理论知识对你现在的教学有没有什么作用呢？

蒲 EN：这肯定有特别大的帮助，比如说，我们大四所学的特殊儿童教育。我在学特殊儿童教育的时候，觉得在普通学校里面接触特殊儿童的机会比较少，可能作用不是特别大。后来到学校工作以后才发现，真的有这种比较特殊的学生，你具备特殊儿童教育的相关知识后，看待他的眼光就不一样了，会采取更正确的方法处理他们在学校遇到的问题。现在我们班上就有这种情况，我去家访的时候，家长反映以前有教师对于学习困难的孩子有一点嫌弃和忽视，因为他们学习成绩特别糟糕，但是家访后我还是在想办法挖掘他们其他方面的才能。同时，我在跟他家长沟通的时候，也会建议让孩子学一学其他方面的技能，比如说，通过参加学校的少年宫活动，或是到一些培训机构锻炼自己，找到兴趣点和特长。

访谈者：你会经常进行教学反思吗？通过哪些方式呢？会采用什么方式提高教学水平呢？

蒲EN：教学反思肯定是需要的，有反思才有进步。我会在微信、QQ空间里面写一些小日记、书面总结。比如，上完一堂公开课，我会先听取听课教师的反馈意见，再回顾一遍，反思对教学目标是否把握到位、教学重难点是否找准、教学互动是否恰当，然后修改教案，希望在以后的教学中能够有所改进。为了提高教学水平，我首先会去听课，听有经验的教师或者骨干教师的课。其次是研究所教学科的教学大纲、教学目标、教学框架、教学方法等。最后，就是加强学习，把握培训机会，听取专家讲座，关注教育学方面的公众号。我每天晚上睡前花个半小时在微信上面阅读教学或班级管理等方面的文章，然后尝试在班级开展。当然，还有一点也很重要，就是加强家校沟通。我们会做家访，每个学生家里都要去一次，不管他的家远还是近。通过家访，会了解到学生更多的家庭情况和个人信息。同时，要随时与学生谈心、聊天，了解情况，建立亲密关系。然后，每天会在家长群里开展作业反馈，及时就学生学习的问题进行沟通，让家长了解学生的学习情况。

访谈者：你目前的专业发展状态如何？从容，还是想要改变？感到满足，还是想要更多的挑战？

蒲EN：专业发展状态的话，我觉得肯定是多学习，还是想要改变，想要进步，想要更多挑战。

访谈者：你觉得自己哪方面的能力最需要提升？

蒲EN：教学管理吧，这涉及一些具体方法。这一学期在尝试阶段，具体效果，我也不敢说特别满意，但我相信这是一个非常长的坚持过程，我坚信会有效果。所以我觉得教学管理、班级管理这些方面是自己要做和学习的。

在教师的专业技能方面，蒲 EN 谈到了很多自己的方法和感悟，正如她所说，全科教师也不是所有科目都能教、一定都教得好。重要的是全科教师要在理念上体现"全"，不会因为偏视孩子的某一方面而忽略他们的全面发展。对于很多科目，他们也需要花时间去备课并研究如何开展教学，他们只是在心理上比分科教师更容易接受跨学科教学带来的挑战。在现实生活中，他们有时也会因为领导期待过高而处于尴尬的情况。

（三）小学全科教师人际关系的应对

访谈者：你与学生、同事的关系如何？自己的表现是否符合领导的期待、家长的期望呢？

蒲 EN：我觉得师生之间应当民主，主要是看教师的观念。目前，我和学生相处得还算比较融洽，可能因为自己比较年轻，没什么教师的架子，学生愿意把心事告诉我。但其他教师会觉得班上学生太闹腾了，因为我和学生太亲近了，不太严格，但我觉得孩子们天性如此，偶尔的闹腾也不是故意而为的。如果实在太过分了，你提醒一下，（他们）也会收敛，不必随时用教师的威严打压孩子的天性。学校有 3 名全科教师，其他分科教师比我们工作早，经验丰富一些，但不会因为全科或分科而彼此有异样的眼光，总体来说相处还是很融洽的。作为新教师还是要多向前辈学习，如果有什么难题，只要你主动去询问，如果哪位教师知道，他就会告诉你。感觉领导对我们的期望蛮大的，觉得我们的观念、教学方法比较好，希望我们给学校其他教师树立榜样，创新工作理念和方法。我认为自己的表现暂时是得到了领导肯定的，在召开工作总结会的时候，大部分领导认为这一批小学全科教师在教学工作、班级管理方面较以往有创新，比公招和专科教师用起来要方便一些。给我们一项教学任务，我们很快就能理解到底应该怎么去做，而不是一直去麻烦他们，学校给予了我们高度的评价。家长方面，暂时还没有遇到特别难沟通的家长，因为平时我们会去家访，家访就会了解到他们的家庭情况，家长都比较重视孩子的学习，所以对教师也是比较尊敬的，沟通起来也比较顺畅。家长想要了解小孩在学校的各种表现，我就通过家长微信群或电话进行反馈。遇到过较为困难的可能就是一些爷爷、奶奶在家里带留守儿童，老人不方便使用微信和电话，就只能和孩子的父母进行沟通。

访谈者：你认为与家长沟通对教育学生的作用大吗？能不能举个例子？

蒲 EN：这个就要看教师和家长到底配合得好不好了，如果配合得好，效果还是蛮好的。我们班上有一个小朋友，可能是因为妈妈生了弟弟以后，就觉得爸妈不喜欢她了，那一段时间，她情绪反应比较大，也不怎么爱学习，表现也比较浮躁。她也主动跟我说因小事情被妈妈骂一顿，觉得自己心里很不舒服。这样，下次去家访的时候，我就把这种情况反馈给她父母，父母及时与孩子沟通后，打消了她的顾虑，孩子各方面的表现就正常了。

访谈者：当你的教学方法受到质疑时，你会怎么做？

蒲 EN：如果是家长质疑的话，我首先会分析我采用这种教学方法的原因，如果家长能理解是最好的，如果不能够理解，我觉得他说得也比较有道理，我会考虑一下调整自己，同时也要考虑孩子的接受能力。

在人际关系处理上，蒲 EN 提倡建立一种民主的师生关系，并且与其他教师的相处也较为融洽，对于领导的高期望，蒲 EN 也感到骄傲，并且乐意接受别人针对自己的正面质疑。

（四）小学全科教师岗位心理适应度调查

访谈者：你觉得对这里的工作环境、工作待遇满意吗？是否在工作中体会到了价值感和成就感呢？有信心规划今后的职业生涯吗？

蒲 EN：我们学校环境很漂亮，是新学校。只是有些不适应气候和环境，因为我所在的地方冬天太冷了，其他的我觉得都还好，工作还都蛮开心的，所以还是很满意的。但是工作待遇一般，只是基本生活够用，每个月就 2400 块钱左右，到年终的时候会发一些奖金，与分科教师基本没有区别。但当自己所带班级有一点点的进步时，会特别开心，会觉得这是我和孩子们共同努力的成绩，就会觉得特别有成就感和信心。所以我准备前两年要多学习，不管是在教学还是班级管理方面，要多积累经验，向一名成熟教师慢慢靠近。然后，把平时工作中的事情、感悟或者反思记录下来，写成理论文章，同时形成自己的教学特色。

访谈者：你是否感觉到理想和现实有冲突？

蒲EN：没有，跟我想象中的没有太大差别，我觉得我们全科教师就是教书育人的，所以我觉得自己所做的就是在学校里面所学的，虽然有时候感觉学校的条件有点儿差，但都是可以解决的。

访谈者：那当初是因为政策原因，还是自愿选择了这个专业呢？

蒲EN：因为父母意愿，加上自己也是农村学生，就想学成之后回家乡做一些奉献，我觉得这是光荣的使命。我很自豪，因为自己是重庆市首届小学全科教师。

访谈者：你赞同学校的管理理念吗？

蒲EN：大部分还是赞同的，但我觉得也有很多的地方需要改进，最迫切需要改变的是学校对教师的考评不能只看学生考试成绩。

访谈者：你所在的学校重视青年教师的专业发展和培训吗？

蒲EN：还好，在学校这一学期，学校会尽可能提供学习机会，经常安排我们参加县里的培训。

从蒲EN的回答中可以看出，她的心理适应能力较高，用她的话说就是："我们全科教师就是教书育人的，所以我觉得自己所做的就是在学校里面所学的。"短短的一句话饱含了她对自己职业的认同感和自豪感，也可以看出她是抱着对学生负责任的态度对待这份工作的，并且希望自己成为一名成熟的教师，在教学上有所建树。

（五）小学全科教师职业认同感调查

访谈者：你认为什么样的教师是农村小学全科教师呢，成为优秀教师应该具备哪些条件？

蒲EN：嗯，就是通过努力学习和备课，不断思考和提高，能够基本胜任农村小学每一门课程的教学。优秀的教师还应该爱学生、包容学生，爱岗敬业，在工作中有所作为。

访谈者：工作了半年，你是否感到了全科教师与分科教师的区别？

蒲EN：有区别。全科教师会有意识地把不同学科的先进理念融合在一起，更好地完成学科教学。比如，我实习时上语文课，可能会把数学的思维或知识用来讲语文，便于学生理解和掌握，但分科教师通常不会这样做。还有一点，就是能够回答学生所问的任教科目以外的其他学科的问题，能够建立教师权威，增强学生对教师的信赖感。

访谈者：你认为小学全科教育这个专业的发展前景怎么样？

蒲EN：很好，可能很多年后小学全科教师会成为小学教师队伍的主力。

蒲EN作为一名新手全科教师，在工作中较为努力，在实际工作中运用了很多在学校学习的理论知识，也清楚地意识到当今社会对全科教师的要求是不仅仅能教好自己所担任的课程，还应该能够把握教育教学发展趋势，进行融合课程的教学。

（六）小学全科教师轶事记录

访谈者：半年的小学全科教师生活，你总体的感受是什么？

蒲EN：首先我觉得我在大学所学能够运用在我的工作当中，感觉有满满的幸福感。

访谈者：那在这期间有没有发生什么令你印象特别深刻的事情呢？或者有重大印象的人或者学生，可以讲一个小故事或者是具体的事例，可以给我们讲一讲吗？

蒲EN：我们班上有一个数学成绩特别差的小朋友，我去他们家里面家访的时候，了解到她以前一直是留守儿童，直到外婆去世，妈妈才回来带她。在家访之前，我就给她的爸爸、妈妈通过一个电话，他们说一直只顾在外挣钱，把小孩子交给老人，疏于照顾。开始我就特别生气，觉得这是不负责任的行为，所以有几次对他们父母说话，语气不是特别和善。后来，因为她外婆去世了，她父母就回来了，我去家访正好遇到学生在家里面做作业。刚好进去的时候，她妈妈就过来开门，说孩子正在做作业，刚好有一道题不会做，几个小朋友进来问她的妈妈这道题怎么做，她妈妈看了看那道题，看了半天，也不会做，后来她说那个小朋友自己把它想明白了，然后给她的妈妈讲。她妈妈说一道小学五年级的题，还要让她的孩子来给自己讲，她跟我说的时候，就感觉自己特别不好意思。就是那一刻，我觉得其实有时候教师希望家长配合，在家应该辅导孩子做课后作业，但是有些事情确实超出了农村父母的能力范围，并不是他们不想做，而是无法做。从那以后，我改变了自己的一些认识，对父母的要求不再那么多，也更加关注这个小女孩，经常鼓励和帮助她。那个小女孩也比较坚强，不管作业做错多少次，她都会一一认真修改，有时候每一页都改了四到五遍，每一页都是千疮百孔。后来，我实在是看不下去了，就专门买了一本便利贴放在我办公室，每次来改作业的时候，我就给她拿一张让她写，她错了，我就说："来你贴上，然后你再去改。"所以后来她的练习册每一页合在一起，感觉要比别人的厚很多。后来到了"方程"这一章节，她还是一直考试不及格，那段时间我也因为参加学校各种公开课活动比较忙，有一些顾不过来她了，但是她都坚持自己反复询问其他教师。我觉得可能她会考不及格，后来考"方程"这一章节的时候，她第一次考及格，那时候自己的那种成就感就特别强，还好她自己一直坚持，所以就觉得自己在教师这条路上要学习的还是很多，你愿意等她，你愿意给她一些机会，她的进步就会很大，要学会静待花开。

六、深一脚，浅一脚，教师生涯不觉遥——访谈重庆市 LGP 县 YFY 镇中心小学全科教师陈 RFF

（一）背景介绍

LGP 县 YFY 镇中心小学位于 LGP 西部久负盛名的 YFY 镇，学校始建于清光绪年间，1992 年变更为现名。学校总面积为 25 582 平方米，校舍面积为 8008.5 平方米。2018 年 6 月，有教学班 24 个，在校学生 1447 人，教职员工 68 人（其中党员 36 人、县级骨干教师 7 人）。学校坚持"以人为本，和谐发展"的办学理念，全面实施"2+1 体育艺术项目"及"1+5 行动计划"，学校组织了一年一度的艺术节、运动会、课外兴趣辅导活动，举办了书法、绘画、舞蹈、鼓号、手工、篮球、足球、乒乓球等兴趣活动。学校坚持组织"好习惯天天讲"主题教育活动，帮助学生养成良好的学习品质和学习习惯、生活习惯。

（二）小学全科教师专业技能在教学中的体现

访谈者：你感到能够胜任教师工作的程度有多大？

陈 RFF：给自己打 70 多分吧，毕竟刚参加工作，各方面都还需要学习和提升。

访谈者：你认为自己能够高质量地完成备课、教学和学生的课后辅导吗？有没有遇到什么困难？

陈 RFF：因为我现在教的是一年级语文，总的来说，我觉得还可以，但质量肯定还算不上高，毕竟刚参加教学工作，没有太多经验。相对于城里的学校，农村小学生大多都是留守儿童，是由爷爷、奶奶带的，缺少父母的辅导，基本上需要完全依赖学校，很多作业不会做，辅导起来很困难，只有尽量在学校帮他们补习，所以在农村小学进行教学的最大困难就是缺少与家长的合作吧！对于这样的情况，就只能和在外务工的家长联系，多和他们沟通，他们有时会将孩子带回自己家。

以陈 RFF 的任教情况入题，正式拉开了本次访谈的序幕。谈到任教情况，陈 RFF 表示目前教学任务完成的质量不算高。当被问及农村小学全科教师进行教学的最大困难时，陈 RFF 将城市学校和农村学校做了对比，指出农村教学遇到的最大困难是缺乏家校合作。对此现状，陈 RFF 也表达了自己的无奈，但陈 RFF 从未放弃过家校合作，经常主动与学生的父母沟通。

访谈者：在课堂管理中维持课堂纪律困难吗？哪种方式比较有效？

陈 RFF：我觉得一年级的纪律管理是比较重要的。他们是从幼儿园过渡到小学阶段，根本没有意识到自己已经是一名小学生，所以我会特别关注他们在课堂的状况。但总体来说，我觉得用一些办法还是不太困难。我们班上有口令，就用固定的口令，吸引孩子们的注意力。上课的时候，个别学生需要提醒的话，就走到他的座位旁边，然后敲他的桌子就行了。

访谈者：你经常开展教学反思吗？会采用什么方式提高教学水平呢？

陈 RFF：会。我们办公室的三位语文教师都会进行反思，互相提意见，然后互相总结。为了提高教学水平，第一，我会在网上看一些视频，因为我才参加工作，需要多学习别人好的经验。对于一年级的教学不是特别熟悉，所以我就会看一些视频，看其他教师是怎么上课的，而且我也会关注他们上课的重点在什么地方。第二，我们学校也会组织教研活动，也就是上公开课，相互评课，总结并提建议。

教学反思对于全科教师的进步有着重要作用。从访谈中可以了解到，陈 RFF 及其同事都在积极反思、互帮互助，以求进步。

访谈者：请问你在师范学校所学的理论知识对你现在的教学有没有什么作用呢？

陈 RFF：理论知识肯定是基础，懂了理论才能够去尝试。另外，在不断加强理论学习的同时，也要多去亲身实践。

访谈者：你是侧重文科方向还是理科方向的小学全科教师？能上数学、语文和音乐、体育、美术等艺术课吗？目前承担的课程是否会让你感到教学负担过重或者有压力呢？

陈 RFF：文科方向的。所以学校没给我安排数学课，但我觉得上数学课没有问题，因为我以前数学还是比较好的。关于艺体类课程，音乐、体育课还可以上，美术就不太行了。哎，美术这个东西，我觉得还是靠一点天赋吧！嗯，目前我上了一年级语文、四年级英语，（停了停）唉，跨年级、跨学科教学还是有一些压力。

从陈 RFF 的任教情况可以看出，这所学校的师资力量是比较薄弱的，尤其是一些技能学科，因此对全科教师的需求是比较迫切的。当被问及是否够能胜任音乐、体育、美术教学时，陈 RFF 表示音乐和体育还行，但美术不行。因为全科生在校自主选修了 1—2 门技能性学科，所以也不是所有科目都学过和都能开展教学。在访谈者看来，美术在小学的作用主要是艺术启蒙，如果在学校基本功扎实，小学全科教师还是可以胜任部分基础教学的。

访谈者：你是通过什么方式了解你的学生，从而调节自己的教学呢？

陈RFF：嗯，我们有进行过家访。然后，还会和孩子进行沟通，我带一年级的学生，家长都会来接孩子放学，这时候也会和家长聊一聊，了解孩子在家里的情况。

访谈者：你目前的专业发展状态如何？是从容，还是想要改变？感到满足，还是想要更多的挑战？

陈RFF：我希望这两年好好提升自己作为教师的专业素养，无论是专业知识还是专业技能，总的来说，干劲儿很足，希望挑战更多没有尝试过的。

访谈者：工作半年了，你觉得自己哪方面的能力最需要提升呢？

陈RFF：教学方法或技巧吧。因为很多老教师有课堂的教学或管理经验，他们就会对症下药，我们新教师就需要自己去摸索总结，而且我们学校大多都是新教师，教师的任务也都比较重，请教有经验教师的机会较少，所以最应该提升一下自己的教学技巧。

（三）小学全科教师人际关系的应对

访谈者：你与学生、同事的关系如何？自己的表现是否符合领导的期待、家长的期望呢？

陈RFF：嗯，我与学生的关系还挺好的。他们现在是一年级，我上课比较严肃，下课比较随和，课后也会多关注他们的生活方面。我比较喜欢和学生沟通，而且教师都需要经常和学生沟通。学校的同事，尤其是和经常交往的教师相处得都比较融洽，他们比较照顾我们刚入职的年轻人，有什么事情，只要我们虚心请教，他们基本上都会给予指导或者帮助，而同龄的分科教师，也比较乐于与我们沟通。但是领导对于全科教师与分科教师，好像没有什么差别对待或者专门的期望。因为2017年只进来了我们两名全科教师，可能领导也还不是特别了解或者关注。我觉得首先自己在岗位上要做好吧，教学上有成绩了，领导应该也会看得到，但是目前还不知道他们到底对我们的工作如何评价。家长方面，期望的就是我们能够多关心孩子，无论是学习还是生活上，从电话、微信或在学校与家长沟通的情况来看，还是比较顺畅的。因为大部分家长都是"80后",很容易沟通交流,毕竟都是为了孩子好嘛,应该还是比较符合他们的期望的。

从陈RFF与学生、同事的相处的情况可以了解到,陈RFF对人际关系处理得较好,也并没有因为是小学全科教师而被同事另眼相待。校长目前没有对全科教师特别关注和培养,全科教师的表现应该达到了岗位要求。对于家长的期望和认可,全科教师表达出了自信。

访谈者:你认为师生之间应该是一种什么样的关系呢?建立这种关系困难吗?

陈RFF:我觉得是又严又爱的关系吧。首先,教师要建立一定的威信,因为小学生还没有能力对一件事情进行错误或者正确的判断,所以只能靠家长和教师的引导。但是如果孩子不怕你,他就不会听你的,很多家长就会说,我家的孩子就听老师的,家长的话他不听,所以我觉得首先要建立一定的威信。其次,在他们遇到困难时,教师要给予一定的帮助和关怀,让他们感受到教师的关爱。大多数比较容易吧,但总有极少数比较特别的孩子,我们班上有一个孩子的情况是这样,在他五岁的时候,妈妈就离开了家,然后爸爸又没有文化不识字,他爸爸在家教育他,从来都是打骂,所以这个孩子现在的心理有一定的扭曲,处于一种不管给他讲什么,他都很反抗或很抵触的状态。这种情况就比较困难了。

访谈者:那你是怎样和他进行沟通的呢?

陈RFF:他这种情况比较特殊,我一般都会单独私下和他沟通,单独在办公室给他辅导。但你和他沟通一次的话,有效期可能就只有一两天,然后你就得再和他沟通,反正效果就不是太好吧,需要一个比较长的过程慢慢来。不过我也理解,毕竟特殊的家庭环境对他造成了很大的负面影响。

陈RFF指出,班上有一名特殊学生,这一真实案例反映出,家庭环境对一个孩子成长的影响是很大的,教师难免会遇到这样的特殊学生,这就要求教师要耐心对待。陈RFF就做到了这一点,从说话的语气中,我们可以看出陈RFF是一名比较关爱学生的教师。

访谈者：你认为与家长沟通对教育学生的作用大吗？能不能举个例子？

陈 RFF：作用肯定很大。我带的一年级的孩子，教学主要任务是识字。其中有一个孩子，父母在外面打工，奶奶生病了，就由不识字的爷爷带他。那段时间，他的情况非常糟糕，听写生字经常是对一半错一半，一年级的孩子一般都是全对，他这种情况还是比较少见的。然后，我就和他妈妈沟通他在校的表现，后来他的妈妈就特别重视，天天打电话、视频督促他学习，大概一周就有了变化，接下来的考试还考了 100 分。

访谈者：那么当你的教学方法受到质疑时，你会怎么做？

陈 RFF：目前还没有遇到，包括上公开课，教师也就提出一些改进措施。如果真的遇到，我会先听意见，如果是事实，我就思考改善，否则我会坚持自己的方法。

（四）小学全科教师岗位心理适应度调查

访谈者：你对这里的工作环境、工作待遇满意吗？是否在工作中体会到了价值感和成就感呢？有信心规划今后的职业生涯吗？

陈 RFF：工作环境还好，我觉得还比较适应，工资待遇也比较满意，跟分科教师没太大区别，我觉得差不多吧。工作中最有价值感和成就感的就是期末的时候，孩子的成绩有所提升，我就觉得特别欣慰，这让我觉得工作特别有干劲儿，更有信心，更能鞭策自己在教学上要做出成绩。经过农村基层小学的实践锻炼，我当然也希望自己有机会往城里面更好的地方发展。

访谈者：当初是因为政策原因，还是自愿选择这个专业呢？

陈 RFF：我是听从家里人的建议，是我爸帮我填的志愿。

访谈者：你觉得你现在这份工作是你期待的那个样子吗？

陈 RFF：差不多吧，因为我个人觉得做一名小学教师挺好的。

访谈者：你是否感觉到理想和现实有冲突？

陈 RFF：没有感觉到，因为在工作之前我就做好了充分的准备。

通过访谈，可以了解到陈 RFF 是听取家人的建议，才成了一名小学全科教师。

但陈 RFF 对于这一职业做了充分准备，并对这一职业感到比较满意，在实际的工作中，她也努力做到"干一行，爱一行"。

  访谈者：你赞同目前学校的管理理念吗？

  陈 RFF：赞同。我觉得我们学校比较重视学生的全面发展，比较符合现在注重培养学生全面发展的理念。

  访谈者：你所在的学校重视对青年教师的专业发展和培训吗？

  陈 RFF：挺重视的。学校给我们安排了指导教师，安排的都是很优秀的教师。

从访谈中可以了解到，陈 RFF 对于农村小学的工作、生活环境比较适应，她所在的学校重视学生的全面发展，也重视对青年教师的培养，因此其工作中能够体验到成就感和价值感。虽然是父母建议的职业选择，但是在走上工作岗位后，自己能够不断思考和争取进步，尤其希望在教学上取得成绩。

（五）小学全科教师职业认同感调查

  访谈者：你认为什么样的教师是农村小学全科教师呢？成为优秀教师应该具备哪些条件？你对专业发展前景怎么看？

  陈 RFF：我觉得全科不是说要会很多东西才合格，一定要对学生负责，做每一件事情都尽可能做到最好，能够做到优秀。我觉得最直观的一点，应该是在学生心目当中树立好形象，努力提升教学质量。对于专业发展前景，这得看每名全科教师自己的想法和规划。有的教师认为自己毕业就会有工作，所以就没有压力，不去为自己的将来做打算，没有目标，甚至失去方向感。但是如果专业知识不扎实，或者说没有实际的操作能力，以后参加了工作也会很困难的，所以说具体发展前景都是由自己决定的。

  访谈者：工作了半年，你是否感到了全科教师与分科教师的区别？

  陈 RFF：并没有。我们学校也有学英语教师教体育的，总之都是根据学校的教学工作需求进行安排。

访谈中，我们能够感觉到陈 RFF 的话语里有一丝遗憾，没有体会到全科教师与分科教师的区别,学校没有根据教师的特点,而是按照教学工作需求安排课程。但她说小学全科教师的专业发展前景如何,取决于自己的规划和努力,她从实际出发,为在校学习的全科师范生提出了一个忠告。同时,也是为自己的学弟学妹提出了中肯的建议,希望他们在校学习期间能够夯实专业知识,抓住实践机会,锻炼自己的实际操作能力,为将来的教师生涯打好基础。

七、做教师这条路,不怕苦,不怕累——访谈重庆市 YNY 县 NGX 镇 SGS 小学全科教师陈 QGQ

(一)背景介绍

SGS 小学位于 NGX 镇南端,交通便利。学校始建于 1951 年,初建时为 SGS 乡小学。随着三峡工程建成蓄水,NGX 场整体搬迁至新场镇,学校也正式被县教育委员会定位为 NGX 片区小学教育中心。校园现占地近 30 亩,校舍建筑面积达 13 935 平方米,教育教学设备设施齐全,2018 年 2 月,有 45 个教学班,学生 2617 名,教师 127 人。学校始终坚持"德育为首、质量强校、全面育人、以人为本"的办学思想,以"积善成德、知行致远"为校训,将"培养人、发展人、完善人"作为学校教育工作的根本,把学生的养成教育贯穿于学校工作的始终。学生入学的第一课是安全教育和遵纪守法教育,加强"红领巾监督岗"监督,"红领巾广播站"宣传、引导,规范学生的一言一行,同时开展经典诵读、才艺展示、国旗下系列讲话、主题班会等,寓德育教育于各项活动之中。

(二)小学全科教师专业技能在教学中的体现

访谈者:你感到能够胜任教师工作的程度有多大?

陈 QGQ:我觉得还行吧,我给自己打 85—90 分。

访谈者:那你觉得自己能高质量地完成备课、教学和辅导吗?有没有遇到什么困难?

陈 QGQ:基本上能完成备课、教学和辅导工作吧,只是质量不算太高。嗯,目前我们全科新教师,最大的问题就是不了解课程且经验不足,其次对教材或者是教学状况不太熟悉,所以特别需要一名老教师的引导。

我们现在和有经验的教师交流的机会真的很少,除了自己主动去问,几乎是没有交流的。对课程不太熟悉的话,只有自己补习教材,继续花功夫去学,同时上网查资料,多看一些视频来学习,如果最后自己还是弄不懂,再去请教有经验的老教师。

访谈者:在课堂管理中维持课堂纪律困难吗?哪种方式比较有效?

陈QGQ:课堂纪律,我觉得这个班学生的基础比较好,纪律问题不大。但是有时候让孩子们讨论问题,他们或许就有些吵闹,就需要管理。管理方法不固定,根据不同情况使用不同方法,但大部分时候都是他们注意力不集中,比如,我上语文课时,我可能突然念出一句古诗,比如"千磨万击还坚劲",那么孩子们就会回答下一句。在回答这一句诗的时候呢,课堂纪律自然而然就变好了,因为他们背书的时候都是坐得端端正正的。有时候他们注意力不集中或者精神状态不好,我也会通过这样的方式,把他们的注意力集中到课堂上来。还有就是简单的了,通过口令的方式,比如1234。

访谈者:你经常开展教学反思吗?会采用什么方式提高教学水平呢?

陈QGQ:会,和同龄教师的反思和交流比较多一些,会讨论一下我们教得怎么样,要达到什么样的效果。有时也会自己进行自我反思,比如,会反思为什么学生对字词没有掌握好,做题效果不佳,希望找到办法改进教学,优化教学效果。提高教学水平,主要依靠四种方式,第一是要丰富自己各方面的知识,第二是要提前备课,第三是还要多向有经验的教师请教,第四就是上网查询,因为备课的时候,很多资料还是要自己去查的。

访谈者:你是侧重文科方向还是理科方向的小学全科教师?能上数学、语文和音乐、体育、美术等艺术课吗?是否会感觉教学负担过重或者有压力呢?

陈QGQ:我是侧重于理科方向的。现在上的是语文课,还有每一个班级都会有的校本课程,如书法、科学、道德与法治。担任多门学科的教学工作,肯定会有挑战,因为我觉得自己更熟悉数学方面,可以说更擅长数学一些吧!教学负担肯定是有一些的,如果能专心教一门学科肯定会更好,但是很多小学就是这样,教师都会兼任其他学科的教学。音乐、体育、美术方面,我觉得教音乐有一些困难,因为觉得自己五音不全,其他的都还好,能够进行教学。

通过访谈可以看出,虽然陈 QGQ 在大学是侧重于理科方向的全科生,但她还是挑起了语文教学的重担,同时还兼任多门学科的教学工作。这也可以从侧面反映出部分乡镇小学师资结构性缺失的现状,对小学全科教师提出了现实需求。

访谈者:请问你在师范院校所学的理论知识对你现在的教学有没有什么作用呢?

陈 QGQ:我觉得理论知识是基础,是作为教师最基本的专业素养。但不能完全按照理论工作,实际工作中还需要灵活应变,具体问题具体分析,因为每名学生的实际情况不一样。

访谈者:嗯,你是不是遇到过类似于这样的问题,能具体说一下吗?

陈 QGQ:嗯,有一个学生吧,也不能把他归为特殊儿童,但是我与家长交流了解到,他在家里是一个很活泼、开朗的孩子,到学校后,却完全跟自闭的孩子很类似,故意不与同学交流,说想处在一个独立的空间里面。老师问他什么,他也很少回答或者很久才会回答一个问题,而且都是点头或者摇头,不张嘴。通过反复和他交流,加上随时与父母沟通,希望一起努力能够让他在学校张开嘴与教师和同学交流,最后在学期末,他是有改变的,而且后面有时候还举手发言,虽然次数很少,但是我觉得已经有了一点改变。

当被问及基本教学能力时,陈 QGQ 表示自己能够胜任。同时,陈 QGQ 也表示就个人而言,在大学期间所学习到的理论知识对自己的教学有一定的帮助,工作中更要根据实际情况灵活应变。当陈 QGQ 说到需要自己想办法时,访谈者便进行了追问,请陈 QGQ 举了个例子。从陈 QGQ 的真实教学案例中可以发现,小学全科教师也学会了因材施教,对待不同的学生采取不同的方式,并尽量采用正面鼓励的方式。

访谈者:你目前的专业发展状态如何呢?是从容,还是想要改变?是感到满足,还是想要更多的挑战?

陈 QGQ：我觉得想要改变，我想要去申请教数学，但是不知道可不可以。

当被问及专业发展状态时，陈 QGQ 表示自己想要申请教数学。在访谈者的访谈中，这是一个主动提出要挑战跨主学科教学的全科教师，她自己的表述中呈现出自信和期待。

访谈者：你觉得自己哪方面的能力最需要提升？

陈 QGQ：第一就是应变能力吧，教学应变能力。因为经历了课堂上的一些突发情况，但都不太会处理，希望以后面对各种情况能应变得更好。第二就是要调整自己的心态，遇事沉着冷静处理，比如很多突发情况都是有共性的，就可以多向有经验的教师请教。

当被问及自身能力提升的问题时，陈 QGQ 毫无迟疑地说出了自己需要提升的方面，看得出陈 QGQ 对自己有清晰的反思和规划。谈到农村小学全科教师进行教学的最大困难时，陈 QGQ 结合实际情况进行了分析。从陈 QGQ 的回答以及说话时的语气，能够感受到刚参加工作的小学全科教师需要指导的迫切心情。

（三）小学全科教师人际关系的应对

访谈者：你与学生、同事的关系如何？自己的表现是否符合领导的期待、家长的期望呢？

陈 QGQ：与学生的关系还算好吧。孩子们还是挺喜欢我的，有时候（我）严厉，他们也挺听话的。我觉得这种关系，就是上课就该有上课的样子，下课后我们就可以像朋友一样。我会随时与他们沟通，有时候工作都做完了，还会和他们聊聊天。与同事之间的关系还不错，一般向他们请教问题，他们都会解答。但出来工作，都会面临许多现实的问题，比如，面临工作上的竞争，等等。领导呢，对我们全科教师期望挺高的，至于领导是否肯定我的表现，我不太敢说，因为我自己认为都没有达到我的期望程度。学生成绩方面，我任教的班级以前是一名特别有经验的老教师在教，在八个班中都是排在前面的，这学期（我班）就只考了第三名，我觉得还不太满意。而家长对我们的期望更多是提升学生的成绩，我感觉整体还是比较满意的，不过我会努力做得更好。

　　访谈者：你认为师生之间应该是一种什么关系？建立这样一种关系困难吗？

　　陈 QGQ：平等的关系。课上引导学生积极参与，课下能成为朋友进行沟通和交流。只要教师真心相待，应该是不困难的。

陈 QGQ 对于与学生的关系处理还是比较自信的，同时特别强调了教师与学生之间应该是一种平等的关系。

　　访谈者：那你与家长沟通的途径有哪些？与家长沟通顺畅吗？有没有遇到什么困难？

　　陈 QGQ：沟通途径有 QQ 群、微信群、电话和面谈。与大部分家长的沟通是顺畅的，有少数家长给我的感觉是不太礼貌，沟通起来有一些困难。要说遇到的困难倒也谈不上，但有的家长在孩子三年级的时候，都会要求把作业发在群里面，而且态度还非常强硬。那时候，我会心平气和地和他们讲，现在需要培养学生自己写作业的习惯，作为学生应当知道自己的家庭作业是什么，不能在学校不听，回家看手机。

　　访谈者：你认为与家长沟通对教育学生的作用大吗？能不能举个例子？

　　陈 QGQ：当然大。比如说，有些学生在学校的表现很好，但是在家里就会不太认真，每次作业都拖到很晚。之后，我就会和家长交流，建议家长给孩子规定一个完成时间，通过这样的方式，学生的做作业习惯会有比较明显的改变。

　　访谈者：当你的教学方法受到质疑时，你会怎么做？

　　陈 QGQ：假如遇到这样的情况，首先反思一下自己吧。看自己的方法是否正确，如果说我觉得没有问题，那么就和质疑的人沟通，到底是哪里出现了问题，但首先要感谢他给我提出建议，然后再沟通。最后还不行的话，就可能会去请教其他教师吧。

通过询问与学生、家长及同事的关系，我们发现，陈 QGQ 对于人际关系的应对是自信的。同时，以全科教师这一特殊的身份就职，陈 QGQ 并没有觉得自己有什么特别之处。我们还可以看出，陈 QGQ 在努力践行以人为本的学生观，认为师生之间是一种平等的关系。陈 QGQ 重视通过家校合作来教育学生，能够心平气和地与家长沟通，注重同行之间的互帮互助，能够虚心接受别人的建议。

（四）小学全科教师岗位心理适应度调查

访谈者：你对这里的工作环境、工作待遇满意吗？是否在工作中体会到了价值感和成就感呢？有信心规划今后的职业生涯吗？

陈 QGQ：工作环境不太好。因为学校比较小，人又比较多，我们目前在学校里面没有宿舍，我是住在自己家里的，其他离家比较远的教师就是自己在外面租房子。待遇也还行，我觉得我们的运气比较好，享受了国家的许多政策，和其他教师也是一样的，没有区别。工作半年以来，有开心、有感动、有委屈、有伤心吧。比如，一些家长不赞同自己的教学方法，觉得新教师没有经验，不太理解自己，就会觉得有点儿委屈和伤心。但是当感受到学生对自己的喜爱，看到学生学习成绩以及各方面的进步时，又会开心和感动，就会觉得特别有成就感和价值感，这就更坚定了自己做好全科教师的信心和决心，争取站稳脚跟，脚踏实地干出自己的成绩，在教学方面有所成就、有所突破。

通过访谈，我们了解到陈 QGQ 是自己选择的全科教师这一职业，并对自己作为全科教师而感到自豪，对工作充满信心，并表示要脚踏实地做好当下的工作。

访谈者：你觉得现在的工作是你期待的那个样子吗？

陈 QGQ：还是有一定的差距。比如，我觉得在教学方面，教师之间应该多沟通、多交流心得，彼此之间就是互帮互助，我觉得理想的状态是这样。

当谈到现在的工作是否是自己期待的样子时，陈 QGQ 笑了一下，有些无奈，主要指同行交流方面不是自己所期待的。

访谈者：那你赞同现在学校的管理理念吗？

陈 QGQ：嗯，这个还是比较赞同的。学校会培养学生的一些特长，比如，开设乐器课程，组织各类体育活动等。

访谈者：你所在的学校重视青年教师的专业发展和培训吗？

陈 QGQ：重视。但培训比较少，因为我们在一个镇上，除了新教师培训，我们就参加了一个"国培计划"，这学期参加的就是网络研修。

（五）小学全科教师职业认同感调查

访谈者：你认为什么样的教师是合格的农村小学全科教师呢？成为优秀教师应该具备哪些条件？你对专业发展前景怎么看？

陈 QGQ：我觉得全科教师就是什么都能教的。你自己独立带一个班也行，自己能够胜任各项工作，能够胜任所有学科的教学工作。要做到优秀，必须爱岗敬业、热爱学生、有教学成效。而我对小学全科教师的发展前景比较看好，我觉得相比一般教师，分科教师要占一定的优势。因为招收全科教师，学校不用担心其他科目缺教师的情况，而招收分科教师，就会有一定的局限性。

访谈者：工作了半年，你觉得自己与分科教师有什么区别吗？

陈 QGQ：我觉得总体来说没什么大的区别。

陈 QGQ 认为，全科教师的发展前景是值得看好的。陈 QGQ 所遇到的困难，在乡镇学校也具有一定的代表性。

（六）小学全科教师轶事记录

访谈者：嗯，半年的全科教师生活，你的总体感受是什么呢？

陈 QGQ：我觉得总体感受还是比较满意吧。

从陈 QGQ 的言语中，访谈者感受到陈 QGQ 对培养全科教师的意义有自己的看法，也并不违背全科教师培养的初衷，同时还对全科教师的发展前景充满信心。

访谈者：嗯，那有没有发生什么印象深刻的事情，或有没有让你印象深刻的学生呢？

陈QGQ：印象深刻的学生倒是有的。班上有一个孩子，最开始不太积极，不太爱发言，但通过和他的家长沟通，一开始是我叫他回答问题，到后来他会主动思考、主动发言了，最后成绩提升得也比较明显，特别是作文，还比较优秀。

访谈者：嗯，那你是通过什么方式使他有这样的改变的呢？

陈QGQ：私下多沟通和交流吧。问他为什么会这样，他会说害怕回答错，然后就是多鼓励他，慢慢就有了改变。

八、教室再大也装不下我的梦想——访谈重庆市QAJ区BHS乡FHS小学全科教师陈GHJ

（一）背景介绍

在古老的凤池山麓，白石河畔，319国道旁，有一所书声琅琅、生机盎然的"袖珍"学校——QAJ区BHS乡FHS小学。FHS小学校始建于1946年，经历了两次合并、一次搬迁，1987年，BHS乡建制，学校改名为FHS小学，隶属于BHS乡中心学校。学校占地面积2500余平方米，建筑面积560平方米，教学楼、宿舍楼、学生食堂融为一体。新修建的FHS校园，综合室资料齐全，琳琅满目的图书室藏书4000余册，数字教育资源全覆盖项目也已建成，并广泛用于教育教学之中。学校从课堂入手，改革教学模式，坚持"先学后教、以学定教、教学合一"的现代教学理念，提高教学质量。学校多方筹集资金，借助"均衡教育"的春风，倾力打造以"诗词校园"为主题的校园特色文化。

（二）小学全科教师专业技能在教学中的体现

访谈者：你感到能够胜任全科教师工作的程度有多大？

陈GHJ：70%左右吧。

访谈者：那你觉得自己能高质量地完成备课、教学和辅导吗？有没有遇到什么困难？

陈GHJ：离高质量还差得远，就是因为对教材不熟悉，不知道学生到底应该怎么教。现在我教一年级，我不知道他们一年级到底该掌握哪些内容，虽然说我也看了课标，但是我觉得课标的东西都太宽泛了，落实到每个课时不知道到底该怎么去操作，所以（离高质量）差远了。教学中遇到的困难，一是对教材的拿捏程度，因为我教的是低龄段的孩子，不知道哪些是他们必须要掌握的，哪些是作为了解的，虽然我们都有教学参考书，但是在授课过程中还是把握不好。二是班级管理中的学困生，一部分孩子上课的时候就已经听懂了，但是另一部分孩子就没有听懂，这个时候就不知道怎么办。遇到不知该如何处理的情况，我更多是请教大四实习时带我的那位教师。因为她比较优秀，所以当我遇到困难的时候，我都会向她倾诉我的困惑，然后她会结合她的教学经验给我一些建议，最后我再结合自己的实际情况去调整。其实现在的农村并不是我们以前想象的那么落后，也有多功能室等，很多年轻人刚毕业回到农村工作，条件艰苦、位置偏远，心理的落差比较大，需要好好调整才能适应。我觉得抛开硬件上的一些东西，只要你的心态调整好了，那其他的困难都是可以克服的。

新教师不熟悉教材，看了课标却不知道该怎样落到实处的现状，是陈GHJ强调的一点，这也为新教师上岗前培训提供了一个参考。同时，在大众的印象中，提到农村教学的最大困难，首先会想到师资缺乏，但陈GHJ却谈到了个人心态，认为只要心态调整好了，其他的困难都是可以克服的。

从备课、教学、辅导、班级的管理入题，正式拉开了本次访谈的序幕。通过对陈GHJ的初步访谈，我们了解到，陈GHJ在遇到问题的时候，会咨询身边有经验的教师，根据教师的建议，结合实际情况解决困难，这可能也是很多新教师上岗时常采用的一种策略。

访谈者：你在班级管理中遇到的困难是什么？

陈GHJ：就是不知该如何正确地处理师生之间的关系。太严厉的话，学生就会害怕，毕竟一年级的学生年龄太小了。但是，如果你不严厉，他们又会觉得你没威严，就和你随便开玩笑，所以不知道该如何把握这个严与爱的度。

访谈者：你觉得在师范院校所学的理论知识对你现在的教学有作用吗？

陈 GHJ：当然有用。比如说心理学，我觉得真的很有用，特别是真正进入教学场景中，需要具备心理学的知识才能解决问题。但是这门课在大一就开设了，我觉得开设得太早了，当时没有花太多的精力学习，也没有觉得这门课有多么重要，然后就这样过了，现在才感觉挺实用的。

访谈者：在课堂管理中维持课堂纪律困难吗？哪种方式比较有效？

陈 GHJ：困难。因为一年级的孩子才从幼儿园过来，我感觉他们大多数太多动了，过于活泼或者过于安静。我就会采用一些耳熟能详的顺口溜，如"123 要坐端"，在开学的前两周主要是和学生建立默契。

访谈者追问是否还有其他的方法，陈 GHJ 告诉访谈者，她还会使用星星奖励制度，并且学生的表现都很积极，就相当于榜样的作用。当学生看到其他同学获得奖励后，就会想到如果自己也这样做了，也会得到教师的奖励，期末的时候就能兑换奖品。维持课堂纪律靠的就是一个口令、一个奖励。从她的语气中，访谈者感明显受到了自豪感和幸福感。

访谈者：你经常开展教学反思吗？会采用什么方式提高教学水平呢？

陈 GHJ：有时候有。因为我们那边教师比较少，上完课后，教师之间会相互讨论一下，偶尔也会写一点自己的教学感悟，虽然只是偶尔写，但是特别有感触的时候，就会记录很多，包括家校沟通时处理的一些事情，或是教学中发生的事情。为了提高教学水平，我最多采用的是上网查阅相关资料，因为这种方式比较方便，再加上网上的资源比较多，可以根据自己的需要选择。如果你去请教别的教师，他们的方法可能很适合自己，但是不一定适合你。

从陈 GHJ 的回答中，可以看出陈 GHJ 已经走出了"有经验的教师的教学方法就是好方法"的误区，归纳出适合自己的才是最好的，更倾向于在自己的教学道路上摸索前进，寻找适合自己的教学方法。据访谈者了解，目前有很多新教师因为缺乏实际教学经验，盲目照搬别人的教学方法，完全不考虑自己的实际教学情况。

访谈者：当你的教学方法受到质疑时，你会怎么做？

陈GHJ：我会先反思一下我的教学方法。看学生能不能接受，如果我和学生都觉得可以，并且教学效果也比较好，那我觉得没多大问题，但是如果确实有问题，我会根据别人的意见修正完善。不能因为别人说有问题，我就马上跟着别人的意见去改，我肯定要先去考察一下，到底是不是有问题，有问题再改，没问题，那就是其他的原因了。

受到质疑，并不是要马上去争辩，而是要先反思是不是自身的问题，先从自身出发寻找问题根源，然后再考虑别人的意见是否中肯。在面对质疑时，陈GHJ有着自己的观点和立场，不会因为别人说有问题就做出简单的反应。

访谈者：你是侧重文科方向还是理科方向的小学全科教师？能上数学、语文和音乐、体育、美术等艺术课吗？目前承担的课程是否会让你感到教学负担过重或者有压力呢？

陈GHJ：我是文科方向的。但是我也可以胜任数学课（言语中透着自信）。我是班主任兼语文教师，除了数学和美术不上，其他都要上。因为我在农村小学，我们学校的教师不是很多，并且我也不想包班，所以数学我没接课，其他的包括音乐、体育都接了。至于美术嘛，我们班数学教师比较喜欢画画，所以就刚好由她来上，关键是我上美术是不行的，因为这方面确实不太好，我担心误人子弟。上这么多课，还是会有一些教学负担的，因为承担了不同的科目，而且课时量比较大，比如，一年级一天有五节课，我基本上一天就要上四节课，我还要带三年级，所以除了星期五以外，我每天的课都比较满，感觉比较累。但是基本上也能够应付得过来，也没有办法啦，现在很多农村小学艺体类课程的教师都比较缺。

陈GHJ似乎是乡镇全科教师的一个典型代表，她担任了多门学科的教学，这会让自己感到有一些负担，但也是以"能够应付"的态度接受着。据访谈者从校长那里了解到，现在大部分乡镇小学语文、数学课程的教师已经饱和，音乐、体育和美术课程的教师则比较缺乏。陈GHJ除了美术方面的教学无法胜任外，其他学科都是可以教的，而这种能够跨学科教学的教师，正是许多乡镇学校所需要的。

访谈者：你认为自己目前哪方面的能力最需要提升？

陈 GHJ：很多方面都需要。比如说耐心，有时候教一些东西，学生听不懂，自己就容易发脾气，所以需要有更多耐心。还有就是刚刚说的对于重难点的把握，对教材的熟悉程度，如何把自己心里或者是看到的那些东西运用到教学中来，形成自己的教学风格，这就是教学方面的能力吧！

访谈者：你目前的专业发展状态如何？是从容，还是想要改变？感到满足，还是想要更多的挑战？

陈 GHJ：因为我一直就比较喜欢教师这个职业。所以我对于目前的工作是一种较为满足的状态，但是并不是说我就愿意一直待在我们村里，我还是希望通过自己的努力往外面走，但是我只想从事教师这个岗位，并不想往其他的方面发展。

（三）小学全科教师人际关系的应对

访谈者：你与学生、同事的关系如何？自己的表现是否符合领导的期待、家长的期望呢？

陈 GHJ：我与学生的关系还是比较融洽的吧。我感觉有时候有点儿把握不好度，不知道到底是该严厉一点还是慈爱一点。因为一年级的学生太小了，我对他们就比较温柔，学生也还比较喜欢我。与身边同事的关系都挺好的，相处比较愉快，大家都是朋友关系，他们也根本没有觉得你是全科教师而有什么不同，就没有那种专业的划分了，所以他们还是会给予我们一些帮助的。领导呢，我认为也没有因为我们是全科教师就对我们多关注一点或是怎样，就和普通教师是一样对待。至于表现嘛，我也不知道能否得到领导的肯定，因为我们不是在中心校，和领导接触的机会就比较少，并且在我们村小就只有两名全科教师，我感觉专心把自己的教学工作做好就可以了，其他的没怎么去想。家长最大的期待就是我们能够帮助学生提升成绩，目前没有反馈不好的意见。

访谈者：你认为师生之间应该是一种什么关系？

陈 GHJ：我自己更希望是一种朋友关系，就是希望他们热爱我所教的这门学科，然后喜欢我，而不是因为我严厉而害怕我。但是我觉得建立这样一种关系还是挺困难的，就是把握那个度是非常难的。

访谈者：你与家长的沟通顺畅吗？有没有遇到什么困难？

陈 GHJ：这是一个难题。因为感觉很多农村的家长认为把自己的孩子送到学校后，孩子的一切就都要由教师来负责。你想和他沟通学生学习态度的问题，他会觉得是你的问题，或者是孩子脑袋有问题，有时候甚至觉得无法和他们进行正常的沟通，与家长的一些思想观念很难达成一致。

陈 GHJ 表达了与家长沟通中的困惑和无奈，但小学教师的工作终究不能回避家校沟通。于是，访谈者追问了陈 GHJ 与家长沟通的途径有哪些。

陈 GHJ：接送学生的现场沟通，还有电话、家访、QQ 群、微信。因为我们这边很多都是留守儿童，学生的爸爸或妈妈通常会发微信了解学生在校的表现。因为离学校比较近，家里老人在送孩子上学或者教师平时散步去他们家里的时候，会进行深入沟通。

访谈者：你认为与家长沟通对教育学生的作用大吗？能不能举个例子？

陈 GHJ：如果家长和教师的沟通比较顺畅，对学生肯定更好。比如说，我觉得一年级拼音教完了，就可以加强巩固，增加他们的识字量，就会建议家长给孩子买课外书自主阅读，这就肯定需要家长的支持。通过他们的识字阅读，现在我们班有些孩子利用课前五分钟上台读故事给大家听，而且读得越来越流利了。

对于教师与学生、同事、领导、家长的关系这个问题的回答，反映出陈 GHJ 与周围人的关系融洽。作为新教师，其有了一个良好的开端。

（四）小学全科教师岗位心理适应度调查

访谈者：你对这里的工作环境、工作待遇满意吗？是否在工作中体会到了价值感和成就感呢？有信心规划今后的职业生涯吗？

陈GHJ：工作环境不太好，但我都挺适应的。工资待遇都是财政统一发放，除了特岗教师，其他教师（全科和分科）都是一样的待遇，不会按照课时算工资，除非你有代课，才会另外给。但是我们在农村小学有生活补贴，比中心校的人要多100元吧，平时基本工资也要比他们多接近100元，这应该就相当于是一种农村小学的边远补贴吧。其实，刚来的时候，感觉是有落差的，校园环境、生活条件都与自己期待的样子有差距，但也就只有开学的那会儿，可能两周左右的时间吧，感觉落差稍微有一些大，但是我很快就把自己的心态调整好了，就没什么不适应的了。慢慢地，当看到自己教的学生越来越好了，他们在行为习惯或是学习成绩方面有所提升，这个时候我就觉得自己的努力得到了回报，特别有价值感。其实以前还没感觉，工作以后才想了很多，我更觉得每走一步都要走好。有时候就是自己想得太多，期望太高，反而失望会越大，但是不能说没有目标，我现在肯定还是希望在满六年合同期之后，自己能够进城。然后，在这六年期间，我就是希望能够把自己这个班学生的成绩提上来，或者是帮助他们养成良好的行为习惯。

访谈者：你是否感觉到理想和现实有冲突？

陈GHJ：嗯，就是因为我感觉自己在大学里面很努力，然后毕业来到学校，学校的领导并没有给自己太多施展才华的机会，有些失落。但是后面想想也很正常，毕竟年轻教师那么多。

访谈者：你赞同学校的管理理念吗？

陈GHJ：我们农村小学倡导诗文化，我还是比较赞同的，因为诗本身比较儒雅，有内涵，但是我觉得还是要把这些理念性的东西落实到行动上面才可靠。

访谈者：你所在的学校重视对青年教师的专业发展和培训吗？

陈GHJ：我觉得每所学校应该都比较重视青年教师的发展，只是说它会有片面性、局限性，不可能照顾到每一个人。这学期，我们有一些新教师培训，但是今年的"国培计划"是以片区划分的，因为学校、教师太多了，只有按照不同片区、不同时段去培训不同科目。像今年的话，我们这个片区就是数学教师参加"国培计划"，我们语文教师下学期可能才会有机会。

陈GHJ对自己的工作适应得较快，但还是表达了理想和现实之间的一些差别，如学习的东西得不到更好的施展，学校对青年教师的培育有地区的差异，但似乎这些并没有给其造成特别强的不适应感。

（五）小学全科教师职业认同感调查

访谈者：你认为什么样的教师是合格的农村小学全科教师呢？成为优秀的小学全科教师应该具备哪些条件？

陈GHJ：其实，这个概念很模糊。因为我还记得我大一去参加重庆市的比赛，培训中的全科教师是能够在一门学科当中融入多学科元素，但其实这一点我还当真不知道该怎么做，而且我觉得现在离这个要求还有差距。现在我听别人说我们全科教师就是什么都能教，但是现在的小学教师（分科教师）也是承担了多门课程的教学，当然艺体方面毕业的教师除外。而且，教语文和数学的教师，基本上都兼任了其他科目的教学，其实我觉得虽然他们不是我们这种全科教师，但依然在做全科教师的教学工作。我感觉学校倡导的全科理念目前还没有落实到学校实际的教学工作之中，比较表面化，学校的教学工作依然没有创新完善，没有创建融合课堂，这可能还需要一段时间去理解和落实吧！要成为优秀的小学全科教师，简单一点来说，就是让学生喜欢，让家长认同，学生喜欢教师的课堂，喜欢教师的教学，家长也认可你的方法和教学上取得的效果。

从陈GHJ对全科教师的理解中，我们不难发现，我们所倡导的全科教师和培养出来的全科教师是存在一定差距的。"融合性课程"在农村小学的实际教学中还没有完全落实。同时，即使是分科教师在农村小学，几乎每名语文、数学教师都需要兼任其他学科的教学。

访谈者：工作了半年，你是否感到了全科教师与分科教师的区别？

陈GHJ：没有。我反而觉得其他分科教师有专长，因为他们是扎实地搞一个专业的东西，就会更专业一点，我们显得更泛泛一些，所以我没有觉得我们比别人有优势，反而觉得别人比我们有优势。并且我觉得自己在学校其实没有太努力学习，虽然学校开设了各种各样的课，但是自己真正努力学的很少，现在有些后悔没有把握好学习机会。

在这里，陈 GHJ 并没有因为自己是全科教师而觉得比其他教师有优势，相反，其提到了其他分科教师的专长和优势，也分析了造成这种状况的原因，可能是自己积累经验的不足和在校学习的努力程度不够。同时，她专门提到全科教师的特长其实应该是能够实现课堂融合。这种课堂融合，其实更准确地说是综合课程，是指打破学科壁垒，围绕生活世界中的问题进行跨学科的知识综合教学。

访谈者：你认为小学全科教育这个专业的发展前景怎么样？你看不看好？

陈 GHJ：看好呀。如果说培养成了真正意义上的小学全科教师，运用融合课堂的话，那我觉得培养小学全科教师是非常好的。

在这方面，陈 GHJ 很自豪，但一提到教学与课堂，又有些略显遗憾，说："但是现在其实还是分科教学嘛，有卓越课堂、优质课堂，就是还没有综合课堂、融合课堂。"其在肯定分科教师专长的同时，依然对全科教师的专业发展前景看好，而她所希望的全科教师，应该是综合课程改革的重要实施者。

（六）小学全科教师轶事记录

访谈者：半年的全科教师生活，你认为自己的总体感受是什么？

陈 GHJ：我就觉得自己出来工作比较开心，没什么其他特别的那种感觉。

访谈者：那有没有发生什么印象特别深刻的事情，或者有没有让你印象深刻的学生呢？

陈 GHJ：没有一些特别的事情，没有。我就是安安静静地教学，只想做普普通通的教师。

在访谈者的追问下，陈 GHJ 说出了一个关于学生的小故事。

陈 GHJ：就是我们班有一个孤儿，没有爸爸和妈妈，从小和自己的爷爷、奶奶生活在一起，脾气就惯得有点儿坏。你稍微有一点不顺他的心，比如，你批评他没完成或做错作业，他就会使劲儿哭，而且是那种撕心裂肺的哭。最开始我很害怕他哭，后面才发现是他知道我怕他哭，所以哭得更厉害。但是，我觉得要让他觉得哭是不能解决任何问题的，不能让他一直这样下去。在这之前,我也和他爷爷商量过,也希望他能有一些改变,我觉得既然家长也支持,我就得狠心帮他改掉坏习惯。有一天,他可能哭了四十几分钟吧,他哭着哭着,觉得老师可能不会放自己走,哭也没有用,还是要把该完成的任务完成,然后他就过来做作业,做完就回家了。从那以后,每一次留他做作业或是作业改错的时候,他都没有哭了。所以有时候我觉得还是要抓住学生的心理,并且和家长做好沟通,共同帮助学生成长。

访谈者:那通过你的这些方法,这个学生现在有改变吗?

陈GHJ:有吧,但是这个小孩跟其他小孩相比,性格上面有一些奇怪,有时候让人难以理解和琢磨,希望接下来,能够多关注和引导他,让他能够越变越好。

访谈者:这个孩子好像比较特殊,今后你或许还会当他的科任教师,那你目前有没有想到什么方法去改变这种状况呢?

陈GHJ:目前没有想到一种特别的方法,只有慢慢去了解他,去想办法。

陈GHJ身上所表现出的岗位适应性、对自己工作和专业的认同以及其所面临的困难在首届全科教师中都具有一定的代表性,这不仅让我们了解到了全科教师工作半年的职业适应情况,也为全科教师培养单位提供了可参考的意见。

九、这里不仅有你们的梦想,还有我的梦想——访谈重庆市LGP县CIJW小学全科教师刘IG

(一)背景介绍

CIJW小学位于风景优美的峨眉山脚下,距离县城较远,是LGP县的"西大门"。学校始建于1920年,至2018年10月,学校现有中心校1所,中心幼儿园1所,农村学校8所,其中基点校3所,共计60余个教学班,学生总数3000余人,教职工120余人,其中本科学历22人,专科学历64人,小学高级教师41人,小学一级教师82人。学校树立"以人为本,因材施教"的办学理念,坚持"办家长满意学校,创素质教育新路;以质量求生存,以特色求发展"的办学思想,贯彻"管理为基、发展为本、科研引路、内强素质、外塑形象"的办学策略。学校先后获得县级荣誉十几项和"重庆市教育学会学习指导专业委员会理事单位"等称号。

（二）小学全科教师专业技能在教学中的体现

访谈者：你感到能够胜任小学全科教师工作的程度有多大？

刘IG：大概是80%吧！

访谈者：那你觉得自己能高质量地完成备课、教学和辅导吗？有没有遇到什么困难？

刘IG：能完成，但是不能说是高质量，因为我们才任职一学期，只能说浅显一点的教学目标基本能把握，如果更深层次的引导，我们这种新教师还是差一些的。比如说，我一眼就能看懂数学的知识点，但是我不能很好地让我的学生也能看懂、学懂。很多时候，我感觉自己的教学有一部分时间是处于自我世界中，没有从学生的角度去感受他们学得怎么样，我认为这一点是自己很大的不足。但到目前，还是没有特别好的方法去解决，只有平时做课堂练习的时候会去学生中间转一转，了解作业完成情况，经常给他们设计一些问题，让他们自学、小组讨论、汇报，了解学生学习和掌握情况。不过，目前最大的困难是让我教多个科目，比如，这节课我上了数学课，下一堂课上科学课，没有实现我们倡导的全科教学理念，比如，上一堂数学课融入科学元素，这种要求我就没达到。只有对这些学科的教学大纲、教学目标、教材、学情等一些基本情况了然于心，才能达到融合课程的效果。

这个问题应该也是大多数新任全科教师都会面临的问题，自己一看就懂的知识，却不能让学生一听就明白，或是对学情把握不足，或是局限于成人思维。如果把自己设想为一名学生，那么便会明白，学生在那个年龄阶段，心理认知处于某个水平，他们的认知是不会和成人相同的，有了这种意识，我们就会尽可能地用儿童的口吻和思维去讲解这些问题，儿童自然也能更加容易地理解这些问题。

在这里，刘IG主动提出了"融合课程"（准确地说，应该是指综合课程）这一概念，这也是小学全科教师在校学习的重要教学模式和教学理念，不仅符合新课标的要求，也是针对小学全人启蒙正在积极开展的探索。但是目前根据实际情况来看，"融合课程"这一理念在农村小学还没有普遍得到落实。如刘IG所言，能够实现这一理念的最好途径便是"包班教学"，但是现实的教学制度已经走上了分科教育之路，实现"包班教学"还需要一个改革的过程。

访谈者：那请问你在班级管理中遇到过什么困难没有？是怎么处理的？

刘IG：嗯，有啊！因为我是班主任，班级管理会涉及很多方面。举一个例子吧，有一个男生经常迟到，我对他也采用了很多处理方法，也跟他的家长沟通了，但始终没有纠正迟到现象。再如，有一个从来都不做家庭作业的学生，你即使让他的爸爸、妈妈共同管教，甚至施压不给他零花钱，他还是不愿意做家庭作业，这就是我目前在班级管理中遇到的比较头痛的问题。最开始我也采用了一些办法，一学期下来，也只能说情况稍微好转了一点，不能说是完全好转了。我邀请他们两个学生的家长来过学校一次，和学生一起聊了一下。我了解到，他们的家庭情况对这种问题的产生有直接影响，一个是爸爸和妈妈都没在家，只有爷爷在带，另外一个是爸爸和妈妈离婚之后由爸爸在带，都疏忽了对他们的管教。了解情况之后，我就采取了一些措施，比如说，放学之后我就让他（不做作业的学生）留在教室里面做完作业再走，而经常迟到的那个学生是在我们学校附近住，我吃完早饭后就经常去他们家门口看一看，这么督促了几次啊，情况也略微有所好转了。

正如刘IG所说，在班级管理中遇到问题，得先找到原因，再摸索方法解决。学生迟到和不做家庭作业是经常出现的问题，但如果只是看到现象本身，不深入挖掘其原因，那么这样采取的处理方式可能会适得其反。其实这些孩子往往是缺少爱、缺少陪伴，只有教师用爱和关注去慢慢感化学生，学生才会慢慢步入正轨。

访谈者：那你是通过哪些途径来了解自己的学生，然后调整自己的教学的呢？

刘 IG：第一也是最普遍的，就是单元测试。第二就是家庭作业，通过作业观察学生当天对某一种题型把握得怎么样，如果遇到错误比较多的，第二天我会把这个知识点再强调一遍。第三就是课堂提问，每天上课前用五分钟时间来提一提昨天讲过的知识，然后抽取几名学生来回答，看看回答的情况，大概就是这三种方法吧！

访谈者：你觉得之前学校所学的理论知识，对现在的教学工作有没有什么帮助或者作用呢？

刘 IG：当然有。比如说心理学，还有教育学等专业课，对我目前的工作来说作用是比较大的。

访谈者：你经常开展教学反思吗？会采用什么方式提高教学水平呢？

刘 IG：刚来学校大概有一个半月的时候，我还在坚持做教学反思，然后后面两个月因为教学任务繁重，就开始偷懒（没有做教学反思了）。最开始坚持的那一个多月，大概是上完一堂课之后，再去办公室看自己的教案，看看自己是不是按照自己的教案流程上的课，有没有需要完善和修改的，有没有完成教学目标，给学生设置的问题是否合适，从这几个方面来进行反思。反思就是一种提高的方式，但很大一部分还是要靠时间和经验来积累的，目前对自己的要求还是平时坚持课前认真备课，尽量多参加几次赛课，积累一些经验。

访谈者：在课堂管理中维持课堂纪律困难吗？哪种方式比较有效？

刘 IG：对于我来说不难。因为我是班主任，我们学校是典型的农村小学，基本上很多孩子都是父母外出或离异。家庭教育不到位，使得很多孩子养成了不好的学习和生活习惯。我入学第一个月，接近有 20 天都集中用来做班级管理，以及改变他们的习惯，现在情况有很大改善，我还是比较放心的。其实也没有用什么特殊的方法，有一点应该叫"班主任效应"。因为前期我要整顿班级纪律，表现得特别严厉，树立了威严，所以在后面的教学过程中，基本上没有多少孩子上课讲小话、不遵守纪律，但是在其他教师的课堂，比如，科学、思想品德，他们就开始调皮起来了。

刘 IG 在课堂管理上花了不少心思，说到学生的习惯时，刘 IG 着重用"不好"

来形容，但也特别强调用了接近 20 天的时间集中强化班级管理，以表达对课堂纪律的重视。在课堂纪律管理上，刘 IG 没有讲述详细的方法和措施，总结出两个字就是"严厉"。这是一种什么样的严厉呢？在课堂管理上，刘 IG 是否有其他的一些方法呢？访谈者追问了刘 IG 在班级纪律管理方面采取的具体措施。

>访谈者：你在课堂上有没有采用一些具体方法进行管理，如口令？
>
>刘 IG：有是有的。我采用扣五角星的章，每天作业完成得比较好的就得两颗，完成得特别不好的或者没完成的得一颗，或者卫生没做好的得一颗，课堂纪律没有维持好的也得一颗，一学期下来每个人的语文书、口算本、练习册上都会出现我扣的章。时间一长，学生自己记录着得了多少颗星星。我们班还专门找了一名同学，我叫他银行管账员，他专门负责来管这个星星的数量，那个记录星星数量的本子，只能他一个人看。到了中期考试的时候，我就举行了一次拍卖会，我就自己出钱去买了一些小文具，然后就让他们来竞拍，用自己的星星数量来竞拍。比如说，我去买了一支特别好看的中性笔，我说三颗星起拍，你自己有多少颗星自己计算，不能超过你自己星的总数哦（说到这里时，刘 IG 的语气就像是在和孩子对话一样，变得童真、稚气而充满了欢乐）。他们就开始说"我出五颗""我出六颗"，进行拍卖。就通过这种方式，然后下半学期他们就更加珍惜这个星星了。到了期末，星星排名前十名的学生寒假作业减半，后五名的学生寒假作业加倍，大概就是用这种星星制度吧！

从访谈者的追问中我们可以看出，刘 IG 在班级管理上并不是仅仅依靠"班主任效应""严肃"。刘 IG 的"星星制度"对建立班级秩序显然起到了很大的作用。这种秩序不仅在于课堂纪律上，同时已落实到班级管理的各个方面。比如，有的学生发现练习册上没有星星，就想在课堂上表现积极一点或者清洁卫生做好一点来获取星星。后来，学生的星星越来越多了，刘 IG 又去买了一个大星星的章，八颗小星星兑换一颗大星星。班中各个方面都被计入星星的奖励中，想做班干部，需要 300 颗星，想要坐哪个位置，也可以用星星兑换。学生日常学习、习惯各个方面的表现都会以星星的数量来体现。

>访谈者：这种方法听起来效果不错，你会一直沿用这种方法吗？

刘IG：我也是在摸索中。目前，还有很多地方是不完善的，我下学期还准备设立一名"银行行长"，由他来负责管理这个星星，还要不断地完善它。

访谈者：设立一个不同于以往的班级职务名称，有什么不同的反响吗？

刘IG：孩子应该会更加喜欢吧！我们班像班长这种常见职务用得很少，比如，"银行行长""火箭队队长"之类的用得比较多。因为之前我在学校的时候都有上心理学，应该是那一刻学得比较认真。当时是李院长在给我们讲心理学，她说从低年级开始应尽量多关注学生的心理状态，高年级的时候尽量要在班上形成一种竞争机制，形成一种浓烈的竞争氛围。我想刚开始就用这个星星制度来试一下能不能在班上营造一种竞争氛围，当然还是有一定的效果的。

访谈者：你是侧重文科方向还是理科方向的小学全科教师？能上数学、语文和音乐、体育、美术等艺术课吗？目前承担的课程是否会让你感到教学负担过重或者有压力呢？

刘IG：理科方向的。语文课没有上过，有些担心，勉强能上艺术课，不过一般男教师可能美术要差一点。我们学校本来也要让我去上美术的，但是学校刚好来了一个专职的美术教师，我就没有上美术课，艺术课功底还是本专业的分科教师要扎实一些。目前，我上了数学、思想品德、英语、科学、体育，大概5—6门，一共上一、二、五、六四个年级的课。教学负担很重，但是没办法，在农村小学就是严重缺教师。

刘IG提到，就艺术科目而言，还是分科教师更适合。另外，农村小学的现状对小学全科教师跨学科、跨年级教学提出了较高的要求。

访谈者：你目前的专业发展状态如何？是从容，还是想要改变？是感到满足，还是想要更多的挑战？

刘IG：想要更多的挑战。不过学校也在给我更多的机会。比如说，因为我在大学里面入了党，校长就比较重视培养，让我参与到学校的一些事务性工作中，给我提供了一些参加比赛的机会。

访谈者：你觉得自己哪方面的能力最需要提升？

刘 IG：从两方面来说吧！第一个就是教师的基本技能，我的黑板字要差一点。然后，第二个就是能力方面的，为人处世和统筹协调都需要好好学习。当然，我也有通过一些方式来提升，比如说黑板字我现在大概坚持了一个月了，每天孩子们放学之后坚持练字，在工作能力方面，平时尽量多听、少说、多看。

（三）小学全科教师人际关系的应对

访谈者：你与学生、同事的关系如何？自己的表现是否符合领导的期待、家长的期望呢？

刘 IG：我跟我们班学生的相处模式，大概就是上课的时候不苟言笑，下课的时候跟孩子打成一片。我们班好多女生还拉我去跳绳啊，男生拉我去打篮球，我也会跟他们参与这种活动，基本上是课上严肃，课下跟孩子们像朋友一样相处。我特别喜欢跟孩子们沟通，不过有一点就是我想跟他们沟通的时候，他们一般是不会说他的真实情况的，就是这一点比较难。要想了解他们更多的信息，就要到他们家里面去了解他的家庭情况，不过平时一些课外的话题，大家都还是愿意一起聊聊的。同事之间的关系还是挺好的，但感触比较深的是同事之间的关系永远没有同学之间的关系那么好。很多时候，基本上都是各自管各自的，不会提出中肯的建议和批评。领导对我们的期望还是比公招那些教师要高一点，因为我们签了合同，学校也有意识地在培养我们。领导对我的工作应该是比较肯定的，因为平时会接到领导安排的很多工作，如果不肯定、不信任，也不会放心交给你做。其次，有外出学习和培训的机会，领导都会尽力安排我去，应该是比较看好和器重我们小学全科教师的。

访谈者：你认为师生之间应该是一种什么样的关系？

刘 IG：师生关系就像我刚刚说的，课上咱们还是十分严肃的关系，课下咱们就可以打成一片，我认为这种关系对我来说是很实用的。建立这样一种关系也不困难，不过呢，这要看每位教师的性格，比如说，我们一起入职的一名新教师，他下课就回办公室了，上课基本上跟学生也不苟言笑。所以说师生相处，很多时候要看教师的性格。

访谈者：那么，你与家长的沟通顺畅吗？有没有遇到什么困难？

刘 IG：也不能说顺畅，基本上还是能正常沟通吧！因为咱们农村的普遍情况是父母外出，大多都是爷爷、奶奶在家里带孩子。通过电话邀请他们来学校沟通学生在校表现情况，年纪大的老人基本也不会很主动地来。本来是应该与学生父母直接沟通，结果变成了跟留守老人的沟通，毕竟都是上了岁数的老年人，思维和理解上都有很大差异，沟通起来特别困难，虽然没有发生过大的摩擦，可还是有一部分的实际困难。

访谈者：看来是发生了一些故事，可以具体讲述一下吗？

刘 IG：其实也没发生什么大事情。大概是这样，我们班有个男生把一个女生的雨伞给弄坏了，外婆看到被弄坏的伞就问怎么回事，她就说在学校被男同学弄坏了。第二天，她的外婆就拿着雨伞到学校来找那个男生索赔。我打电话让男生家人来解决，男生的爷爷答应把伞拿去修。第三天，男孩的爷爷把伞还给女孩外婆的时候，外婆嫌缝得难看，不满意，两个人就开始争吵，我在中间给他们调解和讲道理也没用，两人越吵越凶。后来，我也发脾气了（刘 IG 表露出一些点愧疚的表情），我们三个人都发了脾气，之后大家就坐下心平气和地聊开了，也没多大事情。唉，这就是在农村学校和家长沟通比较烧脑的一点。你要是放在城里的学生，哪会出现这样的情况？比如，你把一个学生的彩笔弄坏了，有可能家长第二天就给你买套新的。

访谈者：你认为与家长沟通对教育学生的作用大吗？能不能举个例子？

刘 IG：效果不是特别大。我们这边沟通基本上就是面谈，微信和 QQ 基本上没用。我开始建了一个微信群，就七八个人，有些家长没在家不愿意进，家里孩子的爷爷、奶奶又不会用手机。所以我干脆就把微信群解散了，有什么事我直接到他们家，我们班很多学生的家都离学校很近，十几个学生就住在校门口。因为这边的父母基本不管学生，爷爷、奶奶说话学生也不听，教师主动打电话跟父母说效果也不好，所以与家长沟通的作用不明显。

访谈者：当自己的教学方法受到质疑时，你会怎么做？

刘 IG：虚心听从前辈的经验，刚出来任教的时候，肯定是没有多少经验，比我们年纪大一点的教师的经验自然也会比我们丰富一些，他们提出的一些问题肯定是要虚心接受并及时反思的。

在人际交往方面，正如刘 IG 所说，从学校角度来说，学校领导是较为重视首届全科教师的，给予了全科教师很多的成长机会，从学生角度来说，刘 IG 和学生的关系也处理得当。但是存在的最大困惑是，农村小学生普遍都是留守儿童，父母无法及时与教师合作育人，爷爷、奶奶又无法使用手机。QQ、微信这些交流平台无法在家校沟通中起到重要支撑作用，这是与城区小学的一个重要区别。

（四）小学全科教师岗位心理适应度调查

访谈者：你觉得对这里的工作环境、工作待遇满意吗？是否在工作中体会到了价值感和成就感呢？有信心规划今后的职业生涯吗？

刘 IG：对工作环境总体还是满意的。教师宿舍、办公室都还挺好的，但是交通不便，还是会因为交通不便、农村学校学习机会少、住校的同事和朋友少等感到有些孤独。目前，对工资待遇还挺满意的，除了平时的基本工资和绩效，年终的时候还会发年终奖。这半年，在教学管理或者班级管理上，我成就感比较大。我刚来上课时，路过教室的教师都知道这个班太吵了，学生都不认真听课。后来，我调整了方法，积极关注和引导学生的兴趣，现在课堂氛围很融洽。幸福感不是说我们班一共有多少人考了 100 分，而是你看见经过自己一学期的努力，学生成绩有所提升，那种幸福感是最浓的。所以我还是挺有信心的，我给自己规划了两条路，一是一心一意教书，成为一个名师；二是如果有机会，希望能从事行政管理。

根据访谈内容，刘 IG 对自己的工作环境以及工作效果还是很满意的。当然，还是存在一些不太适应的地方，在市区师范院校学习和城区小学见习后，一些对比还是使自己产生了不适感。不过相比工作中获得的成就感而言，刘 IG 还是表达出了对自己专业和职业的认同。

访谈者：你是否感觉到理想和现实有冲突？

刘IG：目前还是没有的。因为刚大学毕业的时候就想着能找到一份工作，安心教书就行了，现实也是这么在发展。入职之后，自己也在制定一些目标，比如说成为一名骨干的数学教师或者一线名师，想朝着这方面努力吧！

访谈者：你觉得现在这份工作是自己期待的那个样子吗？

刘IG：这份工作还是比较符合我的期待的。因为之前已经实习过了，所以说对这个职业还是比较熟悉的。每当有人问我们是做什么工作的时候，我都会说是全科教师，觉得自己还是挺自豪的（这时刘IG的语气变得严肃起来，而且下意识地说出了重庆话）。

访谈者：那当初是因为政策原因还是自愿选择的这个专业？

刘IG：我当时选择这个专业是因为我老爸、老妈喜欢教师。不过我读大学之后，特别是第一次见习、实习，我发现其实当教师也挺好的。

访谈者：你赞同学校的教育管理理念吗？

刘IG：赞同。我感觉我们这边的管理还是挺人性化的。虽然说没有什么固定的口号理念，但思想还是很人性化的。我们校长常说不限制每个人的发展，也不限制每个人想要学习的决心。只要想学习进步，他都支持，特别人性化，没有什么特别的条条框框，你想干某件事就跟他商量，他如果觉得可行的话，就会支持你。

访谈者：那你所在的学校重视青年教师的专业发展和培训吗？

刘IG：我们校长特别重视。只要一有培训，有课的可以调课，还给报销车旅费，鼓励青年教师去学习。

（五）小学全科教师职业认同感调查

访谈者：你认为什么样的教师是合格的农村小学全科教师呢？成为优秀的小学全科教师应该具备哪些条件？对专业发展前景怎么看？

刘IG：这个我也不能具体给你说清楚。我认为首先要是一名农村教师，同时又是一名农村的全科教师。在农村特别缺教师的时候，你能独自承担起多种学科的教学，同时还能达到融合学科的效果就很好，但是这只是我对农村小学全科教师的理解。我认为成为优秀教师，最根本的就是让学生喜欢。目前，我觉得全科教师的专业发展前景特别好，因为农村学校的每一个学科都配一名教师是不可能的，而其他的分科教师来工作一两年后都慢慢考出去，所以说每一年基本上都有缺教师的情况。就拿我们学校来说吧，始终非常缺教师。如果能多来几名我们这种全科教师的话，对学生是有帮助的，对学生的成绩和各种知识衔接的影响特别大。

在这里，刘 IG 也提到了融合课程的理念。显然，融合课程，准确地说是综合课程，是许多全科教师翘首期盼的理想课程。刘 IG 对综合课程的改革充满着期待，也希望找到一把能打开学科融会贯通大门的钥匙，但这需要不断地探索。正如其所说的那样，时间和经验对于一名教师来说非常重要。

访谈者：工作了半年，你是否感到了全课教师与分科教师的区别？

刘 IG：教学方法上面倒是没多大区别。但是有一种潜移默化的思想，与分科教师的区别就是在思想观念上面的。比如，在教很多学科的时候，我总会想着能不能尝试着把其他学科也纳入进来。但是分科教师就不会这样想，一般都是教什么讲什么。

十、你好，普子河——访谈重庆市 PBS 县 PJZ 镇中心校全科教师黄 JL

（一）背景介绍

PJZ 镇中心校，背依巍巍凤凰山，俯瞰涓涓普子河，位于 PBS 县北部边陲，距离县城 56 千米，属于镇级农村学校。PJZ 镇中心校占地面积 11 540 平方米，校舍建筑面积 5948 平方米。校园绿树成荫，鸟语花香。学校办学规模逐年扩大，2018 年 2 月，有 30 个教学班，在岗教职工 89 人，在校学生 1941 人。目前，学校仅有教学楼 2 栋，教师宿舍楼 2 栋，篮球场 1 个，图书室 1 个。但学校现已经启动校园扩建工程，预计建成后将成为县城中乡镇第二大小学，将配备标准足球场、篮球场、羽毛球场、实验室、微机室、图书室等。学校以"良好习惯缔造健康人格"为育人宗旨，树立"质量是学校生存发展之本"的质量意识。坚持"管理强校、质量兴校"的办学指导思想，狠抓教学"七认真"，即认真备课、认真上课、认真布置和批改作业、认真辅导、认真组织考核、认真组织课外活动、认真指导学生自学；以"文明、守纪、勤学、奋进"为校风；以"慈爱、严谨、探索、创新"为教风；以"勤奋、求实、深思、博学"为学风。

(二)小学全科教师专业技能在教学中的体现

  访谈者：你感到能够胜任全科教师工作的程度有多大？

  黄 JL：我觉得70%应该是没问题的。

  访谈者：那你觉得自己能高质量地完成备课、教学和辅导吗？有没有遇到什么困难？

  黄 JL：现在我觉得质量可能是真的不高，毕竟我们才任教一学期。就拿备课来说吧，我们都会参考教学参考书或者网上资料（各种教案和教学设计）。如果完全由自己写，还是会觉得比较难。对我们新教师而言，我觉得最大的问题，应该是有的时候自己的一堂课不能完全与自己的教学计划相契合，课堂上经常会因为管理一些调皮捣蛋的学生而拖慢自己的教学进度等。我认为之所以会出现这样的问题，是因为没有把握好管理学生和教学进度之间的关系。就目前而言，我还没有找到非常好的处理办法，但是后半学期好了很多。在课堂管理上，我会尽量用一些鼓励的方式来激发他们的兴趣，学生学习认真一些，课堂纪律也会随之好了许多，教学进度也跟上来了，所以克服这种问题就是要在课堂上多鼓励学生吧！还有一个困难，便是学困生的问题。因为平时我们学校校长、教师都说要多关注学困生，要把学困生的成绩提上去，要持有不抛弃、不放弃的态度。所以，这一学期我的关注点除了在那些成绩非常好的学生身上，再就是在学困生身上。可是我发现，一学期下来好像再怎么努力，效果都不是很明显，很难提升他们的成绩，所以我觉得在这个问题上还需要多想想办法。

  对于新教师来说，或许很少有人肯定回答能高质量地完成备课、教学和辅导。另外，这也给师范院校的培养和师范生的在校学习提供了参考，基于岗位胜任力的教学技能训练是教师专业发展的一个重要方面。

  访谈者：那请问你是班主任吗？在班级管理中遇到过什么困难没有呢？

黄JL：我是二年级的班主任，有一些让人头疼的问题。比如说，一些二年级的学生，因为处于小学低段，所以行为习惯比较差，每天都得跟他们讲无数次要养成读书习惯、讲究个人卫生之类的。但是老师虽然每天都在讲，那些孩子还是总会出现问题。另外，小孩子随时会给你说一些类似今天谁又把谁给打了，或者是其他什么调皮捣蛋的事情，反正在小学担任班主任呢，每天都会处理这些事情，这就是班级管理中比较烦琐的一些事情吧！

访谈者：那你会通过哪些途径来了解你的学生，然后去调整自己的教学呢？

黄JL：课上，我会观察学生是否在认真听课、做笔记。课下，一般就会通过作业完成情况、考试、小测试来了解学生的学习状况。之后，再来调整自己的一些教学方式和教学进度。

访谈者：那你觉得在师范院校所学的理论知识对你现在的教学有没有什么作用？

黄JL：我认为纯理论的知识是专业基础，但很少能直接运用到教学中去，更多要自己消化吸收，根据学生的实际情况灵活进行调整。

理论只是基础，还需要结合教学实践，这是黄JL提到的观点。在访谈中，黄JL提到了教育心理学中的"正强化"理论，自己正是通过奖励和鼓励来激发孩子的兴趣的。

访谈者：你经常开展教学反思吗？会采用什么方式提高教学水平呢？

黄JL：反思是肯定的。无论是每堂课，还是每一次考试，都要做一个分析。因为我感觉新教师也都是"摸着石头过河"吧，每次上完课都会觉得自己有很多不足，我也会进行总结，然后跟我的指导教师进行一些交流，然后在下一次教学中，都会做一些改进。我们学校给新教师都指定了一个前辈，是比较优秀的老教师，以老带新的方式指导教学，并开展互相听课、评课、议课，不断总结、反思、完善，从而提高教学水平。除此之外，我自己还会去网上搜一些名师课堂的视频来听、学。

访谈者：在课堂管理中维持课堂纪律困难吗？哪种方式比较有效？

黄 JL：我感觉很难。虽然新教师刚到新班级，学生不了解也比较好奇，上课蛮认真，但是一段时间之后，那些调皮的孩子就会不遵守纪律。而作为新教师，刚开始上课时，我们可能只关注自己所讲，而忽略了学生是否听明白了。那些上课没太听懂的孩子就会把注意力转移到讲小话或者玩东西上去，就会导致课堂纪律混乱，从而影响更多的学生学习。发现这个问题后，我也对自己的教学方式做了很多调整，还对学生给予了更多关注，学生听得更明白了，课堂纪律也更好了。我一般会奖励贴小星，表现好的或者课堂发言积极的，都会给贴星星。一般是满多少颗星会有相应的奖励，所以只要一说贴星星，小孩子的兴趣就会高涨起来。第二个就是运用同学之间的竞争心理，教师说到什么比一比、看谁做得更好之类的，这种有竞争性的教学方式，也能激发学生的兴趣。这样一来，学生的注意力更集中，对课堂纪律也就不用担心了。但是对待一些实在不听话的学生，也会有一些小惩罚。不过最好采用鼓励的方式吧，每次不管是口头表扬，还是说要贴小星星，学生的学习热情都会很高。

黄 JL 坦言，她面临的最大困难是课堂纪律管理，有时甚至会因为管理课堂纪律而耽误教学进度。但通过总结前半学期的经验以及积极了解学生，黄 JL 找到了维持良好课堂纪律的好办法。其实，也只有真正了解小学低段孩子的心理特征，才能有针对性地开展教育。全科教师在校培养方案中设置了基础心理学、小学心理学、教育心理学等理论课程，而理论课程的应用价值往往不是即时凸显的，其价值也可能不会即时被师范生认识到。但在实际工作中，理论学习也为改进教育教学方法提供了重要支持。

访谈者：你是侧重文科方向还是理科方向的小学全科教师？能上数学、语文和音乐、体育、美术等艺术课吗？目前承担的课程是否会让你感到教学负担过重或者有压力呢？

黄 JL：文科方向的。所以在我入职的时候，学校就只给我安排语文课，担心我上不好理科的课（数学），确实我自己也担心，毕竟从来没试过。不过音乐、体育、美术这类课程要看怎么上，因为像我们学校这边，音乐、体育、美术都是有线上抽考的，抽考还是比较严格的，对专业性的东西要求比较高，我们与相关专业的分科教师相比差距很大，我们上这类课也不是特别专业，抽考能否过关其实肯定还是一个很大的问题。目前，我担任了班主任，主要是上二年级的语文，另外还有书法和体育等课程。在我们学校，一般班主任都不会跨年级、跨学科，都是语文或者数学教师（担任班主任），只带一个班，教一门主课（语文或数学），只有像音乐、体育、美术这类教师才会涉及跨年级、跨学科的，所以教学负担不重，教学精力比较集中。

黄 JL 提到了小学全科教师在艺体学科上与分科教师相比的局限性。根据师范院校常见的培养定位，小学全科教师的素质结构一般为"一专多能"，不少学校开出了文综模块、理综模块、英语模块、文学语言模块等强化课程，也是希望夯实全科教师在某一学科领域的专长优势。有一个学科特长，同时能突破学科壁垒，胜任儿童"全人"启蒙工作，具备跨学科整合能力，这是许多师范院校对全科教师能力期望的表征。

访谈者：你觉得你目前的专业发展状态如何，是从容，还是想要改变？是感到满足，还是想要更多的挑战呢？

黄 JL：我觉得需要更多的挑战吧，毕竟还需要大量学习和锻炼。

访谈者：那你觉得自己目前哪方面的能力最需要提升呢？

黄 JL：我觉得还是教学能力。怎么样来改进自己的教学方法，从而提高教学质量，这个我觉得还需要不断学习。

从访谈中可以看出，黄 JL 所在的学校应该是在乡镇小学中较好的一所小学，"老带新"的制度也给新教师提供了更多学习、提升的机会。黄 JL 虽然能承担各学科的教学工作，但在艺体学科上还是强调了分科教师的重要性。在理论知识的评价方面，黄 JL 没有简单地强调理论课程的重要性，而是提出理论应在实践中转化。

（三）小学全科教师人际关系的应对

访谈者：你与学生、同事的关系如何？自己的表现是否符合领导的期待、家长的期望呢？

黄JL：我觉得我与学生的关系还挺好的。毕竟我们年轻的新教师都挺有亲和力，所以和学生的相处很融洽，也可能是因为我喜欢和他们沟通，平时话比较多吧。自我感觉与身边同事的关系良好，大家对新来的全科教师不会有什么不同的看法。一个办公室的教师朝夕相处，我觉得都相处得挺融洽的，都是互相给予帮助的。领导对我们的期望肯定还是蛮高的，（领导）每次都强调说，希望我们（全科教师）努力学习，跟着那些优秀的老教师多学习，不管是教学经验、教学理论，还是班级管理，都要多学习，让自己成为优秀的教师，自己目前的表现还行，应该在中等以上吧。

访谈者：你认为师生之间应该是一种什么样的关系呢？建立这种关系困难吗？

黄JL：我觉得师生之间既要有像家人般的那种亲情，也要有像朋友之间那种无话不谈的友情。刚开始觉得挺困难的，因为我接的这个班级以前是一个特别严厉的老教师在带。我带了这个班级以后，平时就像一个大姐姐一样，和孩子们有什么说什么，经常也一起玩啊、跳的。但是，他们可能还是对我稍微有点儿那种戒备之心，我不知道这是以前形成的，还是说他们本来对教师就会有这种心理。但是一学期相处下来，整体感觉还是挺好的。

访谈者：那你与家长沟通的途径有哪些？还顺畅吗？

黄JL：一般我们都通过微信群、QQ群发布一些通知，比如家庭作业、家长须知等，其次就是单独加QQ、微信，因为有些家长会单独了解孩子最近的表现。另外，我还会电话告知家长关于孩子在校不太好的表现，比如作业没做完、在校打架等。最后就是家访，我们每学期会固定进行家访。我与家长的沟通还比较顺畅，目前没有遇到什么问题。

访谈者：你认为与家长沟通对教育学生的作用大吗？能举个例子吗？

黄JL：每个家庭的情况不一样，作用也不一样。如果说是有爸爸、妈妈在家教育管理孩子，效果就会明显一点。而有一些家庭只有爷爷、奶奶带，不太能听得进去教师讲的方法，没法形成合力，效果就会差很多。比如说，有一个孩子前一段时间在学校的表现相当不错，课堂上能够积极发言，作业也能够认真完成，但她在近一段时间，上课无精打采，做作业也不认真,我就会跟家长直接电话沟通询问原因,找到解决办法。像这种问题,有时候家长也没太注意,只有当问题发展到比较严重的状况时才会重视,所以一出现这种小问题,我都会及时跟他们交流,采取一些措施引导孩子。我也会经常提醒家长监督孩子做作业的情况,多鼓励孩子,多关注孩子的身体和心理状态等,这样出现问题了,也能及时发现并解决。通过家校交流合作,我看到了孩子的转变,觉得很欣慰。

访谈者:那如果你自己的教学方法受到质疑时,你会怎么做?

黄JL:对于这种情况,首先要反思自己,看是否是自己哪些地方做得不够好,反思之后再做一个改进,毕竟我觉得新教师还是需要不断地学习,只有经过一次一次的改进,才会有进步。

在人际交往方面,黄JL处理得比较好,我们也能感受到,黄JL是一位活泼可爱也很健谈的教师。无论是和领导、其他教师,还是家长和学生之间的关系,黄JL都能较灵活地处理。

(四)小学全科教师岗位心理适应度调查

访谈者:你觉得对这里的工作环境、工作待遇满意吗?是否在工作中体会到了价值感和成就感呢?有信心规划今后的职业生涯吗?

黄JL:工作环境还行。我们学校可能还要建新的校舍,学校全部都要重新建,可能修建起来之后会更好,主要是我本身对以后的新环境也有一种期待,学校环境变得更好,我们也会变得更好。其实对于工作待遇,我从来就没有期望过有多高,不管是工资部分还是什么福利,我都看得挺淡的,就觉得应该是你的就是你的,不该是你的也不会是你的,可能就是心态已经很平和了,就没有什么过多的期待了。真的还是很好的,这半年以来,一切都挺顺利的!虽然工作上会比较忙一点,但这些都是自己能够解决的。或许刚开始有些不适应,因为什么都是新的,在一个陌生的环境下肯定都会有不适应,但是慢慢地从陌生到熟悉,从不能接受到愿意接受,经历了这样一个过程,现在感觉也没有什么不适应的,每天都挺好的。现在只要看到孩子们进步,我就觉得挺有成就感的,因为起码通过自己的努力,看到了孩子的成长,会越来越有信心。虽然全科教师任职之后，定向就业也限制了我们的一些想法，但现在我只想做好本职工作，思考如何提升自己的教学能力和班级管理能力。

黄 JL 提到目前把精力都放在提升教学和管理水平上，希望能够在学校踏踏实实地干出一番成绩，帮助学生获得更大的进步。对于全科教师这一身份，她自己挺认同，也不会受定向的影响，会努力实现自己做好教师的理想。

访谈者：那你是否感觉到理想和现实之间有什么冲突，工作是期待的样子吗？

黄 JL：都说理想是丰满的，现实是骨感的。其实作为农村小学全科教师，我有一定的心理准备，所以落差不是特别大。因为实习的时候，我去了一所条件特别艰苦的农村小学，现在这个学校条件好很多，刚开始的心理落差，我已经调整得很好了。

访谈者：刚开始的心理落差是什么呢？那你原来期待的是一个什么样子的呢？

黄 JL：上大学那会儿，只觉得教师专心上课就好，没有考虑过如班级管理等工作。但自己当了班主任后，要处理各种班级管理问题，这比教学工作要复杂得多，有时候自己也会失去耐心，这时候就会稍微有点儿落差。

访谈者：那你当初是因为政策原因，还是自愿选择的这个专业？

黄 JL：填了提前批志愿就给录进去了。其实那个时候也不知道怎么填的，就填到这里来了，算是自愿选择吧。

访谈者：那你是否会因为自己成了一名小学全科教师而感到自豪呢？

黄 JL：现在的自豪感没那么强了。当时在大学里面做全科师范生还是比较有优越感的，我们的课程很丰富，要求也比较严格，挺有自豪感的。但现在真正到工作岗位后，全科身份似乎也不太重要，因为我们还是进行分科教学，只不过我平时教语文还是会运用融合理念，学生比较有兴趣，只有这时候我觉得还是挺自豪的。

黄 JL 提到，在学校时自己感受到了一个新专业所带来的生机和改革的希望，自己也为此感到骄傲，但在分科教学的大环境下，融合课堂（实际是指综合课程）

没有普及也给自己带来了一些遗憾。但黄 JL 也提到，作为一名全科教师，自己还是会在学科教学中自觉运用融合理念，它能充分调动学生的兴趣，也能让自己体会到作为一名全科教师的自豪。

访谈者：那你赞同目前学校的教育管理理念吗？

黄 JL：谈不上赞同，也谈不上不赞同。但是有一点自己目前不太赞同，比如说，我们镇也算是人口比较多的一个镇，学校 1000 多名学生，100 多名教师，下午下课后就没有任何课外文化建设了，像各种校园兴趣班、艺术班，这边都没有发展起来。这个和城区的小学比还是有差距的。

访谈者：那你所在的学校重视对青年教师的专业发展和培训吗？

黄 JL：还是比较重视的，一些培训和比赛都是让青年教师去，我们还进行了师徒结对。

（五）小学全科教师职业认同感调查

访谈者：你认为什么样的教师是合格的农村小学全科教师呢？成为优秀教师应该具备哪些条件？

黄 JL：学生时代，谈到农村小学全科教师时，很多人都说能歌善舞、样样精通。其实工作之后才发现，我们学的比较宽泛，却不精深。真正的农村小学全科教师应该一专多长，其他学科也都会一点，还可以将各学科融会贯通进行教学，我觉得这才是最主要的问题，才是真正小学全科教师需要做的。优秀的全科教师首先要有责任心，其次是爱心，再次我觉得需要有耐心，最后是要有信心。

这里黄 JL 提出的全科教师的标准和大多数学者提到的全科理念相似。全科教师如何能够"全"，又不流于"泛"，这一直是一个有争议的问题。在全科教师的人才培养中，"一专多能"的话题又再次被提了出来。如何在"专"上加深，又能在"多"上有所体现，这给培养高校提出了挑战。在高校专业培养强调压缩学分，留出更多空间给学生自主发展的趋势下，小学全科教师培养似乎处于一种两难的境地。

访谈者：工作了半年，你感觉全科教师与分科教师有什么区别吗？

黄JL：我也是在猜测，分科教师的专业性会不会比较强一些？但工作到现在，也没有看出多大的区别。因为现在我们全科教师也是进行分科教学，我感觉还是没有把全科的理念融入实际的一线教学工作中去。

黄JL提出了"分科教师的专业性会不会比较强一些"的问题，随即自己做出了回答，似乎分科教师和全科教师并没有多大的区别，全科教师实际上也是在很好地担任分科教学。也就是说，在小学各科知识还处于初步启蒙的阶段，小学全科教师在分科教学上并没有遇到太大的障碍。

访谈者：那你认为小学全科教育专业的发展前景怎么样？

黄JL：我觉得挺好的。这里面肯定有一个发展过程，但后来会越来越被认可的。

在全科教师这一身份上，黄JL似乎处于一种摇摆的境地。一方面，因为农村小学并没有普及综合课程教学理念，自己实际上还是在做着分科教学的工作，因此并没有看出全科教师与分科教师有什么不同；另一方面，黄JL依然肯定和期待着小学全科教师未来有更好的发展。

（六）小学全科教师轶事记录

访谈者：半年的全科教师生活，你的总体感受是什么？

黄JL：我觉得这是一个追求幸福感的过程。无论是在读大学的时候，还是现在工作，不管是在教学、工作还是生活中，我觉得都是一个一直追求幸福感的过程。在这个过程中，并不在乎收获了多少，而是关键在于付出了多少。

访谈者：那在这个过程中有没有发生过什么印象特别深刻的事情，或者有没有对你有重大影响的人，或者是让你印象深刻的学生？能不能叙述一个小故事？

黄JL：有一个印象深刻的学生。他学习习惯很不好，又比较懒散，学习成绩也比较差。我刚开始接触他的时候，他的字是全班写得最差的，家庭作业也不做，还常在语文作业本上胡乱写一些数字。我当时看着特生气，就跟他交流了很多次，有时也会给予一些奖励，也有适当的惩罚，跟他交流之后，他会稍微有所转变。后来，我了解他的家庭情况后发现，他是留守儿童，在家里面没有人辅导，从小没有养成良好的学习习惯。了解这个情况后，我就经常把注意力放在他身上，鼓励他说："只要你把字写好了，不管你做得对不对，老师都觉得你是最棒的！"每一次就这样鼓励他，让他练写字。他最开始就只能考二三十分，到后来期末还考了七八十分，进步相当大！我觉得这是给我印象非常深刻的一个例子。

黄 JL 讲述了让她印象深刻的学生，其实教师的幸福很简单，最欣慰的就是用心付出，看到学生有进步。作为小学全科教师，黄 JL 或许并没有意识到自己一点一滴平凡的追求正在给农村教育注入新的思想、新的活力。

第三节 研究结论与思考

一、研究结论

小学全科教师对自己职业生涯的认同、适应和期待是政府行政部门完善政策制度和培养院校改进人才培养方案的重要依据，这也为该领域的后续研究提供了原始的一手研究资料。本章通过访谈来自教育现实场景的小学全科教师在专业技能、人际关系、心理适应和职业认同这四个方面的现状与感受，从个人视角得出以下几个结论。

（一）关于小学全科教师的专业技能

在访谈的十余位小学全科教师中，有 1/3 的教师自信地回答基本可以胜任各种学科的教学，这说明部分全科教师对当前农村小学师资结构性缺失的现状进行了很好的补足。另外，较多全科教师在回答学科胜任方面的问题时，都会在艺体类等技能学科，如美术、音乐等方面表现出一定的不自信，并肯定了分科教师在学科技能方面的专长优势，这是一个值得关注的现象。实际上，从欧美等发达国家来看，小学一般实行包班制，小学教师一般都要进行语言、数学方面的跨学科教学，还会承担一些综合课程，但往往在体育、音乐等技能学科方面有专门配备的教师。从这个意义上说，小学全科教师不能简单地定义为"语数外全扛，音体美通吃"，也不能把胜任各门学科教学视为全科教师的能力表征。

在访谈中，多名全科教师都提到了"融合课程"，实际应指的是小学教育综合课程这一改革方向。显然，培养院校将"全人"启蒙这一教育理念明确贯穿在了专业教育中。虽然首届农村小学全科教师尚未在教学中实践真正的综合课程，但仍自觉地在现实中做一些努力的尝试。全科教师的专业角色更多是一个"全人"启蒙者，在教育教学中融合课程改革，为孩子构建起全面认识事物的观念。随着首届全科教师的毕业和上岗，一种新的教育理念正悄然在农村小学撒下改革的种子。

在访谈中，大多数全科教师对胜任当前的教学任务表达出自信，但也常常不能确定是否能高质量地完成这些任务。实际上，无论是全科教师还是分科教师，作为新上岗教师，都面临着角色的转化和技能的实践性成长。小学全科教师虽然突破了学科壁垒，在心理上更容易接纳跨学科教学，也更容易接受新领域的挑战，但同样面临着复杂教学情境的实践困惑。部分小学全科教师提到需要老教师的指导，一些小学也确定了"老带新"的专业成长模式，这为全科教师的专业技能提升提供了较好的支持。

（二）关于小学全科教师的家校沟通

在访谈中，近90%的全科教师都提到了留守儿童的问题。农村留守儿童问题成为小学全科教师教育实践中面临的一个重要问题。儿童的健康成长需要将学校教育与家庭教育相结合，但农村留守儿童家庭教育的缺失是一个不可忽视的事实。教师需要家庭配合对学生的一些学习问题进行指导时，爷爷、奶奶爱莫能助；学生学习懒散，需要家庭给予监督时，爷爷、奶奶也管不住这些孩子；教师为家长传输一些教育理念时，爷爷、奶奶也有理解上的困难。因此，面对一些活泼好动、天性爱玩的孩子，如果仅仅靠教师的力量来感化孩子，其效果也是有限的。

在访谈中，还有一部分全科教师提到了农村家庭教育观念的问题。即使不是留守儿童家庭，也会出现家校沟通不和谐的情况。因为农村家庭的父母大多觉得教育孩子仅仅是学校和教师的事情，在教师需要家庭提供一些支持的时候，家长并不会很配合。也有全科教师用事例说明了不是家长不愿意配合，一些家长由于自身能力的局限，确实在孩子的学习方面不能提供什么帮助，其实他们内心也是希望自己能够给孩子提供一些帮助的。家校沟通上的困难，为全科教师带来了挑战。因为这种困难的出现，我们无法归咎于农村家长，也较难在短期内使家长有所改变。这就要求农村定向小学全科教师必须正视这一挑战，在上岗前有更多思想和专业技能上的准备。作为培养农村定向小学全科教师的高校，也应该关注全科教师未来就业岗位的特点，在人才培养中更有针对性地加强相关领域的技能培养。

（三）关于小学全科教师的教学及生活环境

我们在访谈中发现，小学全科教师每周课时量较多，常常担任班主任，大部分需要跨学科、跨年级、多班级授课，这也反映出目前我国西部农村小学教师仍然短缺，尤其是存在结构性短缺。当然，这也在客观上证实了小学全科教师对解决当前农村教育现实问题的重要性。全科教师在岗位上表现出较强的改革意识。超过一半的小学全科教师对学校教育、管理理念提出了自己的不同看法，诸如过于看重学生考试成绩，不重视对学生综合素质的培养，学生课外兴趣活动没有开展起来，等等，这些都是全科教师对现实的反思。

从访谈对象基本信息中可以发现，有过半者来自城镇，同时有过半生源地与就业定向地不一致，而重庆培养小学全科教师的高校大多位于城区。这对全科教师的教学及生活环境适应力带来了挑战。访谈显示，大部分小学全科教师对工作环境有一定的心理预期。总体来说，小学全科教师能够接受自己学校的教学环境和工作待遇。虽然小学全科教师在不同程度上表达了对定向就业单位在交通不太便捷、生活不太方便、年轻人较少等方面的遗憾，但大都表示能较快地调适和适应。值得关注的是，部分全科教师基于农村小学信息量较少，表达出了比较强烈的学习和在其他专业方面发展的期望。在保证优质生源，用好、用足全科教师的情况下，相关培养学校也应为全科教师提供更多的职后专业发展路径。

（四）关于小学全科教师的职业认同感

当被问到"小学全科教师对自己的专业发展是如何看待的？"这个问题时，访谈对象几乎都表达了对小学全科教师的发展前景看好，认为这个专业是未来的发展趋势，也有较多访谈对象明确表达出对这一专业的自豪感。虽然在学校大多数全科教师没有感受到与分科教师的明显区别，但都对自己的专业身份持有较强的认同感。同时，小学全科教师都想要更多的挑战，想从各方面不断突破自己。在理想和现实之间，他们会感受到一些差距，尤其是大学读书时"全人"启蒙的理念在当前农村的落实仍然面临着瓶颈，如综合课程尚未推广，但他们仍自觉地将理想放到现实中，试图缩小理想与现实的差距。部分全科教师同时谈到了对未来职业发展的规划，不同程度地表达出成为名师或争取更好发展机会的愿望。

在问到"是否赞同学校的教育理念"时，个别全科教师明确表示赞同，但更多的小学全科教师对于学校的教学管理、教育理念等方面提出了自己的想法。例如，对过于强调分数的重要性，"唯分数论"的倾向，表达了明确的不赞成；对部分学校在学生管理方面的现状，包括组织纪律性不强，对环境卫生和饮食卫生不是十分重视等现象进行了反思；对学校的培养模式单一，音乐、体育、美术等学科教学薄弱，以及对学生各种兴趣爱好培养不足的现状，也表达出自己的观点。从访谈结果可以看出，大学接受的"全人"启蒙理念已转化为全科师范生的一种思维方式，使他们自觉或不自觉地想要在实际教学中践行这一方式，这也使得他们更关注学生在成绩之外作为人的整体发展，包括道德品质、行为习惯、兴趣爱好、智力和情绪情感等方面。

在访谈中，部分小学全科教师明确认为全科教师与分科教师最大的区别就是有"融合"的意识，把世界知识视为一个整体，把学生当成一个全面发展的、整体的人来看待，而不是以单科知识的成绩来评定学生。学生的发展是多元化的，因此，教师也要给予学生多元发展的空间，让学生成为自主学习的主人，这样的教育才是"全人"启蒙的教育。基础教育阶段，孩子最需要的是教师的启蒙，小学课程不应该是割裂的，儿童认识世界也不应该是割裂的，根据孩子的认知规律来设计课程，才是适合孩子的教育。在被访者身上，我们感受到了首届全科教师的专业理想和专业责任感。

二、研究思考

结合访谈和实际情况，研究者特提出以下思考和建议。

（一）关于小学全科教师教学及生活环境的建议

教学及生活环境是全科教师职后关注的主要问题。要让全科教师"下得去、干得好、留得住",一方面应加强师风师德和教育情怀教育,另一方面也应积极地改善农村教师的生活环境。青年新教师对生活条件需求较大的是住房。由于农村的实际情况,农村教师很难租到合适的住房,而大多数教师并非任教地居民,没有亲戚朋友,租房就更难。农村教师一般都租住在乡镇,极少会在村里租房。即使交通相对便利,青年教师在镇、村之间往返也需要花费较多的时间与精力。随着经济的发展,区县可以在农村青年教师周转住房等方面投入更多关注和进行相应的改善。

(二)关于小学全科教师专业发展的建议

大学中所获得的知识有阶段性,从终身教育的视角看,全科教师需要在工作岗位上不断习得新知识。同时,即使在高校不断加强实践教学的背景下,师范生在高校所习得的实践性知识也是有限的。一旦置身于更为复杂的教育现实场域,全科师范生仍然需要不断生成自己的实践智慧。因此,全科教师的专业发展应是一个长期、持续的过程。对于新兴发展领域,对小学全科教师的培养和使用仍处于一个探索发展的过程中。政府部门、培养高校、使用单位在关注全科教师职前培养的同时,也应关注全科教师的职后专业发展。

对信息相对闭塞的农村而言,培训成为全科教师专业发展的最有效途径。然而,目前专门针对全科教师的培训仍然较少,如何为全科教师提供更多专业培训的机会,这是一个需要关注的问题。同时,作为一个有序发展的过程,对于小学全科教师这一新的专业领域和发展规划,为了给更多未来的全科教师发展提供可资借鉴的经验,可探索建立全科教师的成长档案。成长档案可以系统地评价每位教师的表现,并为其规划合适的专业发展活动提供信息,其内容可包含短期和长期职业生涯规划、阶段性的教学反思、优秀教学案例、培训记录、典型课例等。通过建立全科教师的成长档案,可以帮助教育研究者与实践者在分科教学向综合课程改革的发展中,更好地梳理全科教师的成长历程,及时发现面临的现实困难,提炼出更适合他们职后发展的培养经验。

(三)关于小学全科教师心理调适的建议

全科教师周课时量多,任务繁重,面对繁重的教学任务,往往缺乏足够的时间去反思和调适自我。农村教师缺乏是一个难以回避的现实,这也使得新上岗的教师往往被赋予更多期望和任务。但学校在安排任务时，仍应考虑给予新教师适当的调适期，如在第一年安排相对适量的教学任务，以让新教师有足够的时间适应岗位。学校应该为新教师搭建沟通交流平台，通过"老带新"，以及基本功竞赛、教学经验交流会、新手教师沙龙等，使新教师尽快融入教师团队，增强团队归属感，持续增强其对岗位的适应性。对于新上岗的教师，学校应给予更多关注和及时指导，以解决教师成长中的困惑。

（四）关于小学全科教师人际沟通的建议

高校在师范生培养中较为注重教师礼仪、口语和教学技能等方面的训练，但对生活场景中的人际沟通所涉较少。一些课程开设有家校沟通方面的内容，但针对与农村家庭沟通的现实情境涉及较少。在试教与试做之间，师范生的实习也往往更多关注于试教。另外，农村留守儿童家庭教育有其特殊性，家长的家校合作意识及能力都较欠缺，这也给新上岗的全科教师带来挑战。因此，全科教师的培养单位应在人才培养中加强对师范生人际沟通能力的训练，尤其是农村留守儿童家庭的家校合作，应加强其相关的教学内容建设。

参 考 文 献

埃文·塞德曼. 2009. 质性研究中的访谈: 教育与社会科学研究者指南[M]. 周海涛, 译. 重庆: 重庆大学出版社: 121-129.
曹雪. 2017. 芬兰"以研究为基础的"小学教师培养模式研究[D]. 长春: 东北师范大学.
陈安福, 何毓智. 1988. 教学管理心理[M]. 福州: 福建教育出版社: 23-29.
陈桂生. 2009. 教育学的建构[M]. 上海:华东师范大学出版社: 9.
陈寒, 秦雯, 张妍. 2010. 小学教师能力素质结构的研究述评[J]. 绵阳师范学院学报, (10): 110-114.
陈何芳. 2012. 论高校可持续发展的"教师自律"机制[J]. 教育理论与实践, (18): 42-44.
陈嘉弥. 2003. 师徒式教育实习之理论与实践[M]. 台北:心理出版社: 16.
陈静安. 2004. 五国教育实习模式比较研究[J]. 课程·教材·教法, (5): 81-86.
陈时见. 2011. 教师教育课程论: 历史透视与国际比较[M]. 北京: 人民教育出版社: 228.
陈向明. 1998. "质的研究"中研究者的个人倾向问题[J]. 教育研究, (1): 21-25.
陈向明. 2000. 质的研究方法与社会科学研究[M]. 北京: 教育科学出版社: 156-182.
陈向明. 2001. 教师如何作质的研究[M]. 北京: 教育科学出版社: 41-42.
陈向明. 2003. 实践性知识: 教师专业发展的知识基础[J]. 北京大学教育评论, (1): 104-112.
陈向明. 2009. 对教师实践性知识构成要素的探讨[J]. 教育研究, (10): 66-73.
重庆市教育委员会公众信息网. 2017. 我市首批小学全科教师毕业了[EB/OL]. http://www.cqedu.cn/Item/27749.aspx[2019-09-25].
崔友兴. 2017. 论教师教学模仿的反思品质[J]. 课程·教材·教法, (5): 97-101.
丁邦平. 2001. 论美国教师教育的改革与创新——教师专业发展学校及其对我们的启示[J]. 首都师范大学学报(社会科学版), (2): 93-99.
窦桂梅. 2014. 新课改背景下课程整合的实践探索——清华大学附属小学"1+X课程"育人体系建构的案例研究[J]. 教育研究, (2): 154-159.
杜晓利. 2015. 我国中小学教师工资水平的比较分析与若干建议[J]. 中国教育学刊, (4): 27-31.
富兰. 2013. 变革的挑战——学校改进的路径与策略[M]. 叶颖, 等, 译. 北京: 北京大学出版社: 69.
高丙中. 2005. 民族志的科学范式的奠定及其反思[J]. 思想战线, (5): 75-81.
高红梅, 胡福贞. 2015. 关心儿童: 幼儿教师职业的核心品质[J]. 现代中小学教育, (6): 71-74.
高洪源, 赵欣如. 2000. 关于强化与创新高师教育实习的构想[J]. 高等师范教育研究, (3): 55-58.
顾珏. 2007. 德国教师教育标准简介[J]. 全球教育展望, (S1): 29-32.

顾明远. 2014. 关于提升我国中小学教师质量的思考——基于世界各国的政策经验[J]. 比较教育研究, (1): 1-5.
顾思羽. 2016. 高端教师的专业品质分析[J]. 上海教育科研, (4): 58-60.
郭玉霞. 2009. 质性研究资料分析: Nvivo8 活用宝典[M]. 台北: 高等教育出版社: 45-67.
韩庆祥, 雷鸣. 2005. 能力建设与当代中国发展[J]. 中国社会科学, (1): 22-33.
郝妍, 孙河川. 2008. 芬兰小学教师评价指标体系研究及其启示[J]. 教育前沿（综合版）, (9): 52-53.
何克抗. 2014. 如何实现信息技术与教育的"深度融合"[J]. 课程·教材·教法, (2): 58-62.
何宗焕. 2007. 用"通才"的眼光看教师[J]. 湖南教育（综合版）, (6): 6-9.
洪成丹, 蔡志凌. 2016. 美国小学教师教育课程设置对我国"全科型"小学教师教育的启示[J]. 教育现代化, (3): 175-177.
洪明. 2003. 英国教师教育的变革趋势[J]. 比较教育研究, (4): 58-62.
胡金生, 黄希庭. 2009. 自谦: 中国人一种重要的行事风格初探[J]. 心理学报, (9): 842-852.
胡森. 2011. 21 世纪法国中小学教师专业能力标准探析[J]. 比较教育研究, (8): 40-44.
胡旭红. 2012. 基于"研究"的教学实践模式——芬兰小学教师职前教育的经验[J]. 外国中小学教育, (5): 30-35.
黄云峰. 2017a. 小学全科教师及其培养探讨[J]. 教育与教学研究, (3): 76-80.
黄云峰. 2017b. 小学全科教师内涵意蕴、价值意义及培养路径[J]. 中小学教师培训, (1): 75-78.
江净帆. 2016a. 小学全科教师的价值诉求与能力特征[J]. 中国教育学刊, (4): 80-84.
江净帆. 2016b. 小学全科教师人才培养"GSP"能力标准构建研究[J]. 当代教育科学, (6): 28-31.
江净帆. 2017. 小学全科教师培养要解决哪三个问题[J]. 课程·教材·教法, (7): 100-105.
教育部. 2014. 教育部关于实施卓越教师培养计划的意见[EB/OL]. http://old.moe.gov.cn/publicfiles/business/htmlfiles/moe/s7011/201408/174307.html[2019-06-14].
教育部. 2016. 教育部关于加强师范生教育实践的意见[EB/OL]. http://www.moe.gov.cn/srcsite/A10/s7011/201604/t20160407_237042.html[2019-09-19].
教育部教师工作司. 2017. 教育部教师工作司关于中小学教师资格考试增加"心理健康教育"等学科的通知[EB/OL]. http://www.moe.gov.cn/s78/A10/A10_gggs/A10_sjhj/201707/t20170712_309244.html[2019-09-19].
教育部, 中央编办, 国家发展改革委, 等. 2012. 教育部 中央编办 国家发展改革委 财政部 人力资源社会保障部关于大力推进农村义务教育教师队伍建设的意见[EB/OL]. http://www.moe.gov.cn/srcsite/A10/s3735/201211/t20121108_145538.html[2019-09-19].
金传宝. 2005. 美国教育之要素主义的世纪回顾与展望[J]. 教育学报, (2): 32-36.
科南特. 1988. 科南特教育论著选[M]. 陈友松, 主译. 北京: 人民教育出版社: 299.
克利福德·格尔茨. 1999. 文化的解释[M]. 韩莉, 译. 南京: 译林出版社: 7.
黎琼锋. 2007. 从规约到自律: 教师专业道德的建构[J]. 现代教育科学, (3): 63-66.
李本东. 2012. 教师教学实践感研究[D]. 重庆: 西南大学.
李彬彬. 2017. 从儿童发展视角解读小学全科教师培养的必要性[J]. 教学与管理, (4): 57-60.
李斌. 2005. 关于教师能力结构的分析研究[J]. 江苏教育学院学报（社会科学版）, (6): 54-56.
李波. 2011. 按培养模式重构地方高校课程体系[J]. 教育研究, (8): 59-63.
李丹. 2011. 论实践性知识发展取向的教师职前教育课程改革[J]. 课程·教材·教法, (4): 11-15.
李贵安, 王晶艳, 郑海荣, 等. 2016. 卓越教师: 内涵、品质及其培养途径[J]. 当代教师教育, (2): 42-47.

李俐. 2015. 多元文化背景下的英国教师教育[J]. 教师教育学报, (2): 99-103.

李莉春. 2008. 教师在行动中反思的层次与能力[J]. 北京大学教育评论, (1): 92-105.

李其龙, 陈永明. 2006. 教师教育课程的国际比较[M]. 北京: 教育科学出版社: 25-26.

李森, 崔友兴. 2016. 从离身到具身: 数字化时代教师学习方式的现代转型[J]. 教师教育学报, (1): 13-18.

李孝忠. 1993. 能力原理与测量[M]. 长春: 东北师范大学出版社: 45-56.

李玉峰. 2015. 澳大利亚迪肯大学小学教育专业课程设置对全科教师培养的启示[J]. 教师教育论坛, (1): 39-44.

刘初生, 蔡首生, 吴彦泽. 2004. "中小学生对教师品质要求"调查结果与分析[J]. 株洲师范高等专科学校学报, (3): 65-68.

刘芳, 孙福万, 王迎, 等. 2015. MOOCs背景下的开放大学课程建设[J]. 中国远程教育, (1): 18-22.

刘文, 刘红艳. 2017. 日本小学全科教师培养的课程设置及启示[J]. 外国中小学教育, (10): 67-74.

卢正芝, 洪松舟. 2007. 我国教师能力研究三十年历程之述评[J]. 教育发展研究, (2): 70-74.

路书红, 徐继存. 2008. 教学理论意识形态化及其批判[J]. 教育理论与实践, (22): 51-54.

罗洁. 2014. 信息技术带动学习变革——从课堂学习到虚拟学习、移动学习再到泛在学习[J]. 中国电化教育, (1): 15-21.

吕京. 2010. 师范生顶岗实习支教存在的问题及实现机制[J]. 中国高教研究, (6): 90-91.

马克斯·范梅南. 2001. 教学机制——教育智慧的意蕴[M]. 李树英, 译. 北京: 教育科学出版社: 243-245.

迈克尔·康内利, 琼·柯兰迪宁, 何敏芳. 1996. 专业知识场景中的教师个人实践知识[J]. 华东师范大学学报(教育科学版), (2): 5-16.

尼古拉斯·M.米凯利, 戴维·李·凯泽. 2009. 为了民主和社会公正的教师教育[M]. 任友群, 杨蓓玉, 刘润英, 等, 译. 上海: 华东师范大学出版社: 158.

宁虹. 2009. 教师教育: 教师专业意识品质的养成[J]. 教育研究, (7): 74-80.

裴淼, 刘姗希. 2018. "以身体之, 以心验之"——具身认知理论视角下的教师培训项目设计与实施[J]. 教师教育研究, (3): 6-12.

彭小虎. 2012. 关于小学教师工作压力的调查分析[J]. 课程·教材·教法, (3): 106-111.

彭兴蓬, 雷江华. 2015. 教育关怀: 融合教育教师的核心品质[J]. 教师教育研究, (1): 17-22.

覃丽君. 2014. 德国教师教育研究[D]. 重庆: 西南大学.

邱芳婷. 2017. 农村小学全科教师的素质结构探析[J]. 当代教育与文化, (5): 67-71.

容中逵. 2012. 教学论学科发展的尴尬境遇及其生存之道[J]. 课程·教材·教法, (7): 20-25.

单志艳. 2012. 美英澳日中小学教师专业标准比较研究[J]. 内蒙古师范大学学报(教育科学版), (4): 23-27.

施良方. 2000. 学习论[M]. 北京: 人民教育出版社: 382.

施茂枝. 2006. 语文新课程: 关注儿童生命的成长——小学阅读教学游戏化的探索[J]. 中国教育学刊, (6): 44-47.

石连海. 2011. 日本教师专业化发展: 沿革及特征[J]. 教育研究, (7): 105-109.

斯丹娜·苟费尔, 斯文·布林曼. 2013. 质性研究访谈[M]. 范丽恒, 译. 北京: 世界图书出版公司: 21-22.

宋时春. 2017. 美国全科型小学教师培养理念与制度设计——以荣林斯学院为例[J]. 比较教育

研究, (2): 105-111.
苏霍姆林斯基. 1984. 给教师的建议[M]. 杜殿坤, 译. 北京: 教育科学出版社:18.
孙晓娥. 2011. 扎根理论在深度访谈研究中的实例探析[J]. 西安交通大学学报（社会科学版）, (6): 87-92.
孙颖. 2017. 美国小学全科教师现状及存在价值探究[J]. 比较教育研究, (2): 99-104.
陶青, 卢俊勇. 2014. 免费定向农村小学全科教师培养的必要性分析[J]. 教师教育研究, (6): 11-15.
田振华. 2015. 小学全科教师的内涵、价值及培养路径[J]. 教育评论, (4): 83-85.
汪慧敏. 2008. 日本现代小学教师培养经验及其借鉴[D]. 长沙: 湖南师范大学.
汪凌. 2006. 法国中小学教师专业能力标准述评[J]. 全球教育展望, (2): 18-22.
汪斯斯, 邓猛. 2015. 印度教师融合教育能力的培养及问题分析[J]. 比较教育研究, (10): 85-91.
王爱玲, 靳莹. 2000. 新世纪教师能力体系探析[J]. 教育理论与实践, (4): 41-44.
王佳艺. 2012. 全科型小学教师培养的必要性及其途径[J]. 湖南第一师范学院学报, (1): 33-37.
王凯. 2011. 教师学习: 专业发展的替代性概念[J]. 教育发展研究, (2): 58-61.
王莉, 郑国珍. 2016. 论本科层次小学全科教师的培养[J]. 当代教育科学, (11): 40-44.
王沛, 陈淑娟. 2007. 国外教师工作胜任特征理论建构述略[J]. 外国教育研究, (10): 28-32.
王沛, 关文军, 王阳. 2010. 中小学教师教育教学能力的内涵与结构[J]. 课程·教材·教法, (6): 92-96.
王秋绒. 1991. 教师专业社会化理论在教育实习设计上的蕴义[M]. 台北: 师大书苑有限公司: 64.
王思斌. 2003. 改革中弱势群体的政策支持[J]. 北京大学学报(哲学社会科学版), (6): 83-91.
王坦. 2005. 合作学习的理论基础简析[J]. 课程·教材·教法, (1): 30-35.
魏素卿. 2010. 中小学教师科研意识的培养[J]. 教育实践与研究(小学版), (1): 19-21.
魏泽. 2014. 论小学教育专业"双师型"教师素养构成与成长路径[J]. 教育评论, (10): 56-58.
吴鹏森, 房列曙. 2008. 人文社会科学基础[M]. 上海: 上海人民出版社: 7.
吴秋芬. 2008. 教师专业性向的内涵及其特征[J]. 中国教育学刊, (2): 37-40.
吴卫东. 2006. 德国教师教育的新标准及启示[J]. 外国教育研究, (9): 57-62.
吴亚英. 2014. 幼儿教师观察能力现状调查及问题分析——基于江苏省常州市的调查[J]. 中国教育学刊, (2): 89-94.
肖其勇. 2014. 农村小学全科教师培养特质与发展模式[J]. 中国教育学刊, (3): 88-92.
肖其勇. 2015. 农村小学全科教师协同培养机制探索[J]. 中国教育学刊, (5): 81-85.
肖其勇, 张虹. 2014. 免费定向农村小学全科教师职前培养的意义、困境与策略——以重庆市为例[J]. 教育评论, (8): 61-64.
谢慧盈. 2012. "全科型"优秀小学本科教师培养思考[J]. 海南师范大学学报（社会科学版）, (5): 107-109.
熊淳. 2009. 日本的教师专业标准研究[J]. 外国中小学教育, (5): 9-14.
徐碧美. 2003. 追求卓越——教师专业发展案例研究[M]. 陈静, 李忠如, 译. 北京: 人民教育出版社: 40.
徐继存. 1998. 论教学论概念及其重整[J]. 宁夏大学学报（人文社会科学版）, (3): 98-101.
徐建平, 张厚粲. 2005. 质性研究中编码者信度的多种方法考察[J]. 心理科学, (6): 1430-1432.
徐建平, 张厚粲. 2006. 中小学教师胜任力模型: 一项行为事件访谈研究[J]. 教育研究, (1): 57-61.
徐瑾劼. 2017. 促进学生核心素养发展的"教学品质"研究——基于TALIS调查中上海教师教

学策略的实证分析[J]. 中国教育学刊, (9): 9-15.
徐雁. 2011. 全科型本科小学教师培养模式研究[J]. 湖南第一师范学院学报, (4): 8-10.
严玉萍. 2008. 试论有效教师的个性品质[J]. 教育探索, (7): 99-100.
杨国枢, 文崇一, 吴聪贤, 等. 2006. 社会及行为科学研究法[M]. 重庆: 重庆大学出版社: 34-67.
杨玲. 2014. 小学教师工作压力对职业幸福感的影响: 职业认同的中介作用[J]. 中国成人教育, (24): 136-138.
杨泉良. 2016. 论教师的自主与自律[J]. 湖南第一师范学院学报, (4): 35-37.
姚漫漫. 2016. 俄罗斯教师培养体制的障碍和出路[J]. 内蒙古教育（职教版）, (9): 37-39.
约翰·杜威. 2001. 民主主义与教育[M]. 王承绪, 译. 北京: 人民教育出版社: 283.
约翰·杜威. 2005. 我们怎样思维——经验与教育[M]. 姜文闵, 译. 北京: 人民教育出版社: 285.
尹华站, 苏琴, 黄希庭. 2012. 国内十年主观幸福感研究的内容分析[J]. 西南大学学报（社会科学版）, (5): 100-105.
袁强. 2015. 教师教育类课程模块化设计与实施——基于卓越教师培养的视角[J]. 课程·教材·教法, (6): 109-115.
张波. 2007. 论教师能力结构的建构[J]. 教育探索, (1): 78-80.
张虹, 肖其勇. 2015. 全科教师培养:农村小学教师教育改革新动向——基于全科教师培养理念、培养目标和专业特质新探[J]. 教育理论与实践, (3): 45.
张磊, 姜孟瑞. 2018. "互联网+"背景下教师评价能力的现状及提升[J]. 教学与管理, (2): 17-20.
张磊. 2016. 西方教师德性研究的肇始、发展与问题[J]. 教师教育研究, (3): 108-114.
张昕. 2006. 论有效教学理念下的教师的特质与特征[J]. 安徽冶金科技职业学院学报, (4): 66-69.
章云珠. 2012. 论英国教师专业标准框架的特征[J]. 教育评论, (2): 156-158.
赵惠君. 2007. 英国合格教师多元培养模式与最新专业标准[J]. 教师教育研究, (4): 77-79.
赵汀阳. 2011. 论可能生活[M]. 北京: 中国人民大学出版社: 162.
郑东辉, 施莉. 2003. 国外教育实习发展概况及启示[J]. 高等师范教育研究, (9): 69-74.
钟秉林. 2009. 教师教育转型研究[M]. 北京: 北京师范大学出版社: 183.
钟秉林. 2016. 积极探索小学全科教师的培养[J]. 中国教育学刊, (8): 1.
钟二杨. 1997. 中小学教师的品质、行为特征及其相互关系的研究[J]. 心理科学, (3): 252-254.
周德义, 李纪武, 邓士煌, 等. 2007. 关于全科型小学教师培养的思考[J]. 当代教育论坛（学科教育研究）, (9): 18-23.
周德义, 薛剑刚, 曾小玲, 等. 2007. 五年制全科型小学教师培养教育课程体系研究[J]. 湖南师范大学教育科学学报, (6): 91-96.
周冬霞. 2010. 论布迪厄理论的三个概念工具——对实践、惯习、场域概念的解析[J]. 改革与开放, (1): 192-193.
周林, 张庚灵, 陈雨海. 2010. 着力提升教师教学品质 推动教学质量持续提高[J]. 中国高等教育, (5): 41-42.
周思勇. 2014. 教师专业发展的"整全性"取向——理念层面的构建[J]. 当代教育科学, (9): 25-29.
朱琳. 2016. 农村小学全科教师知识需求的调查研究[D]. 重庆:西南大学.
朱欣欣. 2004. 教师教育教学能力构成的研究[J]. 教育评论, (5): 61-62.
Darling-Hammond L. 2006. 美国教师专业发展学校[M]. 王晓华, 向于峰, 钱丽欣, 译. 北京: 中国轻工业出版社: 给中国读者作序.
Good T L, Brophy J E. 2012. 透视课堂[M]. 陶志琼, 译. 北京: 中国轻工业出版社: 11.

Joyce B, Weil M, Calhoun E. 2002. 教学模式[M]. 荆建华, 宋富钢, 花清亮, 译. 北京: 中国轻工业出版社: 473.

Begley A M. 2006. Facilitating the development of moral insight in practice: Teaching ethics and teaching virtue[J]. Nursing Philosophy, (4): 257-265.

Elbaz F. 1981. The Teacher's "practical knowledge": Report of a case study[J]. Curriculum Inquiry, (11): 43-71.

Hansen D T. 2001. Teaching as a moral activity. In V. Richardson (Ed.), Handbook of Research on Teaching (4th ed.) [C]. Washington: American Educational Research Association: 826-857.

Hopkins D, Stern D. 1996. Quality teachers, quality schools: International perspectives and policy implications[J]. Teaching & Teacher Education, (5): 501-517.

Lucia A D, Lepsinger R. 1999. Art & Science of Competency Models[M]. San Francisco: Jossey-Bass: 33-42.

McIntyre D. 1993. Theory theorizing and reflection in initial teacher education. In J. Calderhead, P. Gates. Conceptualizing Reflection in Teacher Development[C]. London: Falmer Press:39-54.

Sockett H. 1993. The Moral Base for Teacher Professionalism[M]. New York:Teachers College Press:68-82.

Stalling J A, Kowalski. 1900. Research on professional development school. In W. R. Houston(Ed.), Hand Book of Research on Teacher Education[C]. New York: Macmillan: 255.